本书属四川省社会科学规划首批“四川历史名人文化研究”重大课题投资项目成果

英语世界扬雄学术译介与研究

吴结评　主编

九州出版社
JIUZHOUPRESS

图书在版编目（CIP）数据

英语世界扬雄学术译介与研究 / 吴结评主编. -- 北京 : 九州出版社, 2022.6
ISBN 978-7-5225-0999-0

Ⅰ. ①英… Ⅱ. ①吴… Ⅲ. ①学术－英语－翻译－研究 Ⅳ. ①H315.9

中国版本图书馆CIP数据核字(2022)第104677号

英语世界扬雄学术译介与研究

作　　者　吴结评　主编
责任编辑　曹环
出版发行　九州出版社
地　　址　北京市西城区阜外大街甲 35 号 (100037)
发行电话　(010)68992190/3/5/6
网　　址　www.jiuzhoupress.com
印　　刷　北京市北方华天彩色印刷有限公司
开　　本　787 毫米 ×1092 毫米　16 开
印　　张　13.75
字　　数　250 千字
版　　次　2022 年 9 月第 1 版
印　　次　2022 年 9 月第 1 次印刷
书　　号　ISBN 978-7-5225-0999-0
定　　价　78.00 元

编 委 会

主　编：吴结评

编　委：谢应光　龚小萍　李　钊　肖福平　王学东

前 言

西华大学文学与新闻传播学院“四川文学海外传播研究团队”成立以来，一直致力于探索四川文学与文化走向世界之路。2017 年，我们以“英语世界扬雄学术译介与研究”为题，获得了四川省社会科学规划首批“四川历史名人文化研究”重大课题投资项目，本书便是举团队之力在此课题研究基础上所取得的成果。

本课题的研究思路，首先从四川历史文化名人流变、走向世界的现状、面临的问题及其对策入手，探索四川历史名人文化走向世界之路。其次，系统梳理国内外扬雄学术研究现状，从扬雄个案研究的实际出发，采取史论结合的研究方法，给予扬雄在哲学、文学、语言学等诸方面一个客观的评价。再次，运用比较文学的研究方法，以扬雄代表作《太玄》与《法言》做中西学术对话研究。最后，从跨文化角度审视英语世界的扬雄译介与研究，探索中国文学在英语世界的接受与影响，从他者眼中去审视和反思我们的中国文学研究，同时，在与海外汉学的对话中，使中国学学术共同体重新审视，并重构中国文化领域里的扬雄研究。

依照以上思路，本书共分为四章：四川历史名人文化走向世界之路；国内外扬雄学术研究概述；中西学术对话中的《太玄》与《法言》；自我与他者眼中的扬雄。

第一章“四川历史名人文化走向世界之路”，首先从巴蜀文化的兴衰与巴蜀历史文化名人的出现与变迁，看社会经济、政治、文化对其发生的影响；其次，探讨“历史文化名人走出去”的标准，对于这个标准的鉴定是我们如何选择走出去的道路的关键。这个标准即是：让其他文化了解我们的文化，并进而比较不同文化的差异，汲取其他文化的精华，丰富和发展我们自己的文化。如果达到了这个目的，我们就可以说你的文化是走出去了，你的历史文化名人是真正走出去了，你的那个走出去是受欢迎的，有价值的。最后，从四川历史名人文化走出去的问题出发，研究对策。针对扬雄的思想意义和当代价值，提出两个问题：①从思想史的角度来看，对于我们今天而言，扬雄的价值何在？②对于当代四川文化建设而言，扬雄与我们文化建设目标的契合点何在？再针对各级政府政策法规、文化人才、资金配置、宣传力度、资源开发、品牌效应等各个方面的问题进行分析，给出四川历史名人文化走向世界的七个对策：①重视内容生产，增强四川历史名人文化“走出去”竞争力；②四川历史名人文化“走出去”内容的多样化；③四川历史名人文化对外传播内容的层次化；④依托文学创作、影视创作进行促销，创作更多优秀文艺作品；⑤战略统筹，形成四川历史名人文化“走出去”的合力；⑥拓宽渠道，提升四川历史名人文化“走出去”的空间；⑦产业开发，形成四川历史名人文化“走出去”的持续力。

第二章“国内外扬雄学术研究概述”。在第一节中，主要在国内学界研究的以下几个方面进行了概括：①扬雄其人其作，主要是对扬雄生平事迹、历史地位和文学贡献等方面进行评述；②扬雄思想文化，大体上从学术思想、政治思想、史学思想、哲学思想、教育思想、伦理思想与美学思想等七个方面予以简要分析；③扬雄著述及其成果评价，包括扬雄著述的整体性研究以及《方言》《法言》《太玄》和扬赋等扬雄代表性著作的研究及评价；④扬雄历史遗迹，按照学界关于文化存在的物态、精神和制度三个层面的解读，扬雄历史遗迹主要包括扬雄生活时代以及后世关于扬雄民间传说留下的物质载体，具体涵盖扬雄故居、扬雄墓、子云桥、墨池、子云亭、扬雄山等；⑤研究综述分析，对学界关于扬雄综述类的研究成果予以分析和简要评价；⑥学界研究动态分析，对 20 世纪以来学界关于扬雄研究成果予以盘点与总结，在对其简要评议的基础上，提出了诸多未来研究的学术思考。

在第二节中，主要对扬雄、扬赋和扬雄的《方言》在海外的研究进行了具体入微的介绍。关于扬雄其人的介绍，主要通过康达维博士学位论文《汉书・扬雄传》、戴梅可专著《扬雄及阅读与经典学习之乐趣》、窦瑞阁博士学位《扬雄及其古典主义之形成》，从多个角度了解英语世界学者对扬雄其人的看法。康达维指出，扬赋不仅具有个人的独特风格——数量庞大的对仗和特有的片语，使其散文优雅而不失趣味，而且充分表达了扬雄的品性与气节。他以扬雄“自传后记”中的话语描述了即使在贫穷和地位低下状况中的扬雄，仍然不失为浩气凛然的大丈夫。戴梅可认为，扬雄的写作优雅有灵气，他在文字的玩味中享受读书、写作的乐趣，并且一生乐在其中。窦瑞阁在论文中写道：扬雄作为一个作家和博学的独行者，详尽地阐述了儒家的原古典主义，成为制定这一套新标准的先驱者之一。他更关注宇宙与伦理问题，而正是这样的一种古典主义使他最终对中国思想发展做出了重要的贡献。关于扬雄的语言学著作《方言》，主要介绍比利时裔美国汉学家司礼义神父在其博士论文《汉代中国方言研究——据〈方言〉一书》的第二部分，在这部分的第一章中讨论了《方言》中的方言区域，并把汉代方言划分为六大区域。第二章中专门讨论了单音节与双音节字（词）在不同方言和汉代标准语中的关系，以及它们在《方言》和《说文解字》中的异同。在第三章中，司礼义详细介绍和分析了各地理方言区域的特征，并做了归纳总结。关于扬雄的赋作研究，主要对康达维博士论文修改出版的《扬雄赋研究》做了介绍，他先从赋的本质属性及其源流的分析中指出，扬雄是最具传统意识的赋家，同时也是一位深刻的思想家，他继承传统，又不囿于传统，是一个真正的创造性天才。他在辞赋理论和创作实践上起着承上启下的关键作用，其在中国文学史上的地位是不容忽视的。

第三章"中西学术对话中的《太玄》与《法言》"，该章第一节关于《太玄》的研究，包括巴尼特《汉代哲学家扬雄：动乱时代的统一祈求》和戴梅可的英译《太玄经》两部分。在巴尼特看来，扬雄是一位诗人，更是一位哲学家。他认为，扬雄的哲学体系包含了社会哲学与思辨哲学两大组成部分，两者间存在"张力""对立""统一"。他还将《太玄经》与《易经》做了比较研究，他指出：《太玄经》在其写作风格、技巧、形式、内容和精神上模仿了《易经》，但这样的模式远非严格意义上的贯彻。从《太玄经》写作的"经""传"区分中，我们可以发现，扬雄的模仿更多地体现在了"玄经"里，至于说"玄传"，与其说"模仿"，不如说"自为一书"。关于戴梅可的英译《太玄经》，学界对戴梅可的专业术语翻译争论不休，或者希望她所给的评论人信息能更清楚地被识别出来。但是，戴梅可的翻译不仅显示了她对文本及其主要评注的深刻理解，而且显示了她对中国思想更为广泛的理解。因此，她的《太玄经》是不可更改的译本，代表着对这个研究领域的重大贡献。第二节关于《法言》的研究，包括安德鲁·科尔文的博士论文及《法言》译本和戴梅可的《法言》翻译与研究。科尔文的论文一共分为九章，有两个附录，其中之一是《法言》的英译（被认为是 21 世纪较为完整、错误较少的译本）。论文从黄帝、尧舜禹开启的中国历史一直追溯到西汉后期，对《法言》编纂中的组织性问题及其原因、主题思想、连贯性模式方面进行了探讨，并以"寡见"为例详细分析了《法言》内容的连贯性，最后以《法言》第十三卷"孝至"为例，以其主题和语义之间的关联证明了看似毫无逻辑的表明链接，实质上却具有其深层的组织性。戴梅可的《法言》译本，行文严谨，注释与考证也较为精准、详细，对于现存的《法言》全译本来说，堪称是一部具有权威性、全面性的译作。

第四章"自我与他者眼中的扬雄"，首先从国内学者的研究中分析扬雄其人其作，然后再从西方学者眼中看扬雄。通过从跨文化角度审视英语世界的扬雄译介与研究，探索中国文学在英语世界的接受与影响，从他者眼中去审视和反思我们的中国文学研究，同时，在与海外汉学的对话中，使中国学学术共同体重新审视，并重构中国文化领域里的扬雄研究。研究结果表明：国内的扬雄是个"谜"，而西方的扬雄就是谜底。国内的扬雄形象彼此颠覆，而国外的扬雄形象非常崇高。国内的扬雄浑身都是谜团，每个侧面都有正反两方的观点。他的人生，他的历史地位，他的才高位卑，他的志向与选择，他的"非圣人而做经"，他的"美新"意图，他的学派归属，他的著述价值，他的《太玄》创作意图，他的《法言》，他赋的价值等等，无一不是国内学界扬雄研究争论的焦点。但通过翻译到西方之后，扬雄不再身份迷失，他的身份变得单一起来。他姓甚名谁、籍贯何方很清楚。他的历史地位应该重估。他才高位低以及他的志向与隐居都是因为他是个对政治没兴趣的孤傲学者。他做经的目的是为了当时社会意识形态的统一，是为了弘扬儒学。他是否"美新"没人能找到正确答案，他对新朝的情感很复杂。他是古文派儒者。他的著述价值极高。他的赋不仅有继承而且有创新，绝不是模仿。在国内，扬雄形象不固定，且往往处于两个极端，有人视之为"西道孔子"，有人视之为卑鄙小人。在国外，扬雄形象固定，且十分伟岸。从国内到国外，扬雄形象从分裂走向统一。他在西方来了个华丽的大转身，抖掉满身的争议与不确定，变成一个格局高远、满腹经纶而又生逢乱世的卓越学者。

在研究方法上，本书主要采用了以下几个具体方法：①文献分析法：在广泛搜集文献资料的基础上，对相关文献资料进行深入研读与解析，是本课题最为基础的工作。本课题既需要对扬雄著述以及与其相关的中国文学与文化典籍的原文有深入的把握，又需要对大量的英文文献进行详尽的研读。②对比研究法：不同译者和研究人员由于知识结构、学术观点及思想倾向的不同，使得他们对扬雄及其作品的译介与研究表现出各自的特征与风格，必须对其进行对比与评鉴；其次由于中外文化背景既有着相似之处也有着不同之点，有必要将中西学者的学术背景、学术观点、研究思路与研究方法等方面做比较，在互识、互证、互补的前提下，进行平等、真实、有效的文化对话，促进海外汉学学术共同体的进一步发展。③个案研究与系统分析相结合的方法：通过对扬雄及其学术在海外的传播、接受的个案研究，探索中国文学在海外的译介与研究路径，发现其规律，研究四川文化名人如何走出去的对策，让四川文学与文化更多更好地走向世界。④跨学科研究法：由于扬雄在哲学（《太玄》《法言》）、文学（汉赋及其批评理论）、语言学（《方言》《训纂篇》）方面都颇有建树，而且他的研究都有其承前启后的连接作用，因此必须广收博取各学科知识，尤其是综合运用比较文学、文艺学、哲学、文化学、语言学等学科理论，对其学术成果本身，以及其前的继承与其后的影响，进行全面深入的研究。⑤跨文化研究法：本课题研究的是扬雄在英语世界的译介与研究状况，无论是从海外汉学学者对中国文学的研究（外国学者 - 中国文学），还是中国文学学者对海外汉学研究的研究（中国学者 - 海外汉学），其研究主体或客体都是在跨文化语境中的交叉研究，这既是语际之间的穿梭、文化空间中的游走、思维模式中的转换，也是民族之间的对话、碰撞与融合。因此，跨文化研究方法也是本课题的显著特点之一。

本书的创新之处表现为以下几点：①首次将扬雄及其著述在英语世界的译介与研究进行深入、系统的探究。目前，国内学界对扬雄在英语世界的译介与研究很少关注，更别提讨论研究的深度。本书试图首次对之进行全面而深入的探讨，以期为学界提供全面翔实的扬雄在英语世界的译介与研究之成果。②将扬雄的哲学、文学与语言学的研究置于中西文化互动的关系研究之中，既从中国文化研究内部去探查，也从世界文化的外部去关照，以扬雄的个案研究从跨文化角度审视国内中国文学研究与海外中国文学研究，以及传统的和现代的中国文学研究，打开古、今、中、外的扬雄学术研究道路，使中国文学研究真正走向世界。③综合运用比较文学、译介学、哲学、语言学、文化学等学科理论，尤其是比较文学变异学理论，将英语世界的扬雄研究中所存在的误读、文化过滤、他国化等问题予以呈现，在我们的研究中进行积极、有效的文化对话。④理论分析与现实关怀的密切结合。在对英语世界扬雄的译介与研究进行理论分析的同时，还需总结规律和经验，旨在为四川文化，乃至中国文化建设及中国文化走出去战略提供借鉴。我们既需要进行学术层面的探究，同时也需要为四川的文化建设和文化外传提供借鉴，本书试图通过具有深度与广度的研究实现这一目标。

目 录

第一章

四川历史名人文化走向世界之路

为贯彻落实中央办公厅、国务院办公厅《关于实施中华优秀传统文化传承发展工程的意见》和四川《关于实施四川历史名人文化传承创新工程的意见》，2017 年，四川省社科规划办公室设立了“四川省社会科学规划‘首批四川历史名人文化研究’重大课题”， 首次“四川历史名人文化创新工程”入选的 10 位名人是：大禹、李冰、落下闳、扬雄、诸葛亮、武则天、李白、杜甫、苏轼、杨慎。

西华大学文学与新闻传播学院“四川文学海外传播研究团队”，有幸获得“西道孔子”扬雄的重大投资项目，迈出了学术团队以“四川文化走向世界”为范例尝试探究区域文化世界化目标的第一步。在此次创新工程中，团队将在继承中努力创新，打破原有固化、重复的研究模式，力图建立起扬雄海外研究的重要主题、有效的话语体系与研究路径，推动扬雄研究取得更大进步。

第一节　四川历史文化名人流变概述

巴蜀历史文化源远流长，作为一种曾经有着自己的语言和文字的文化，她的辉煌的过往堪与中原文明并驾齐驱。直到今天，巴蜀文化在新的历史条件下仍然焕发出夺目的光彩，丰富着中华文明，滋润着巴蜀大地。在漫长的巴蜀文化形成和发展时期，巴蜀历史文化名人在不同的历史阶段都起到了巨大的历史推动作用，他们的名字与古老的巴蜀文化历史一样不朽。

一、巴蜀文化的兴衰与巴蜀历史文化名人

远古时代是巴蜀文明独立发展时期。根据当代的考古发现，巴蜀文化的序幕应该从 200 万年以前的“巫山人”开始。1986 年 10 月，一队考古学者在巫山发现了 3 颗门牙化石和一块带有 2 颗臼齿的下颌骨化石，经用古地磁法测定，距今有 204—201 万年。可以想象，遥远的古巴蜀人，他们在与天地共生，与自然相伴的生存发展中，自有他们的信仰、社会体系、发明创造，有他们心目中顶天立地的英雄。然而，那时的名人我们今天却无从考证了。

早蜀文明时代是巴蜀文化第一个高峰期。蜚声中外的广汉三星堆遗址和成都金沙遗址是其代表。三星堆遗址的文化遗存可分为四期，最早的是新石器时代晚期，最晚的在商末周初。三星堆文化的二、三期，距今约 4070—3200 年左右，相当于中原文化的夏末商初到商代后期。如果往前推，中国长江流域的古代文明源头，距今大约可能也在 5000 年以前。成都金沙遗址的发现也十分惊人。成都还发现了比三星堆文化还要早的宝墩文化遗存，以及明清时期的文化遗存，证明这里是一个延续时间长达 4000

多年的历史文化名城。这些文化遗存充分说明，古代巴蜀文明是一个独立发展、特色鲜明同时又保持对外文化交流的古老文化。那时的文化名人可能就是古蜀国帝王之蚕丛、柏灌、鱼凫、杜宇、开明等人，虽然都带有传说成分。

秦汉时代（约公元前316年—公元220年）是巴蜀文化第二个高峰期。公元前316年，秦惠王灭巴蜀，巴蜀地区从此成为中原统一王朝的一部分。秦王朝迁徙大量移民入川，并派李冰任蜀郡守治蜀。在此期间，中原地区战乱不断，但由于天然的地理优势，巴蜀却反而成为当时全国最富庶的地区。诸葛亮第一次明确称巴蜀为"天府之土"。此期的文化名人，文学与学术方面有司马相如、扬雄、王褒、严君平、李尤，文化教育方面有文翁，水利工程方面则有李冰。

唐宋时代（约公元618—1279年）是巴蜀文化第三个高峰时期。此期的巴蜀"繁盛与京师同"（周密《癸辛杂识》续集卷上），全国第一张纸币、第一口小盐井产生在巴蜀。兴建了全国最大的佛寺大慈寺，全世界最高的大佛乐山大佛。此期的文化名人，文学艺术方面有李白、陈子昂、雍陶、黄荃、薛涛、唐求、三苏、文同、张俞、苏舜钦、文及翁、张孝祥等；史学方面有范祖禹、张唐英、李焘、李心传；哲学方面有李鼎祚、张行成、魏了翁、张栻；科学方面有段成式、李石、昝殷、唐慎微、王灼、秦九韶等。入蜀的文化名人则有杜甫、王勃、高适、岑参、元稹、白居易、刘禹锡、贾岛、李商隐、韦庄、黄庭坚、陆游、范成大、吴道子等。

元初到清代中叶（公元1260—1760年）是巴蜀文化的严重衰退时期。从1231—1280年，巴蜀军民为抗击南下元朝军队在全川进行了50年的战争。战后，四川的人口由以前的259万户下降到12万户。元末明初四川战乱到朱元璋平定四川约80年时间，1372年四川人口又降到8.4万户。明末清初，巴蜀地区又历经80年的战乱，到1661年四川人口竟只有约8万人。清初四川巡抚不能入住成都，只能住在阆中，因为成都无人无房，野兽纵横。在这样一个战乱不断、民不聊生的时期，四川的文化事业被严重破坏，遑论历史文化名人？虽然明代出了一个杨慎，但严格说来他也是在京师长大的。

清代中叶到现代（1760至今）是巴蜀文化的复兴时期。清代中叶四川经济开始恢复，到清末统计，四川盐业规模之巨、技巧之精、产量之大、销路之广，在全世界都是第一。此期的历史文化名人包括：清中叶"蜀中三才子"彭端淑、李调元和张问陶。清朝末年到现代："戊戌六君子"之杨锐、刘光第；政治家宋育仁；经学大师廖平；革命家邹容、彭家珍、喻培伦、吴玉章、张澜；书法家顾印愚；史学家张森楷。五四新文化运动时期，新文化运动主将吴虞，文学家谢无量，版本目录学家傅增湘，诗人赵熙，著名新闻家范长江。属于现代的历史文化名人还有：文学艺术和学术方面有郭沫若、巴金、王光祈、周太玄、蒙文通、赵少咸、张大千、张善子、陈子庄、石鲁、李劼人、沙汀、艾芜、吴芳吉、何其芳、赵景深、贺麟、陈铨、罗淑、林如稷、刘盛亚、陈翔鹤、阳翰笙、方敬等。革命家有朱德、邓小平、陈毅、聂荣臻、刘伯承、罗瑞卿等。此外，抗战时期入蜀文人学士之多，仅文学作家全国 377 人，四川就有了 140 人。

二、巴蜀历史文化名人变迁的启示

从有文字记载的史料和考古历史遗迹的发现中，我们看到巴蜀历史文化名人的变迁轨迹是有一定规律的，而且有着自身鲜明的特色。这个规律和特色能够给我们今天继承和发扬巴蜀历史文化名人的文化遗产带来极大的启示。

（一）区域历史文化的独特性是一种文化生存的根本

远古的巴蜀文明是在一个独立的文化区域中发展起来的，她有自己的语言和文字，在与中原文明合流之前，她是自成体系的。一个能够自足的文明肯定是一个具有自身价值、体系和特色的文化。巴蜀文化的独特性是她天然的地理位置优势和自然环境优势所带来的。四川盆地的地形特点是：全域大约 12.5 万平方公里，四周皆山，中间低平，恰是一天然的巨大脸盆。此地形特点，导致巴蜀文化的发展产生以下特点：

1. 强烈的地方性

三星堆文化的独特性全国无二（青铜神树、青铜大立人、青铜纵目人像、金权杖、青铜面具）；长期使用自己的语言和文字系统全国无二。正如杜甫《成都府》诗曰：我行山川异，忽在天一方。但逢新人民，未卜见故乡。

2. 向心性

成都是这个盆地的心脏。四川的社会和文化发展，输血与供血全在成都。成都是开明王朝建都以来，2000 多年从未迁徙位置的古都；成都人口长期高度聚集，周围人口不断向城市集中。

3. 同一性

指无论什么民族、何地移民进入四川盆地后，都会逐渐融入巴蜀文化的大系统，各自的特色逐渐削弱。四川历经多次大移民，真正的“土著”不多，外来移民占绝大多数。

所以，整个巴蜀文化的主要特征就是兼容，这种兼容是以移民文化为载体的兼容。古蜀国五个王朝的主体族，蚕丛氏、柏濯氏来自西蜀，鱼凫氏、开明氏来自山峡之东，杜宇氏本身就是西蜀民族与外来民族融汇的结果。秦并巴蜀，“移民万家”。汉末移民：刘璋入蜀；刘备、诸葛亮入蜀；西北略阳、天水六郡 10 万人入蜀。明初、清初大量移民，即著名的“湖广填四川”。其次是强烈的主体意识与叛逆精神。主体意识就是以自我为中心考量周围世界的一种自我意识，这种意识表现在日常生活上就是独创一种生活方式，表现在政治、经济、文化上就是创格和创新。叛逆精神就是一种“不服王化”的精神，表现在日常生活上就是我行我素，表现在政治、经济、文化上就是标新立异，不服正统。这两种精神相辅相成，是四川长期以来作为一种独立文化和远离中原文化，以及独特的自然和地理面貌所决定的。

事实上，巴蜀文化虽然在后来还是与中原文化合流了，但直到今天，巴蜀文化的自身特性仍然存在，并没有消失。这既显示了巴蜀文化强大的生命力，也表明一种文化存在必然具备独有的个性特色才能生存下来。在世界文化范围来看是如此，在一个区域的文化发展里面也是如此。因此，无论世界或是某个区域，保持文化的多样性是必要的，但也是有条件的。

（二）社会稳定、经济繁荣和思想解放是文化发展的基本保障

远古时代的巴蜀，也许生产力落后，但巴蜀特殊的地理环境同时也给他们提供了稳定和富饶的发展平台。所以，这里才有成都这样几千年不变的城市，这在全国、全世界都是少见的。

从巴蜀历史流变的角度看，古代巴蜀作为一种独特的文化已经是相当发达了。从宝墩文化遗址看，至少距今4500年左右，四川的城市建设就具有相当的规模和水平了。城市的形成是一种文化和社会体系成熟的标志之一。那时肯定也有战乱，但可能和平发展的历史应该更长。从城市的形成可以想象，那时的经济应当是比较繁荣的。到了三星堆和金沙遗址时期，不仅仅是城市的建设，高品位的大量青铜器的发现，充分说明那时的巴蜀人民在生产力水平和审美表现力上已经具有非常高的水准了。如果没有丰厚的历史文化积淀，古代巴蜀文明的辉煌是不可想象的。

秦汉和唐宋时期的巴蜀，之所以历史文化名人辈出，显然与那个时期巴蜀地区甚至整个国家的社会稳定、经济繁荣和思想解放关系密切。秦汉时代四川的农业得到了很大的发展，世界著名水利工程都江堰就形成于此期。这个时期，由于休养生息的国家政策和四川相对独立的区域地理优势，经济社会得到了很好的发展。秦到西汉，思想是相对自由的，儒家经典还没有完全绝对化，是可以互相探讨相互讨论的。盛唐时代更是社会稳定、经济繁荣，在思想文化上更是心胸博大，海纳百川，几乎成了世界的中心。甚至在北宋时期，“疑经”“辨孟”“非韩”还可以成为社会的思想潮流。所以，这个阶段，巴蜀文化得到了极大的发展空间，连续出现了两个发展高峰时期。

不幸的是，元明两代到清代中叶，四川遭到了500多年的社会动荡和频繁战乱的影响，经济社会发展几乎陷于停滞，甚至严重倒退。这个时期，更是思想的禁锢期。所以，此期的巴蜀文化乏善可陈。历史文化名人几乎也是寥若星辰。然而，天不绝断巴蜀文化。清代中叶到现代，在长达几百年的沉寂之后，巴蜀的经济社会发展出现了

爆发式的增长。与此相应，巴蜀历史文化名人也井喷式地涌现。

以上的简单梳理可以说明，一个地方的文化发展一定离不开一个地方的社会稳定、经济发展和思想的自由解放。没有一定的社会基础，没有相对自由的文化发展空间，一种区域文化、文明是不可能得到真正繁荣的。

（三）文化开放和文化基因传承是文化发展必不可少的条件

人人都说四川盆地是一个封闭的地方，缺乏对外交流，事实上不是这样。从古蜀文明的三星堆遗址来看，它其中的文化交流因素非常明显，甚至有的文化因素还可能来自西亚和中东。金沙遗址的发现表明，一两千年前，巴蜀的经济社会和文化交流可以说相当发达了。所以，我们讲，一种文化的发展没有良好的文化交流是不行的，说四川文化是封闭的其实是一种误解。汉代扬雄离开成都，在京师生活了几十年。李白说“蜀道之难难于上青天”，但他自己却满世界跑了几十年。唐宋以来直到现代，大量文化人入蜀，即“自古文人皆入蜀”，这就是一种典型的文化互动与交流。事实上，四川本身就是一个典型的移民大省，她的宽广胸怀和包容精神在全国也是独一无二的。四川历史上的大移民是一篇恢宏壮丽的历史，可以说是一部雄伟的史诗。移民文化造就的开放、交流和兼容并包，可以说形成了巴蜀文化的独特气质。

文化开放是一种文化心态，文化交流其实只是它的一种形式而已。巴蜀文化就是一种开放的文化。首先，巴蜀文化有一种自信，她不怕别的文化融入，反而欢迎其他文化加入，对待移民文化的态度就是如此。其次，巴蜀文化的自信来自她的开放意识，因为她知道，没有互动的文化是没有出路的。所以，从古至今，巴蜀人从不缺乏走出四川的人，同时，也不缺乏对外省、外国人的接纳。再说，文化开放也是一种思想解放。巴蜀人有自己的个性和禀赋，但他们并不囿于自己陈腐的观念。李劼人小说《死水微澜》中有一个村姑叫邓幺姑，她就知道与时俱进。这个人物可以说是巴蜀文化的一个典型。其实，汉代扬雄就是一个思想解放的人，不然他怎么能够帮助王莽？如果他的思想不能够不断更新，他怎么可能写得出《太玄》和《法言》？李白更是思想复杂同时狂放自由，儒家、道家和纵横家等各种思想都有。苏轼要不是思想的解放，也不可能在哲学、史学和文学上取得巨大的成就。所以，我们说是文化的开放成就了巴蜀文化的辉煌，同时，巴蜀文化的辉煌也同时丰富了中华文化（文明）和世界文化（文明）。

我们相信，一种有生命力的文化之所以能够传承下来，其中是有文化基因的重要作用的。所谓“文化基因”就是指一种文化中的核心遗传因素。一种文化在历史发展过程中可能在不断变化，但与人一样，它的遗传基因可能变化不大。这种遗传基因稳定着文化发展的方向和个性，保持着一种文化的生命活力。巴蜀文化在历史的发展过程中，融合了多种区域文化因素，经历了各种历史时代的残酷考验，甚至一度为中原文化所合并。但巴蜀文化不仅没有消亡，反而保持自己的特色在不断发展壮大。她虽然一度经过500多年的沉沦与摧残，但她最终还是没有倒下，反而在近现代得到了复兴。是什么原因导致巴蜀文化如凤凰涅槃般更生？我们认为就是巴蜀文化的遗传基因，那是从远古巴蜀文明里传承下来的生命种子。但从另一个角度说，巴蜀文化的发展正是这个基因传承创新所致，或者说，巴蜀文化的创新传承本身也是这个基因的一部分。所以，巴蜀文化几千年的发展，其基本特点是变中有不变，在不变中有变，或许这就是巴蜀文化历史发展的秘密所在。

第二节 四川历史名人文化走向世界现状分析

一、“历史名人文化走出去”的内涵

“历史名人文化走出去”到底是什么意思？如果对这个问题没有清晰的、比较深入的认知，就不可能真正做好历史名人文化走出去的有关工作。这里面包括的问题是：是不是外国学者对我们的历史名人文化有深入研究且科研成果丰硕就是走出去了？是不是外国老百姓都知道某个国家的历史文化名人就是走出去了？历史名人文化走出去的标准、标志是什么？历史文化名人走出去与一种文化走出去的关系是什么？历史名人文化走出去的目的是什么？这实际上是“历史名人文化走出去”如何定位的问题。

一个国家或一个区域的历史名人文化走出去，诚然离不开学者们对历史文化名人的深入研究，那些研究甚至是基础，如果没有这些研究，有可能我们传播的历史文化名人就会谬误百出、贻笑大方。但学术研究往往比较高深，传播的面、接触的人群有限，一些精深的研究甚至往往无人领会，常常束之高阁。所以，我们不可以把历史名人文化走出去简单等同于历史文化名人研究。也许有人说，历史名人文化走出去应该是让其他文化的人知道、了解我们的历史文化名人。此话固然不假，如果人家不知道你这个文化的历史文化名人，怎么可以说你的历史文化名人走出去了呢？但是，我们要反问一下，人家知道了你的历史文化名人就是你的历史文化名人走出去了吗？就是你的文化走出去了吗？显然我们还不能这样说。因为，人家知道你的历史文化名人不能等同于人家理解你的历史文化名人，更不能等同于人家理解和认同了你的文化。这之间可能相差十万八千里。

那么，一个国家或一个区域的历史文化名人走出去了的标准或标志是什么呢？这实际上涉及我们提倡历史文化名人走出去的目的。

现在有一种极端民族主义的观点，他们认为一个国家或区域的历史文化走出去，目的就是要同化他人的文化、摧毁他人的意识形态，要使得天下归我，万方来朝。这种历史文化观念对于其他国家、地区和民族来说，是极其恐怖的。文化当然只有在开放和交流中才能够得以发展，但开放和交流的目的是各种文化相互学习、取长补短、相互尊重、共同发展。文化之间当然也有竞争，但它应该是在坚持文化多样性的前提下的自由竞争。不同区域和族群的人当然会拼命保存自己的传统文化，但这种保存不是盲目排外和故步自封，否则他的那种文化就会腐朽落后。因此，我们不得不承认，在世界历史发展过程中，世界的历史文化也是在发展的，文化的竞争也是遵循优胜劣汰的规律的。因此，我们可以说，文化交流的目的是改善和优化我们自己的文化，让我们的文化充满活力，从而避免我们文化的腐败、落后甚至消亡。其他国家和地区的文化也是这个目的，那就自然形成了文化之间的自由竞争。历史文化名人是一种文化的重要组成部分，他们甚至代表了一种文化的精神高度。因此，历史文化名人走出去的标准就应该是让其他文化了解我们的文化，并进而比较不同文化的差异，汲取其他文化的精华，丰富和发展我们自己的文化。如果达到了这个目的，我们就可以说你的文化是走出去了，你的历史文化名人是真正走出去了，你的那个走出去是受欢迎的，有价值的。

所以，我们说“历史文化名人走出去”如果不能准确定位，我们的历史文化名人走出去的工作便方向不明，目标不清，盲目被动。“历史文化名人走出去”实际上是个极其复杂的工程，它涉及的环节和因素众多而且微妙，但首要的问题还是定位问题，即对历史文化名人走出去首先要有一个理性、清晰和深入的认知。

二、四川历史名人文化走向世界现状分析

四川历史名人文化走向世界实际上有着悠久的历史，且在历史上可圈可点。在东方世界，当以在日本的传播和影响最大；在英语世界，当以在英国、法国、德国和美国的传播和影响最大。从时间上来看，李白甚至在他所生活的那个时期，他的诗歌就传到了日本而且被人模仿创作(参见王丽娜《李白诗歌在国外》,刊于《中国李白研究》)。同时，“中国的诗歌最先西传，并为西方所接受且产生巨大影响的，是李白的诗”（王巍《李白研究走向世界》，刊于《文学遗产》2002 年第三期）。当然，四川历史文化名人走出去，最频繁的是 18 世纪以来，尤其是 19 世纪至今影响更大。但实事求是讲，四川历史文化名人走出去，能够产生自觉意识，能够由政府首先提倡和推动，应该归功于经济社会发展到一定高度的今天，归因于整个中国社会发展的思维转型和对历史文化的高度重视。

四川历史文化名人走出去之口号的提出，得力于四川省政府打造首批十位四川历

史文化名人的重要举措。2017 年 1 月，中共中央办公厅、国务院办公厅印发了《关于实施中华优秀传统文化传承发展工程的意见》，作为中华文明的重要发源地之一的四川，深入贯彻落实《意见》精神，在全省范围组织实施历史名人文化传承创新工程，并由四川省委宣传部、文化厅、省新闻出版广电局联合印发了《关于做好首批四川历史名人推荐申报工作的通知》，要求牢牢把握“创造性转化、创新性发展”的方针，深入挖掘四川历史文化名人思想文化资源及其当代价值，用历史的、发展的、辩证的思维和眼光开展扬弃继承、转化创新，不断赋予其新的时代内涵和现代表现形式，让历史名人及其文化“活”起来，真正走出历史、融入当代，走出书斋、面向社会，走出四川、走向世界。

四川历史文化名人辈出，通过广大读者推介，2017 年 7 月 4 日，实施四川历史名人文化传承创新工程领导小组召开第一次会议，对首批四川历史名人复选名单进行了审议，最终确定大禹、李冰、落下闳、扬雄、诸葛亮、武则天、李白、杜甫、苏轼、杨慎为首批十位四川历史文化名人。以此为契机，四川也开始了历史文化名人宣传和传播工作。四川历史文化名人传承创新工程领导小组办公室筹划、制作了首批十位四川历史文化名人宣传片。宣传片运用新媒体的表现手法，展现大禹、李冰、落下闳、扬雄、诸葛亮、武则天、李白、杜甫、苏轼、杨慎 10 位四川历史文化名人形象以及与其相关的代表性建筑，并用一句话介绍每位历史名人的成就和贡献。比如，大禹是“率领华夏先民走出洪荒的第一人”，李冰“为天府之国引来万世不竭的源头活水”，落下闳的名字“被写在天上”。此外，在片中还能看到用手绘展现的都江堰、武侯祠、三苏祠等文化地标。在碎片化阅读时代，宣传片采用时下广受大众欢迎的短视频形式，让受众直观、快速地了解四川历史名人文化的精髓。在播出平台上，宣传片的播出做到线上、线下全覆盖。宣传片将重点在天府广场、宽窄巷子、春熙路、东郊记忆等成都人流量大的 15 块户外 LED 大屏及客流量大的过万块地铁车载电视、过千块公交车载电视滚动播出。搜狐、优酷、今日头条等平台将同步上线，力争形成全社会认知、传播、传承四川历史名人文化的热潮。

同时，积极举办国际会议及文化节以加强四川历史文化名人的研究和传播。例如举办扬雄国际学术研讨会、首届世界文化遗产都江堰与李冰研究国际论坛、2018 四川国际文化旅游节暨江油“一带一路”李白文化节、落下闳天文学国际学术研讨会等都大大增强了四川历史名人文化的知名度和影响力。

此外，四川还积极对接“一带一路”建设提升四川文化的影响力。近年来，四川省与东南亚等“一带一路”沿线国家和地区文化交流不断，四川博物院与捷克波西米亚美术馆签订友好交流协议等，积极推动对外文化贸易发展，四川省文化机构和企业积极参加阿布扎比中国贸易周、上海国际艺术节等国际性展会，都在一定程度上推动了四川历史名人文化走出去。

三、四川历史文化名人及其经典作品海外接受的不足

虽然四川一直致力于四川文化“走出去”，也取得了一定的成绩，但在历史文化名人“走出去”方面，李白、杜甫“走出去”的影响较大，其他历史文化名人的影响却相对较小。甚至，还有很多四川历史文化名人及其经典作品在海外至今仍少为人知。譬如苏轼，在英语世界的传播就存在“起步晚，诗篇零散，数量少，成功者鲜见”的特点（黛玉霞 成瑛《苏轼诗词在西方的英译与出版》，刊于《中国社会科学院研究生院学报》2016 年 3 期）。再如扬雄，扬雄在海外是有研究者的，他们大多数都是从本科、硕士至博士的有关中国学的学者，基本上都有在中国生活和工作数年的经历，喜欢中国文化。但对国外的绝大多数人来说，他们对扬雄是不了解的，也是不感兴趣的。同时，一个更大问题在于，四川历史文化名人走出去，并不能仅仅限于历史文化名人及其作品的翻译和研究，如何让西方了解和接受这些历史文化名人，如何形成真正的文化互动和交流，如何与现代中国社会的发展联系起来共同推动人类历史的进步，这些问题就更为深沉和迫切。由此看来，四川历史名人文化要“走出去”还面临着很多困难和挑战。

第三节　扬雄经验：四川历史名人文化走出去的问题与对策

一、扬雄的思想意义和当代价值

扬雄是西汉大儒，扬雄的当代价值首先在于思想的创新。他建立了一套自己的解释宇宙和世界的学说，解决了许多他那个时代的思想问题。他的思想至今仍然具有重要的价值。当代四川的文化建设，应该充分继承和发扬扬雄的思想优势，结合今天的社会实际，用扬雄的创新思想破除改革和发展的思想障碍。

我们今天重提扬雄是有深刻的政治和思想文化背景的。四川省委宣传部以政府的名义推出了四川历史文化名人研究工程（首批推出 10 人），扬雄是其中之一。这一举措是在国家繁荣哲学社会科学和弘扬中华民族优秀传统文化的历史背景下提出的。可以说，四川历史文化名人研究工程是响应党中央的号召而推出的文化建设重要举措，是当代四川文化建设政治实践的主要抓手之一，其根本目的就是通过历史文化名人的研究统一思想、建构信念、繁荣文化和促进经济社会的持续发展。

那么，从方法论上来讲，我们如何“进入扬雄”呢？扬雄作为西汉大儒，位处儒学

作为国家意识形态确立时期的董仲舒和班固之间，在后世尤其是南宋及其以后，争议不断。特别是明朝朱元璋之后扬雄的历史评价更是一落千丈，到了清朝达到冰点，几乎完全成了一个历史上的反面人物。直到今天，扬雄在人们的心目中仍然是一个矛盾的形象。在这种情况下，从方法论意义上来讲，当代四川文化建设对扬雄的研究首先应该拨云见日，首先清理扬雄的思想，通过对扬雄思想的清理重新理解和塑造扬雄形象。这种清理也是一个寻找扬雄文化与当代四川文化建设契合点的过程，扬雄在这种思想清理和重新评价中才会显示出他的重大意义。这种清理有两种基本途径，一种是对反扬雄思想的辩驳，一种是正面阐释扬雄的思想成果。本书的重点不在这里，我们的想法是在肯定扬雄思想的同时，说明儒家文化的创新发展可以推动当代的文化建设。

因此，在这样一种思考的前提下，我们提出两个问题：一是从思想史的角度来看，对于我们今天而言，扬雄的价值何在？二是对于当代四川文化建设而言，扬雄与我们文化建设目标的契合点何在？

首先看第一个问题。

从中国思想史的角度来看，扬雄所生活的西汉末期，儒学还处在一个成为国家意识形态的建构过程中，与儒学思想杂处的仍然有黄老思想、阴阳、名、法等各种思想。在这个时期，谶纬思想很是流行，王莽的上位就大搞了谶纬迷信活动。但扬雄并不信那一套，他虽然支持王莽的政改，但并不支持和参与王莽的“符命”活动。从一般思想而言，扬雄是明确反对宗教迷信的。他说“神怪茫茫，若存若亡，圣人曼云”（《重黎》），反对把所谓“圣人”神化。对于所谓长生不老的所谓神仙，扬雄更是嗤之以鼻。他说，“有生者必有死，有始者必有终，自然之道也”（《君子》）。扬雄明确反对宗教迷信，目的是要求人们按照自然和社会的本来面貌去认识自然和社会，而不是牵强附会去用我们的主观意志曲解自然和社会。这种思想对于我们排除迷信思维，实事求是地认识我们周围的世界是很有价值的。

扬雄不仅在一般意义上反对宗教迷信学说，而且还自己建立了一套认识和解释世界的哲学体系，这就是“太玄”。这个哲学体系以“玄”为本体，以阴阳五行为骨干，以一分为三为规则，以九为度数，以“罔、直、蒙、酋、冥”为过程，构建了一个总括时间和空间，涵括天、地、人的世界模式。这个模式对世界的认识和解释，与他之前具有重要地位的董仲舒具有明显的差异。在董仲舒那里，“天”是决定“人”的，“地”之万物表现只是“天”的意志的呈现。而在扬雄这里，“人”才是世界的核心，“天”和“地”只是人的观察对象而已。在董仲舒那里，“天不变道亦不变”。而在扬雄这里，没有不变的“道”。扬雄创新了一种认识和解释世界的方式，在他的世界图式里，人居于主体的地位。扬雄所主张的人本思想和独立思考的学术精神，在我们今天仍然具有重要的意义和价值。

在《太玄》里，扬雄还创造性地阐释了继承传统和改革创新的关系。他说：“夫道有因有循，有革有化。因而循之，与道神之；革而化之，与时宜之。故因而能革，天道乃得；革而能因，天道乃训。夫物不因不生，不革不成。故知因而不知革，物失其则；知革而不知因，物失其均。革之匪时，物失其基；因之匪理，物丧其纪。因革乎因革，国家之矩范也。矩范之动，成败之效也。”（《太玄·玄莹》）在这里，扬雄明确了“道”的可变性，“因”和“革”都对“道”有很大影响。他认为，改革创新是目的，继承传统是为改革创新服务的。所谓继承传统是继承传统中好的东西，有利于今天发展的东西；改革创新也不是任何时间任何条件下都能进行的，必须与社会时代的要求相适应，改革创新才能够成功。这种传承与革新的思想无疑是历史经验教训的总结，不仅在2000多年前具有价值，就是在今天也具有重要意义。

汉武帝“罢黜百家、独尊儒术”，对于作为思想的儒学并不是一件好事。任何一种思想，只要定于一尊，它也就不会允许其他思想对其进行批判与辩驳，这样，思想发展的机制就被破坏了。当然，定于一尊的思想也只有与政治权力结合，成为政治权力认可的意识形态，它才可能获得一尊的地位。这对于思想本身来说并非好事，因为“意识形态则不断地瓦解和削弱思想，因为它不再是个人的思考，它失去了自由性和超越性”（葛兆光《中国思想史》第一卷，复旦大学出版社，2001年，第301页）。因此，对于儒学的发展而言，“自从儒学成为官方承认的学问，并可以成为晋升之阶以后，表面上看来儒家是胜利了，但实际上却使它逐渐丧失了其独立的批评的自由，儒生成了皇权之下的官员，他们不能不受到皇权的制约与束缚”（葛兆光《中国思想史》第一卷，复旦大学出版社，2001年，第301页）。正因为如此，扬雄正是在看到了儒学的衰退之后才奋起著述希望能够复兴儒学。所以，扬雄的儒学研究有一种力挽狂澜的生命力，有非常强烈的个性色彩。事实上，儒学最终定型成为国家意识形态，从董仲舒的《春秋繁露》到班固的《白虎通》，大约经过了200多年时间。之后，经过魏晋思想的冲击，唐宋思想的开放，直到明清日趋于固化，尤其是晚清趋于腐朽。这中间，如果没有以扬雄为代表的思想家对作为国家意识形态的儒学的狙击，可以想象，儒学的衰朽可能更早。我们甚至可以说，在两汉和唐宋时期，是扬雄延缓了儒学衰朽的命运。这就说明，由于作为个人思想的自由和超越，扬雄创造性地发展了儒学。

综上所述，我们似乎可以得出如下结论：如果没有儒学思想的创新发展也就没有扬雄；没有扬雄也就没有扬雄给我们提供的反宗教迷信、独立的人本主义思想和继承传统与改革创新的思想。这样一个结论，同样适用于我们今天对扬雄文化遗产的处理。扬雄作为西汉大儒，我们也不能把他定于一尊，我们借鉴他的思想也应该是创造性的和发展的。扬雄给我们的重要启示就是：只有儒家文化的创新发展才能够真正推动文化的进步。

再看第二个问题。

结合扬雄的思想成果，当代四川文化建设要实现宏观的大目标，宜于从文化思想的具体改造入手。首先应该是反对文化迷信。当代的四川，虽然已然是社会主义市场经济的时代，但封建迷信思想却并没有绝迹。因此，繁荣社会主义哲学社会科学，推动当代四川经济社会建设，必须首先通过文化名人的效应，大力宣扬反封建迷信的思想。

文化发展的生命力在于创新，这也是扬雄留给我们的宝贵的精神财富。文化创新的实质是精神的创新。所以，要创新发展四川文化，就应该一定程度地开放思想市场，让更多具有个性的声音成为四川文化交响乐的共同组成部分。开放就是要胆子大一点，就是要思想更解放一些。作为四川省会的成都市，未来定位是国家中心城市，国际化大都市；四川也是面向世界开放，要从一个人口大省、经济大省、文化大省迈向一个人口强省、经济强省和文化强省。可以想象，如果没有开放的思想，这些未来美好的目标就只能是画饼充饥。

扬雄在天地人的世界模式中给予了人充分的本体地位，这是扬雄人本哲学的重要成就。这一点对于当代四川文化建设来说，具有重要的启示作用。当代四川的文化发展，应该紧紧围绕人这个中心来展开。“人”是我们经济社会和文化发展的起点和归宿。这里的人不是抽象的人，而是指具体的“个体的人”，是一种建立在个体自主自由信念基础上的人。我们的“人民”就是由这样的一些“人”组成的。这些“人”受到我们社会主义文化的熏陶，得到我们社会主义法治的保护。还是这些“人”，他们焕发出的精神动力，同时也是我们建设美好四川的最强大的动力。

弘扬传统与改革开放始终是一对矛盾。在百年中国近现代历史上，我们在这个问题上多次迷茫和徘徊。在西方文化的冲击下，我们多次感觉失去了传统，于是我们多次反身拥抱传统；在传统强大的惰性牵制下，我们多次感到步履沉重，于是我们多次强调改革开放。但历史事实证明，只有坚持改革开放，中国才有前途，中国有前途，四川也才有希望。在这曲曲折折的历史发展过程中，如何具有一双慧眼，能够看透弘扬传统和改革开放的关系，能够很好把握二者的关系，是一个重要的命题。就是在这里，2000 多年前的扬雄给了我们十分重要的启示。

二、扬雄及四川历史名人文化走向世界面临的问题

扬雄海外研究比较高端和专业，涉及面比较窄，受众面小，社会影响有限。海外扬雄研究始于 20 世纪初期，正值海外汉学学术共同体确立、新的学术范式业已形成，以及海外汉学学科渐趋成熟的时期，因此，研究扬雄的海外学者具有以下特点：（1）大多数研究者都是从本科、硕士至博士的有关中国学的学者；（2）他们基本上都有在中

国生活和工作数年的经历，不仅喜欢中国文化，而且既有西方理论学术背景，又有中国传统的考据与训诂治学方法；（3）回国后，他们大多在西方著名高校任教，继续从事汉学研究，在自己研究的专属领域有着不菲的学术成果。这样一些研究，往往流传于学术圈内，甚至束之高阁，很难对社会大众产生广泛的影响。

自申得乐（Bruno.Schindler,1882—1964）1915年发表《古铜器上的扬雄四重线性组合》以来的100年间，据不完全统计，有关扬雄的学术研究在西方有96篇（部）以上的学术论文和专著，其中著作26部（含涉及扬雄研究的汉代中国文明史、中国文化史、中国哲学史和中国文学史等17部），学位论文7篇，期刊论文67篇（含书评52篇）。这些论文和著作主要有以下几个方面的内容：（1）汉代政治、历史、文化概述，以及重大历史事件与同时期的名家评论，如美国外交官埃松·盖尔（Esson.M.Gale,1884—1964）的《盐铁论：古代中国关于国家控制工商业的一场辩论》（*Discourses on Salt and Iron: A debate of state control of commerce and industry in ancient China*,1931）（注：《盐铁论》是西汉的桓宽根据著名的“盐铁会议”记录整理撰写而成的重要史书，会议讨论一方是朝廷从全国各地召集贤良文学60多人，另一方是以御史大夫桑弘羊为首的政府官员，他们共同讨论民生疾苦问题）。德国汉学家佛雷兹·杰格/颜复礼（Fritz.Jaeger,1866—1957）的《扬雄与王莽》（*Yang Hiung and Wang Mang*,1937），英国剑桥大学著名汉学家鲁惟一（Michael.Loewe,1922—）的，《汉代中国的危机与冲突》（*Crisis and Conflict in Han China*, 104 B.C- to A.D.9,1974）、《中国人的生死观：汉代的信仰、神话与理性》（*Chinese Ideas of Life and Death: Faith,Myth and Reason in the Han Period*,221 B.C.-A.D.220,1982），捷克斯洛伐克学者鲍格洛（Timoteus.Pokora）的《桓谭〈新论〉及其他著述》（*Hsin-lun ‘New treatise’ and Other Writings Huan Tan*, 43 B.C.-28 A.D.1975）。值得一提的是美国汉学家德效骞（Homer.H.Dubs,1892—1969），他翻译了《汉书》中大多数帝王的传记，共三册，书名为《〈汉书〉选译》（*The History of the Former Han Dynasty*）。（2）围绕《太玄经》与《法言》的中国哲学探讨，如美国汉学家多林格/窦瑞格（Franklin.M.Doeringer,）的《扬雄及其古典主义之形成》（*Yang Hsiung and his Formulation of Classicism*，1971），德国汉学家佛尔克（Alfred.Forke,1867—1944）的《哲学家扬雄》（*The Philosopher Yang Xiong*,1930），美国汉学家戴梅可（Michael. Nylan）的《扬雄的〈太玄经〉》（*The Canon of Supreme Mystery by Yang Hsiung*,1993），还有不得不提的奥地利汉学家查赫/赞克（Erwin.Von Zach, 1872—1942）的《扬雄的〈法言〉》（*Yang Xiong's Fa Yen*，1939），特别是因佛尔克及其弟子颜复礼在研究中出现一些误读的时候，他很快在《为哲学家扬雄辩护》（*Zur Verteidigung des chinesischen Philosophen Yang Hsiung*）的论文中为其纠偏。（3）扬雄汉赋研究，最早翻译赋的学者是英国汉学家阿瑟·韦利（Arthur Waley,1889—

1966），赞克也有字对字的德语翻译。在西方学术界，其名字直接可称代“赋”的学者是康达维（David R. Knechtges,1942—），普林斯顿大学教授柯马丁（Martin Kern，1962—）撰《北美中国早期文学（先秦两汉）研究概况》评价说：“西方的汉赋研究几乎完全可以用一个名字来概括，即‘康达维’。在西方，康达维乃是赋学甚至整个汉代文学研究的执牛耳者。”他不仅有博士论文《扬雄：赋及汉代的修辞学》（*Yang Shyong, the Fuh, and Han Rhetoric*,1968），专著《汉赋研究二种》（*Two Studies on the Han Fu*,1968）、《汉代的铺采之文：扬雄赋研究》（*The Han Rhapsody: A Study of the Fu of Yang Hsiung*, 53 B.C.-A.D.18,1976），还有《〈文选〉译注》（*Wen Xuan, or Selections of Refined Literature*）三卷本，将《文选》中所有的“赋”都做了翻译。他的翻译与研究，一改前人的百科全书式的记述，而是在译文中使用大量注释，对文本进行分析性研究，他认为，应该把在“译文中提供注释”视为“学者型翻译家”理应担负的责任。还应提点的是，赞克 / 查赫曾孜孜不倦地致力于将《文选》全集译成德文，在他去世之前，完成了《文选》中百分之九十以上的赋的翻译。1958 年由霍福民（Alfred Hoffmann）整理后，编辑为哈佛燕京丛书 18，由哈佛大学出版社出版。（4）围绕《方言》进行的语言学研究。其实，康达维不仅为赋学之首，而且是扬雄学术乃至整个汉代文学的“执牛耳者”。而在康达维的《刘歆与扬雄有关〈方言〉研究的通信》之外，司礼义（Paul Serruys,1912—1999）是最为突出的研究者。1955 年，他在加州伯克利分校的博士论文是《根据〈方言〉对汉代方言的研究绪论》（*Prolegomena to the Study of the Chinese Dialects of Han Time According to Fang yen*），1959 年在博士论文的基础上修改出版成书。从 20 世纪 50 年代至 60 年代的十年间，他发表了数篇关于《方言》的论文，尤其是在《华裔学志》发表的《〈方言〉五字研究》系列，都是篇幅从 30 页至近百页的长篇论文。

通过以上的分析，我们可以看出，如果不改变扬雄的传播形态和传播方式，扬雄就很难为西方人所接受和理解。同时，我们也应该看到，汉代的扬雄，思想本身博大精深，文字又晦涩难懂，这些都增加了文化传播的困难。此外，文化传播本身实际上是一个系统工程，有基础的研究还远远不够，还要有适宜文化传播的社会政治、经济和文化条件，具体到某个历史文化名人，还要有合适的历史机遇。事实上，扬雄的传播问题不只是扬雄一个人的问题，整个四川历史文化名人的海外传播都存在类似的问题。

因此，从总体上看，四川历史名人文化的海外传播问题还比较多。归纳起来，具体表现在以下方面：

（一）政策法规不完善，缺乏宏观战略规划

1. 重视不够

四川省虽然意识到文化交流与文化旅游的重要性，开始跨出文化宣传的关键性一步，但是对于名人文化的开掘利用却非常薄弱。虽然学术界关于四川文化名人的研究成果不少，但在四川省的文化宣传中文化名人并没有得到足够的重视，介绍与宣传明显不足。2017 年以前，大众对四川的历史名人了解相当少，比如对扬雄的身份和经历很少被大众知晓，也没有成立扬雄研究会。四川推选了很多四川历史古镇，并没有重视四川历史名人，从认识到开掘和宣传过程中，丰厚的历史名人文化资源，没有受到足够的重视。

2. 相关政策服务范围未涉及海外

当前，国家、省市已经出台了一系列政策鼓励各地的文化产品和服务走出去，这些政策有一定的激励作用，但政策的作用对象仅限于国内，只能针对政府机构、文化企业等给予相关的优惠、便利措施。例如税收减免政策等，有助于文化顺利“走出”国门，而无法直接作用于境外相关主体，难以保证文化产品和服务真正“走进去”，在国外市场上销售、展播等，达到文化交流和传播的效果。

3. 文化走出去的观念有待进一步更新，长远的战略规划不足

四川省一些地区、一些部门及文化单位对文化走出去的政策和财政投入等方面还存在着“等、靠、要”观念，对文化走出去的重要性和紧迫性的认识还存在差距。“走出去”缺乏长远的战略规划。目前，四川很多文化名人“走出去”，短期行为比较明显，由于缺乏一个推动文化走出去的长期战略规划，指导思想、目标任务、政策措施等都不明确，影响制约了我省文化名人“走出去”的整体步伐。

（二）国际文化人才短缺，资金支持力度不够

1. 高端翻译人才短缺

四川历史名人文化“走出去”，首先是他们的文化（文学）作品“走出去”。四川文学、文化要想在世界范围内获得广泛的阅读、理解与接受，必然通过翻译途径。翻译作为交流文化、沟通思想的桥梁，对四川文化“走出去”战略的实现无疑发挥了至关重要的直接作用。但由于缺乏对四川历史文化名人作品翻译的高端人才，导致各类对外翻译质量良莠不齐，文学翻译选材广泛，缺乏系统性，销售渠道和读者群狭窄，相对边缘化。再加上四川历史文化名人诸如扬雄、落下闳、杨慎等人的很多经典作品为古汉语，典籍中所隐含的微言大义也很难理解，翻译起来更加困难。大量的外国文学作品、文化产品源源不断进入我国，四川文化名人却停留在国内，甚至省内宣传。目前高端翻译人才短缺在很大程度上影响了四川历史名人文化的对外宣传和推介工作。

2. 文化人才短缺

文化人才是文化的继承者、传播者，也是文化的创造者，更是城市发展的核心竞争力，是增强国家“软实力”的“硬支持”。在信息时代，人才将比传统的生产要素例如劳动力、资本等，更快地成为可持续发展的强大动力。文化的显隐功能和人才的核心竞争力作用尤为显著。一个人、一群人带动整个产业、整个门类高效发展的现象就是对这一观点的最好诠释。现有的四川省文化人才，无论是总量、质量、专业与分布构成等方面，都与公共文化服务与文化产业发展的匹配度存在较大差距，人才素质与发展要求不适应，人才结构与产业结构不对称。由于文化企业盈利周期长，吸引人才、接受人才和储备人才的能力也受到很大的限制，四川文化企业人才数量并不乐观。同时，街道、社区等基层公共文化人才短缺，大多得一人身兼多职。从素质结构来看，文化人才的总体素质仍旧偏低，特别是创新意识和创新能力相对不足。从专业结构来看，以业务型人才居多，主要集中在生产、销售领域，既熟悉文化建设规律又熟悉市场经济规律的复合型人才严重缺乏，专业拔尖人才不足，科技创新人才不够，文化管理和经营人才不多，没有形成一个人才集聚群体，不利于促进四川文化名人产业的持续发展，与四川文化名人走出四川、走向世界的目标还相差较大一段的距离。

3. 资金扶持不足

四川历史名人文化要“走出去”，无论是政府还是企业，资金投入都是相当有限的，且因为没有建立长效的财政投入机制，致使资金问题已经成为当前四川历史名人文化“走出去”较为棘手的难题。但是如果过分依赖政府资金投入，且投入不计回报，造成投资渠道单一、投资渠道不畅，则又会导致四川文化名人产业市场化不足的问题出现。四川历史名人文化“走出去”还处于前期发展阶段，需要大量的资金投入，政府的资金扶持是非常重要，也是必要的。

（三）传播主体单一，对外宣传力度不足

1. 传播主体与受众呈精英化、小众化特点

当前四川历史名人文化“走出去”的一个突出问题即是过于偏重精英化、上层化、体制化、系统化，而忽略了民间化、大众化、随机化 (灵活性)。就当前四川历史名人文化“走出去”的现状来看，四川历史名人文化的对外传播主要是由少数文化精英 (学者) 和专业人士 (汉语教师、汉语志愿者) 来实施和承担，其传播的受众也主要是对方国的文化、学术精英，其传播渠道也主要是通过学术外译、孔子学院等，比较注重和强调课堂化、课程化、书本化、专业化、系统化，传播内容亦不够丰富。在这种传播模式下，广泛的、最大数量的文化大众在客观上被与中国文化隔离、绝缘，致使四川历史名人文化的对外传播效果大打折扣。

此外，随着我国改革开放的逐渐深入和经济的强劲发展，到海外留学、交流、访问、工作、旅游、探亲的中国人迅猛增加，他们完全可以充当“四川历史名人文化走出去”的“业余”“编外”民间文化使者。但令人遗憾的是，这些出国的人们大多缺乏这种“走出去”的意识与理念，缺少对相关内容的了解；或者他们虽然有相关文化知识储备和认知，但又不知如何以外文表述。这极大地阻碍了“文化使者”们进行有效的文化表达、文化交流、文化沟通，妨碍了四川文化名人最大程度或最大面积地“走出去”。

2. 对外宣传力度不足

四川历史名人文化的对外宣传，多偏重于旅游、展览等以四川省官方主办或支持为主的展现方式，虽得到了很多国内官方新闻媒体、社会媒体的及时报道，但在表面热闹的背后，实际上在西方的主流媒体、主流社会、主流文化中报道不多，知名度不高。

近年来四川省越来越重视对外交流和对外宣传，对外宣传工作也有了稳步的发展。然而我们还应该看到，四川文化名人的对外宣传力度仍是不足的。例如首批十位四川历史文化名人的宣传片，虽然在国内取得了较好的宣传效果，但是宣传片只有中文版本，而且无英文字幕，对外宣传效果可想而知。加上对外宣传手段和方式过于简单化，创新能力不足，导致很多优秀的四川文化名人在国际上“默默无闻”。

（四）四川历史名人文化资源开发问题较多，未树立品牌效应

1. 开发本土文化名人资源意识不强

文化旅游产业是典型的知名度经济。四川的文化旅游经过多年的建设经营，历史文化名人资源得到了初步开发，表现为建立纪念馆、修缮墓地，比如成都市郫都区友爱镇子云村扬雄墓的修建，杜甫草堂、三苏祠等名人纪念馆的开发。但是，面对四川庞大的、独特的历史文化名人资源库，目前的开发显然是远远不够的。在历史文化名人文化产业的国际化竞争中，四川在开发本土文化名人资源上意识不强，处于被动防御的局面，屡屡被其他国家或省份抢占先机。应有的经济价值和文化价值没有得到充分有效的挖掘，丰厚的四川文化名人资源亟待深入开发。一个民族不可对自己的历史失忆，尤其是对那些可以印证记忆的历史文化人物，应该永远铭记。发展历史文化名人产业，不仅有利于民族特色的文化建设，有利于更好地应对全球化挑战中的文化竞争，而且能进一步弘扬名人文化。

2. 追求短期效益，忽视长远的统一规划

在全省已经进行文化名人资源开发的城市中，大多数城市都没有针对文化名人资源的开发编制专门的详细计划和长期发展规划。一些地方最初开发文化名人资源时并没有经过深思熟虑，而是闻风而动，跟风而上地被动地仿效，还没做好各方面的充分准备，便匆匆忙忙地大张旗鼓地去搞所谓的开发，既没有编制相应的长期发展规划，

又没有制定指导近期行为的短期详细规划，而是走一步看一步，结果往往是导致资源的浪费。另外，“一方水土养一方人”，由于历史文化名人与地域文脉之间存在的相辅相成，相反相成的内在联系是不依开发者的主观愿望而改变的。

3. 盲目开发，缺少文化内涵

四川省在文化名人资源开发过程中存在着炒作与盲目开发的现象。文化是一个民族的精神和灵魂，任何一块土地上产生的文化名人，即是这块土地的精神和灵魂。应该努力使其传承下去，如果政府要参与的话，也应首先考虑引导一种更高的精神追求，并使之能够传递下去，其次再考虑经济利益。而今在四川省各地文化名人资源的开掘中，主要就是名人故居的开发、名人塑像的展示等，真正对名人精神的传承方面却极少注意。

4. 粗放式、低水平开发，缺乏品牌经营意识

四川省不少地方都开发了名人文化产品，举办了与文化名人有关的旅游节庆，但是总体上来说，开发层次还比较低，还停留在粗放式的开发经营阶段上，旅游开发者普遍缺乏品牌经营意识。首先是缺乏现代开发理念。文化名人资源并不是一般意义上的人文旅游资源，它更加强调文化底蕴的深厚性和广博性，这就决定了开发文化名人这类资源的难度比较大，需要开发者必须以现代理念指导现实的旅游开发。但是许多旅游开发者囿于传统的思想观念，按照开发自然旅游资源和其他一般的人文旅游资源的思路来开发文化名人资源，没有立足现有文化资源，精心搞好策划，致使旅游产品从一开始就处于低起点、低要求、低水平状态。例如修个路、搭个桥、仿造个古代建筑，就等着游客观光旅游。其次是缺乏现代管理和现代服务理念。四川省部分景区的管理水平和服务水平还存在较多的问题，不仅直接影响到游客利益，在游客当中造成不良反应，而且也间接地影响到景区和旅游目的地的整体形象，阻碍了其健康持续的发展，使其在激烈的市场竞争中处于不利地位。从根本上讲，旅游开发者和经营者缺乏品牌经营意识主要是因为他们的市场竞争意识不强，没有强烈而深刻的生存危机感，同时也缺乏对社会的历史文化责任感。在开发利用文化名人的文化遗产方面，也同样存在着不懂文化、不知珍惜的开发行为。

5. 适销对路的文化产品不多，原创的文化精品更是有限

打造文化精品，是四川历史名人文化“走出去”的重要途径。四川文化名人在“走出去”过程中，一方面是将现成的而非针对海外市场的产品被动输出，成功率低；另一方面又存在主观想象、闭门造车，和海外市场不对路的问题。产品的内容、切入点、翻译等都不符合海外消费者的习惯。国内目前“走出去”的文化产品很多为低端产品。

6. 文化名人旅游开发中的现代科技含量较低

旅游开发者对现代电子科技和影视媒体技术的运用较少、层次较低。到目前为止，四川省大多数已经开发的文化名人产品无论是从景区产品文化内容的展示、管理和服务的操作还是产品的市场营销一般都采用传统的手段和技术。例如在对电子网络技术的运用上，尽管四川很多地市都有了自己的官方旅游网站，但是好多官方旅游网站的网页内容更新较慢，信息刷新率较低，有的地方网站所提供的信息资料缺乏权威性，甚至错别字屡屡出现，试想浏览者怎敢轻信如此的网站、如此的信息？又如在景区的设施建设。有的景区舍得把大量的钱财花费在修建仿古建筑等人造景观上、却不舍得在科技含量较高的厕所和无烟交通工具上投资。在“科技也是生产力”的今天，缺乏主动运用现代科技手段去发展旅游业的意识，很容易在市场竞争中处于劣势。

三、扬雄及四川历史名人文化走向世界的对策

中华文化积淀着中华民族最深沉的精神追求，是中华民族生生不息、发展壮大的丰厚滋养。推动中国文化“走出去”是迎合全球化浪潮的必然，是繁荣中华文化和世界文化的必然，是实现国家富强民族振兴的中国梦的必然。

（一）四川历史名人文化“走出去”的机遇

随着国家各项政策的出台，地方政府的相关意见与具体实施，四川历史文化名人“走出去”的路径越来越宽广。

1. 政策环境趋于优化

（1）国家政策支持

《国家“十三五”时期文化发展改革规划纲要》中强调：“要提高文化开放水平，统筹对外文化交流、传播和贸易，创新方式方法，阐释好中国特色，让全世界都能听清中国声音，使当代中国形象在世界上不断树立和闪亮起来。”十九大报告中强调：“要加强中外人文交流，以我为主、兼收并蓄。推进国际传播能力建设，讲好中国故事，展现真实、立体、全面的中国，提高国家文化软实力。”近年来，国家不断推出促进文化“走出去”的政策，其中《关于进一步加强和改进中华文化走出去工作的指导意见》《关于加快发展对外文化贸易的意见》《关于加强“一带一路”软力量建设的指导意见》等文件先后印发，统筹对外文化交流、文化传播和文化贸易、努力讲好中国故事，传播好中国声音，推进文化“走出去”的力度空前加大。

（2）四川确立文化强省建设目标

《四川省国民经济和社会发展第十三个五年规划纲要》里明确提出要推进四川文化强省建设。要培育文化产业竞争新优势。依托和挖掘四川特色文化资源，实施重大文化工程，做大做强骨干文化企业，增强文化产业竞争力。改造提升传统文化产业，推进文化与旅游、科技、生态等深度融合。要增强巴蜀文化影响力。实施巴蜀文化品

牌工程，加强文化“新品、优品、精品”创作生产引导，完善四川原创优秀作品生产创作体系，增强四川文化软实力。构建巴蜀文化传播体系，丰富传播内容，拓展传播业态，加强传播载体建设。依托重要文化节会，增强国际传播能力，促进版权输出，拓展对外文化交流，推动四川文化走出去。

推动四川文化“走出去”的领域已经工作了很多年，四川省文化厅一直致力于搭建交流贸易平台，为企业提供政策、税收、补贴等方面的咨询和帮助，引导四川非遗技艺、动漫游戏、艺术创意等文化企业“走出去”。培育具有引领作用的国家级重点对外文化贸易项目和企业，提高中国成都国际非物质文化遗产节、四川艺术节、四川电视节、中国成都国际青年音乐周、南充国际木偶艺术周等国际性文化节会影响力。在对外贸易中，文化行政部门也将进一步通过组织参加国际性展会，借助驻外领事馆提供境外合作企业资信等手段，为四川企业做好服务。

（3）地方将文化发展纳入城市发展规划

成都作为四川的省会城市，将四川文化走出去纳入文化产业规划，充分发挥成都对全省文化产业发展的辐射带动引领作用。《成都市“十三五”文化产业规划》指出：推动对非物质文化遗产的合理利用和产业化发展，打造国际非遗产品贸易集散中心。办好中国（成都）国际非物质文化遗产节，搭建非遗展示交流平台，组织、支持和鼓励非遗代表性传承人和企业“走出去”，开展国际文化交流和国际贸易。推动非遗与旅游产业融合发展，加强非遗展示展演和产品展销，彰显地域文化特色。

四川文化产业发展坚持开放合作的原则。突破“西部宿命”和“盆地桎梏”，扩大文化产业的市场开放，加快发展文化服务贸易，充分利用各种会议、论坛的契机，提升文化产业要素、活动、服务的国际化水平。打造文化产业开放合作“软硬”环境，培育文化高端产业，创新“文化走出去”的模式路径，增强文化产业融入全球经济、吸纳外部优质要素的能力，提升文化产业开放合作竞争力，在更宽领域、更高层次参与全球文化资源整合与竞争。

拓展对外文化贸易。“十三五”时期，成都以建设对外交往中心为目标，引导和鼓励企业“走出去”，积极开展国际文化合作交流和对外文化贸易。

这些方针、政策是国家、省市根据复杂的国内外形势和发展格局变化，审时度势，对文化“走出去”做出的顶层设计，为四川文化名人“走出去”提供了重要的政策支持与方向指导。

2.“一带一路”倡议的实施

我国优秀传统文化的发展动力不足的原因是多方面的。其中，文化产业资源支撑不足是一个比较重要的原因。虽然，我国拥有丰富的传统文化资源，庞大的文化消费群体，但在资源配置和整合上还存在很多问题。比如，有些地方的文化投资力度远远不够，基础设施建设落后，文化交流不畅等问题层出不穷。有的地方缺乏高端文化产业人才，对传统文化资源的开发程度过低，最终难以将文化资源转化为文化资本等等。“一带一路”建设对于整合文化产业资源要素，推进文化产业区域协作，充实文化产品内容意义深远。

在国家发改委、外交部、商务部联合发布的《推动共建丝绸之路经济带和21世纪海上丝绸之路的愿景与行动》文件中提出“支持沿线国家地方、民间挖掘‘一带一路’历史文化遗产，联合举办专项投资、贸易、文化交流活动”。我们有理由相信，随着“一带一路”倡议的逐项落实，必将为中国优秀传统文化“走出去”提供源源不断的动力因素。“一带一路”倡议的实施也为四川历史名人文化“走出去”提供了良好契机。

3. 各类国际赛事在川举办

2018年2月，成都市政府办公厅印发《成都创建国际赛事名城行动计划》。按照该计划，到2035年，成都将平均每年举办38个国际体育赛事，打造成为国内一流、国际知名的国际赛事名城。实际上，就在2018年，21个国际大型赛事就将在成都举办。国际网联青少年（U18）巡回赛、ATP125成都挑战赛和ATP250成都公开赛今年将在双流国际网球中心举办。此外，还将有更多赛事落户成都。除了2018年3月在都江堰举办的双遗马拉松外，成都在2018年还将举行多项赛事：金堂县将举办铁人三项世界杯，省体育馆将举办女子乒乓球世界杯和“一带一路”成都国际乒乓球公开赛，一带一路“3×3成都国际挑战赛”，以及“熊猫杯”国际青年足球锦标赛等。这些国际赛事可以成为四川文化名人“走出去”的契机。

除此之外，值得一提的是，2018年12月，成都成功获得2021年第31届世界大学生夏季运动会的举办权，届时将有来自170多个国家和地区的1万余名大学生运动员及官员汇聚蓉城参赛。展示古蜀人民的勤劳和智慧的世界自然与文化双遗产的都江堰一青城山，闪烁着古蜀文明的光芒，距今3000年左右的历史都市遗址——“金沙遗址”，以三国文化扬名中外的武侯祠，以诗歌文化享誉世界的杜甫草堂，以佛教文化名扬天下的文殊院等等，都将呈现在国外友人眼前，将极大推动四川文化名人“走出去”。

4. 当今社会，文化在经济中所占的比重越来越大

当今世界，经济与文化相互交融的趋势日益明显，文化要素越来越成为产品的核心要素之一，而四川最大、最核心的文化资源就是五千年历史所积淀的巴蜀文化。随着我国综合国力以及国际形象的提升，越来越多的外国公司愿意跟中国文化企业合作。自身的文化底蕴以及广阔的国际市场共同描绘了四川文化走出去的前景。将四川历史文化名人资源优势变为产业优势，打造品牌，提高品牌的创意附加值，不仅可以赢得资金流，更能体现文化的尊严。在知识经济时代，世界的走向越来越步入一个文化经济的时代。我们要更加重视文化开拓，迎接文化经济时代的到来。

（二）四川历史名人文化“走出去”的对策

1. 重视内容生产，增强四川历史名人文化“走出去”竞争力

当前经济全球化、文化多元化的背景下，中国要在激烈的国际竞争中立于不败之地，作为国家软实力体现的文化“走出去”已成为重要的影响因素之一。而文化对外传播能否取得成功，很大程度上取决于受众对所输入的文化是否产生文化认同。文化认同不是受众对某种文化浅层次的欣赏或赞叹，而是从内心深处对该种文化内在价值的认可和接受，进而融入自己的价值体系中。因此，为了获得国外受众的接受和认同，对外传播的四川文化名人不仅需要展示自身的独特性，其自身所展现的思想、精神还要兼具价值普遍性。

2. 四川历史名人文化“走出去”内容的多样化

面对具有不同文化趣味和价值观的国际多元化受众，四川历史名人文化“走出去”的内容也应多样化，既要感性直观地对外传播四川文化名人，也要选取一些有针对性的题材，体现具有人类共通主题和价值观的内容，如情感、教育、人性、艺术等加以宣扬和传播。推进国外受众以旅游方式亲身体验四川文化名人的独特魅力，就是感性直观地传播四川文化名人，给受众以直观的视觉感知，从而更加容易接纳这种外显的文化元素。此外，体现四川文化名人精神内涵和内在价值的名人诗文、名人故居、名人书画等，都具有极高的文化价值，同时也是艺术的体现，将这样的内容有针对性地对外宣传和推广，容易得到受众对其艺术价值和现实价值的肯定，从而促进四川文化名人的对外传播。

3. 四川历史名人文化对外传播内容的层次化

全球化语境下，文化对外传播要注重受众的主体性地位。想要得到西方社会受众的认同，就不能仅仅停留在四川文化名人独特性的展示层面，而是要更深层次地发掘出有现实价值的内容，以得到受众的理解和认同。例如扬雄贫贱富贵不移的精神，杜甫忧国忧民的无私精神，诸葛亮鞠躬尽瘁死而后已的大无畏精神，李白不畏强权、豪放旷达的精神等等，这些名人精神对当今社会仍具有重要的借鉴意义。这些符合受众基本价值观并能引起人们思索的内容在四川文化名人对外传播中更易得到接受和认同，从而有助于四川文化名人的“走出去”。

4. 依托文学创作、影视创作进行促销，创作更多优秀文艺作品

将四川文化名人的不平凡的经历、围绕文化名人发生的民间故事再结合现代的文艺表现形势，如拍成电视剧、电影等，一定会深受大众欢迎。出版历史名人传记，打造历史文化名人影视文化，现在虽已有一些成果，如，2011 年拍摄的扬雄电影《大儒扬雄》，卫志中编写的《扬雄——汉代那个孔子》，但力度还不够，需要进一步研究以体现历史名人的最新研究成果；同时又应具有明确的导向性，以弘扬巴蜀优秀文化

为宗旨。主要在于用文学作品、歌舞剧目、广播电视等多元艺术载体，用生动翔实的史料再现文化名人的精神风貌。

5. 战略统筹，形成四川历史名人文化“走出去”的合力

（1）加强组织领导，强化保障措施

第一，加强组织领导。“欲善其事，先利其器”。为更好地运用四川省政府及各地方政府的行政手段和经济手段，推进四川文化名人产业发展，发挥政府引导作用，加快推进四川历史名人文化“走出去”，不断提升文化软实力、影响力和竞争力，必须尽快完善四川文化名人“走出去”战略的领导班子和组织机构。

继续深化《实施四川历史名人文化传承创新工程的意见》中提出的领导小组的领导，成立实施四川文化名人“走出去”领导小组，省委分管领导担任领导小组组长。主要负责工程统筹规划、项目审定，决定有关重大事项等。领导小组下设办公室和市（州）工作小组，领导小组办公室设在省委宣传部，办公室主任由省委宣传部分管领导兼任；各市（州）党委宣传部成立工作小组，组织专门力量全面负责本地历史名人研究及文化传承工程的推进实施，确保实效明显、形成品牌。建立健全党委统一领导、党政齐抓共管、宣传部门组织协调、有关部门分工负责、社会力量积极参与的工作机制和工作格局，形成推动四川文化名人“走出去”的强大合力。

第二，增加政策的投入。四川文化名人“走出去”是一项长期工程，需要政府长期稳定的政策和资金支持。四川省各级政府和文化教育部门除了提供资金支持文化名人文化传承发展之外，还应该真正重视文化名人的国际化工作，同时要加强经费支持，设立四川文化名人“走出去”专项资金和基金渠道，支持四川文化名人“走出去”项目，为项目各个活动提供保障。例如，可以在省市政府层面设立“四川省文化名人译介专项基金”和四川省文化名人外译研究等课题项目，吸引和汇聚更多的专家学者和外语人才投入到我省文化名人译介和研究的工作中来。

（2）制定策略，四川文化名人“走出去”要有针对性

四川文化名人“走出去”，其核心内容是文化名人的传播者向目标受众(外国人)传播文化信息，进而影响受众的思想、观念、情绪、价值取向等。所以应该针对文化名人“走出去”不同的目标对象制定不同的策略，采取正确的路径加以有效的传播。

四川文化名人“走出去”的目标受众是国际社会和外国民众，具有不同风俗习惯、文化背景、价值观念、语言和思维习惯，只有那些符合他们接受心理和习惯的内容，才容易找到共同语言，对其产生吸引力。应研究广大读者和观众的文化程度、欣赏水平、审美趋向、心理需求。从效果分析的角度看，传播效果追求的是信息能及时而广泛的到达受众，并被受众真实的了解和正确的理解，因此为增强表述的传播效果，必须重视跨文化传播的特殊性，既要对国际受众进行细分，针对不同层次的接受者，针对不

同文化环境中的接收者，有的放矢地建立传播者与接受者对内容的共同经验解释系统。还要尽量充分了解目标受众与我们的分歧和差异，增进与目标对象的接近性和亲和力。对于国际受众的特性、心理状态、欣赏习惯和接受水平应委托独立的调查机构来研究确定，而不是把我们自认为国际受众应该知道的一厢情愿的强行灌输，以致在受众中产生逆反心理，使他们对我国政府举办的媒体和文化宣传有先入为主的不信任感。

四川文化名人影响的受众目标，从成分结构上看，一是精英阶层，如艺术家、精英学者、文化艺术的评论人以及媒体的权威人士等；一是普通大众。当代世界，随着互联网的发展，普通大众对社会的影响力越来越大，因此对普通大众的文化影响越来越重要。从年龄结构来看，分成年人和未成年人群体。有人认为，国外年轻人应该成为中国对外传播的主要受众目标。西方成年人对中国的刻板印象受主流媒体影响很大，但他们的观点并不容易被我们"走出去"的传媒所改变，相反，单纯以价值观传播为起点的"走出去"方式还可能引起矛盾的激化。而进入网络时代，越来越多的西方年轻人开始不看报纸，不关心国际新闻。他们将更多的时间转向网络和其他新媒体。在信息化时代，文化传播对年轻人的影响和渗透作用更大。

不一样的目标群体，对传播内容、传播策略的要求也不同。四川文化名人"走出去"，应充分重视受众的传播针对性。受众对传播活动具有检验作用。只有那些符合受众需要、符合受众心理活动规律的传播活动才能取得预期的传播效果，实现有效传播。反之，不顾受众的需要，单从主观愿望出发，进行对外传播活动，有时甚至会受受众逆反心理等因素的影响，不能达到预期的目的。

（3）重视人才培养

古人云："人才聚，事业成；人才散，家国亡。"即使在21世纪这句话依然有它的道理。习近平总书记强调：我们需要"一大批熟悉党和国家方针政策、了解我国国情、具有全球视野、熟练运用外语、通晓国际规则、精通国际谈判的专业人才"。四川文化名人、四川文化乃至中国文化要想成功地"走出去"，就迫切需要一批高端国际化文化人才。

国际化专业文化人才大体上应该包括：国际文化传播人才、国际文化贸易人才、文化创意人才、对外汉语教学人才、高级翻译人才等。国际文化传播人才培养，也就是掌握现代传媒技术的专门人才。传播力决定影响力，传播力的强弱取决于懂得现代国际传播规律和掌握现代传媒技术的人才。四川文化名人产品不仅要"走出去"，还要卖出去，这就需要有一批懂国际文化差异、国际市场规则、国际融资和海外营销渠道等方面知识的国际文化交流与文化贸易人才。针对全国对外文化贸易中外向型、复合型经营人才紧缺的状况，我省应加大培养和引进力度。一方面，高等院校要适应文化发展的新需求，改进教育体系、内容和方法，如设立国际传播专业，实施"政产学研"

四结合，建立人才培训基地，更新现有人才队伍的观念、知识和技能，并通过多种形式培养具有中国文化自觉与文化自信，学贯中西的人文学者，以及大量具有新闻素质、国际视野，熟练掌握外语技能、谙熟国际文化市场运作规律的国际化复合型人才。科研人员努力提高人文社会艺术科学的研究水平、原创能力和交流对话能力，学会用英语进行学术交流、发表论文、参与国际对话。二要制定优惠政策，面向海内外，有计划、有步骤地引进一流的文化经营和管理人才，优化人才结构，为四川文化名人产品打入国际市场提供智力保证。三是鼓励和培育熟悉了解国际文化交流、贸易规律规则，具有传播中华文化自觉意识的现代企业家。四是大力培养翻译人才。美国语言学家爱德华·霍尔（Edward Hall）在《超越文化》中就曾提道："翻译是一回事，让人们相信则是另一回事。"由于语言差异，文化走出去只有运用语言交互转换的方式来进行，翻译作为一种主要的文化输出方式，直接决定着中华文化输出的效果。因此，加大对翻译工作的投入力度，加快培养一支以中国译者为主体，中外译者携手合作能够承担日益扩大的对外文化交流任务的高素质、专业化的翻译人才队伍很重要。要正确认识翻译，要了解国际文化交流的方式方法，要做好研究和战略规划。高端翻译人才的培养，既要靠我们从精通中华文化的人才培养着手，又要加强和国外汉学家的合作，还要加强对国外留学生中汉语人才的培养。译者不仅要负责文本的翻译，更要充当文化交流的使者，助力于四川文化名人"走出去"。中译外规模效应的形成，离不开官方、民间和国外汉学家或汉学机构的通力合作。

6. 拓宽渠道，提升四川历史名人文化"走出去"的空间

（1）大力拓展教育交流渠道

教育是文化的重要载体，也是文化传播最有效的渠道。目前，许多国家已充分利用这种优势，广泛开展教育国际合作，如师生互换、合作办学、合作研究、国际间教育资源互补等跨国界、跨文化的教育交流与合作，为促进跨文化交流做出了许多贡献。

大学是传播先进文化的重要阵地，是先进文化的示范区和辐射源，是民族文化与世界文明成果交流、借鉴的桥梁。四川省高等院校众多，共有 109 所高校，拥有众多 985、211、双一流重点大学。要利用这种优势，重视大学的文化功能，加强大学文化素质教育，加强国际教育交流与合作，建设开放的教学体系，向全球开放高等教育资源，增强吸引力，对于推动四川文化名人、四川文化乃至中华文化"走出去"必将起到重要作用。此外，川内高校也应该大力建设网络公开课，使其肩负着宣传四川文化名人，提升四川文化乃至中国文化影响力的重任。

大力发展留学生教育。留学生是文化交流的使者，是增进各国人民友谊的桥梁。留学生教育通过培养大批专业和管理人才，不但促进了我国同其他国家的文化、教育和科技交流，还弘扬了中华民族的优秀文化，使世界了解中国，使中国走向世界。来华留学生教育还培养了大批对华友好人士，他们成为与我国开展友好工作的骨干力量，积极促进本国与中国的友好交流。由于留学生教育既能带来经济收益、吸收国外优秀人才，又能促进国家之间的相互了解和互利合作，传播友谊和文化，既具有短期收益又具有长期收益，所以当今世界各国留学生教育的竞争日益激烈。必须进一步扩大高等教育开放，推动高等教育国际合作与交流向更深层次和更广领域发展。留学生教育是我国高等教育国际合作与交流的核心组成部分之一。大力发展包括留学生教育在内的多种形式的高等教育国际合作与交流，使其成为传播四川文化名人的一个重要渠道。

（2）着力加强大众媒介渠道

在四川文化名人“走出去”的过程中，传播媒介的善用与否在很大程度上会对传播效果产生巨大影响。大众媒介的平民化性格和通俗化方式使得文化传播更容易“润物细无声”。过去，一种文化要成功地渗入另一种文化往往需要几十年甚至上百年时间，而今天的现代大众传媒甚至可以“立竿见影”地改变人们的“见解和政治态度”，在塑造国家形象、控制话语权、促进文化交流方面都有着巨大的影响。

由此，四川文化名人“走出去”可以充分利用视觉传播渠道。伴随着信息技术和媒介的迅速发展，以图像、视频等为主要信息载体的视觉符号的强势崛起，影视、图片图示、视频图像等视听媒介构成了大众媒体传播的主要内容和介质，视听取代思考、声像挑战文字，视觉化信息流动迅速成为文化和信息传播的主要方式。而视觉文化最大的特点，就在于影像表意符号具有世界通用性，比起文字符号来更加容易跨文化交流。单纯运用传统的汉字手段向外输出四川文化名人，效果是要大打折扣的。付诸视觉的传播载体，不仅可以传达信息，而且在吸引阅读、帮助理解、加强记忆和形成媒体风格与气质上，都有不可估量的作用。视觉形象是思想传播的重要载体。因此，人们常常通过一个国家的电影电视，直观地了解和认识这一个国家或民族的历史和现实，形象地感受和体验这一个国家或民族的社会与文化。在“媒介化”生存的当今社会，只有将四川文化名人及其背后的厚重的思想精神内容，转化为生动的可感受的传播形象，才能更有效向国外宣传四川文化名人。

四川文化名人“走出去”还可以大力构建网络传播渠道。四川文化名人“走出去”的对外传播方式要与时俱进，充分利用互联网这一新媒体资源，构建立体化的全方位国际传播体系，改变绝大多数西方受众只能通过西方主流媒体了解中国这一现状。要将以报纸、广播、电视、杂志为代表的传统媒体与以互联网为代表的新兴媒体相结合，采用推特、博客、微博、微信等信息传播方式，构建范围广、受众广、信息量大的“全媒体平台”对外文化传播体系，以大力提升文化的传播范围、影响范围和效果，提高四川文化名人的知名度。

（3）积极推行人际传播渠道

重视学术交流渠道。学术交流是文化的重要载体，也是文化传播最有效的渠道。国内外四川文化学者之间的交流，可以推进四川文化名人走向世界学术界，提高国际影响力。当前的四川文化学者之间的交流多是通过参加国内外研讨会进行的，在研讨会后，会有专门的会议论文集出版，扩大会议影响。除了重视学者参加研讨会和发表期刊论文之外，还应完善国内外四川文化学者的文化交流机制，不断扩大和加强海内外学者之间的学术交流。此外，还应鼓励一些国内四川文化精英学者走出国门，致力于向国外学者和大众宣讲当代四川文化的精髓，四川文化名人的历史精神面貌，扩大四川文化、四川文化名人在国际的影响。

充分发挥华人华侨社团的作用。我国有上千万海外华人，华人华侨遍布世界各地。积极发挥华人、华侨开展文化交流的积极性是我们在世界上推广四川文化名人、四川文化乃至整个中华文化的有效途径。长期以来，华人、华侨对祖籍国的文化归属感和亲切感使其成为我国对外文化交往的热心支持者和传播纽带。在海外华人群体中有许多在不同领域事业有成并已融入当地主流社会的杰出人物，我们要善于借助海外知名华人的影响开展对外宣传，积极参与和支持由他们发起的国际文化活动。

重视国际旅游传播作用。旅游传播作为一种人际传播渠道，主要是指旅游活动中旅游者与旅游目的地旅游从业人员、当地居民及其他旅游者之间的信息传递活动。从旅游者来说，旅游者承载着他所在国家和地区即客源地的语言、服饰、行为方式、思想观念等一系列的可见和不可见的文化元素来到异地他乡，不可避免对异地文化产生影响，同时又将各地文化带回到原有的文化环境中。旅游者实际上是文化的承载者和传播者，起着文化使者的作用。如果所有的旅游者尤其是来自四川的旅游者，都有文化“走出去”的意识与理念，成为传播四川文化名人、四川文化乃至整个中华文化的志愿者和自觉践行者，将大大推动四川文化名人“走出去”，提高四川文化名人对外传播的效果。

7. 产业开发，形成四川历史名人文化“走出去”持续力

四川文化名人要“走出去”，要“走下去”，就要有市场化思维和产业化视野。此外，对于大众而言，对文化的亲近和感知需要一个文化的载体即物态的落实或者是形象的传播，比如文物古迹、主题公园、图书杂志、影视卡通甚至是饮食玩具等等，而这些无不需要通过大力发展文化产业才能实现。因此要大力开发四川文化名人产业，才能推动四川文化名人“走出去”。

（1）以市场为导向，推动四川历史名人文化走出去

现阶段，基于中国特殊国情，实施文化“走出去”战略必然要重视政府的主导作用，但是四川历史文化名人真正要“走出去”，最终还是要通过市场主体的力量。必须要以市场为导向，科学选择目标市场，降低文化折扣度。可以借鉴国外发达城市文化输

出经验，切实做到思想解放，确立文化走出去的战略地位，政府负责管理和扶持，鼓励自由经营、公平竞争，由市场去评判文化走出去的产品优劣。积极探索用产业、商业的形式推动文化走出去，通过参股、收购、合资乃至上市的方式在海外融资，以资本运营带动产品出口，实现与国际对接，实现高附加值贸易努力在国际上形成强大的文化竞争力和影响力。

（2）确立四川省历史名人文化旅游的品牌

确立四川省历史名人文化旅游的典型主题，它能代表四川省的历史文化的主要内涵并且具有省内的典型覆盖性和省外的辐射性。单纯的历史名人文化旅游容易单调乏味，应根据具体的项目和其他旅游互补开发，如与生态旅游、休闲旅游、度假旅游等结合起来，但在综合开发中应凸显历史名人文化，起到彰显景区文化灵魂的作用。作为一座自然景观与名人文化相融合的典型性的名人文化旅游城市成都，因其独特的名人文化资源和自然景观应成为首选。

应重视四川文化的宣传和营销，全面提升四川文化品牌的知名度、影响力。四川要加强非物质文化遗产的保护力度。各县区在非物质文化遗产保护的进程中，要深入挖掘自己的名人特色文化，形成各自的特色，从而带动四川名人文化的发展，形成文化品牌。在保证现有的名人文化旅游资源的同时，亟须提升老品牌，并在此基础上创造新亮点，开发新的文化旅游产品。名人文化是全民族共有的精神文化，虽然现在也在强调名人文化的共享，但是它毕竟又是一个地域的特有文化，从特有的地域性逐步辐射到全省全国甚至全世界，所以强调其地域性也是对其地域知名度的提升，如四川成都郫都区的扬雄，可以将其故居作为郫都区特色打造，重点宣传的文化名人旅游地。

（3）提升历史名人文化旅游中的精神内涵

旅游者慕名而来，所欣赏的不仅仅是物质形态的名人故居、名人文化广场、名人塑像及文化雕刻，更主要的是通过这些物质形态的呈现来达到精神上的满足。因此，四川要努力做到这一点，给游客一场流连忘返的名人文化旅游盛宴。

凸显每一个历史名人背后的核心文化精神。例如扬雄才高行洁的高尚人品与丰厚的文化贡献，都是优秀传统文化遗产的精神财富，对中国梦的实现具有积极的历史文化意义。

进行名人文化旅游开发时，应把其精神内涵作为重点，充分地考虑游客的心理，设计相关互动的旅游项目与方案。可以利用现代化手段把相关的知识以题型的形式显示出来，让游客在自觉快乐的参与中潜移默化地受到洗礼。

培养优秀的导游员，设计生动活泼的导游词。导游词是导游员引导游客游览观光的讲解词。导游员的素质的高低对导游词潜在功能的发挥起着重要的作用。导游员不仅要介绍景区景点的历史背景和传说故事，同时还要在解说中将导游词传播知识与文化的功能发挥到极致，以帮助旅游者在欣赏自然景观的同时，获得人文精神的陶冶，达到游览的最佳效果。可见，优秀的导游员和生动贴切的导游词无疑是开启名人文化旅游的一把钥匙。

围绕四川省具有地域特色的文化名人资源，推动文化旅游与新兴文化产业融合发展，做强做大做深文化旅游，高起点建设一批精品景区和经典线路。

（4）加强历史名人文化旅游中的物质载体的保护与开发

文化旅游中的物质载体是游客最先接触的，从时间上来说，有古代载体和现代载体之分，从形态上来说有静态载体和动态载体之别。

名人故里、故地和故居等的保护。开发与保护是文化旅游中的矛盾统一体，同样在名人文化旅游中也存在，名人资源是历史遗留财富，不具有再生性，保护比开发更重要，不能因急功近利追求其商业价值而忽视其珍贵的历史文物价值。

文化广场的开发。在省会城市及各个文化城市中心的开阔地带，建立名人文化广场，用雕塑及现代的音、响等效果体现名人文化，让外来游客和本地居民能感受到浓浓的文化氛围。另外把名人雕塑、名人事迹的石刻参与到校园的规划建设中，既可以体现校园的学术文化氛围，同时也起到熏陶教育学生的客观效果。

设计精品名人文化旅游的产品和品牌进行促销。依托四川首批十大历史文化名人，以政府行为或民间行为对外进行宣传，以各种形式把四川文化名人推出去。或者和其他城市进行城市文化的交流，互通有无，实现名人文化的共享。

（5）建设四川文化名人特色数据库

城市在发展过程中积淀了大量的名人文化资源，他们从不同侧面对城市文化进行着历史诠释，为城市发展提供合理的价值支撑。名人要升华为文化符号，对资源进行清理和分类是基础性和前提性工作。本着对城市历史和未来高度负责的精神，对当地名人资源进行普查挖掘、整理，建立档案资料库，作为非物质文化遗产予以妥善保护，加紧注册名人资源，防止他人恶意抢注，以免本土名人资源的流失。

建设文献资源深加工，检索功能强的四川文化名人特色数据库。特色数据库是依托馆建信息资源，针对用户的信息要求，对某一学科或某一专题有利用价值的信息进行收集、分析、评价、处理、存储，并按一定标准和规范将本馆特色资源数字化，以满足用户个性化需求的信息资源库。四川文化名人很多研究资料，散见于各种史料、方志、文集之中。相关研究人员在搜集利用这些资源时，犹如大海捞针，往往颇费周折。应该在广泛调查，充分掌握读者需求的基础上，掌握他们对四川文化名人文献资源需求的现状及趋势。制定四川地方文化名人文献采集十年规划，一个文献保障能达到研究级水平的地方文献库的建立，往往需要进行科学合理的长期规划，因此，在广泛调查、分析的基础上，科学制定四川地方文化名人文献采集十年规划非常必要。

（6）城乡规划建设和管理，要加强宣传历史名人文化

我们的城乡规划、建设和管理中要加进更多的文化因素，四川名人文化资源丰富，我们要让文化名人唱主角，让名人文化在现在的城市、乡村中焕发勃勃生机。具体讲，就是要在广场、风景区、城镇街头见到名人，在城市道路的命名上注重名人因素的使用，在火车站、汽车站、公交站点、出租车站牌以及其他标志性的建筑集中进行名人文化的宣传和推介。火车站、汽车站、公交站牌、出租站牌以及附近建筑和各种交通工具是各地对外宣传的文明窗口。它们既是地方文明形象窗口，又分布广泛，具有固定性或流动性的特点，如将其充分利用，进行四川名人文化以及其他文化的宣传，使来往宾朋耳濡目染于缤纷多彩的巴蜀名人文化，定会收到意想不到的良好效果。当然我们在利用这些广告媒体进行名人文化等宣传的时候，也要尊重市场经济的规律要求，不能为了文化而文化，而是要将广告与四川名人文化的宣传结合在一起，既重视社会文化效益，又不忽视经济效益，从而实现物质文明和精神文明的共赢，打造出全方位的名人文化的氛围，最大限度地提高四川文化名人的形象和知名度，真正提高地方文化的软实力。

现在省内许多风景区已经注意到了名人文化因素的效用，如关于扬雄的子云亭，李白的青莲古镇等。建议下一步的工作重点是，在新建广场、风景区，在城市街头、绿地等处丰富四川名人文化展示的内容。名人文化展示的形式要灵活多变，就雕塑而言，可以是文化名人生活的片段，可以是名人成长故事，可以将一个相对完整的故事刻板集中展示，更可以制作成宣传漫画，让名人文化走进宾馆、饭店、大型商场等公共场所，最大限度地发挥名人文化的潜在价值。

城市道路的命名可以更好地利用四川名人文化，充分体现出文化名人的宣传效应。现在与四川名人文化有关的道路在各地并没有得到很好的重视。但通过调查研究就会现，四川很少有与文化名人有关的道路，这说明名人文化资源并没有得到足够的重视。如果一个城市拥有了多条以地方名人文化因素命名的道路，这对于城市文化品位的提升意义非同寻常。对于道路的命名要提早，因为道路的命名讲究约定俗成的原则，不能等百姓接受了一个名字以后再尝试强制去改变它。所以，这对我们城乡规划、建设和管理工作是一个警示，我们的工作一定要有前瞻性、预见性。在城市道路的命名上要集思广益，多征求专家学者的意见。

在四川各地，不少地方能充分重视与当地有关的文化名人，为一些有重要影响的四川文化名人，如扬雄、杜甫、诸葛亮等建立专馆或文化旅游区，这当然是对名人文化的极好保护和利用。当然，不仅仅是这一单一形式，我们还可以让文化名人走出故地，走向全国乃至世界。

（7）运用名人级差效应

名人距离我们的年代越远，其文化遗存往往就越稀少，变得有名头没说头，更没看头。另外，中国名人旅游市场的广阔前景更不等于某个历史文化名人的旅游开发就一定成功，事实上名人纪念地门可罗雀的现象并不少见。而最为关键的是，名人和名人之间还存在级差效应。根据名人级差理论，历代名人都可以并且应该按照其历史地位、社会贡献、文化建树、稀少程度、后世评价等标准进行梯级排列，而名人效应的大小一般与其梯级高低呈正比例，只有少数是例外。历史名人级差可分为世界级、国际级、国家级、省市级和地县级五个级别间。由于级差的不同，带来的社会效益和经济效益也就有级差的区别。开发级别越高的名人，通常含金量越高。因此，开发利用四川历史名人旅游资源的首要工作，就是进行名人级差分类，进而进行旅游形象和品牌的定位与建设。

制定四川省名人文化旅游资源开发的标准。四川省历史名人文化资源丰富，对于这些名人资源不能用统一标准进行开发，根据名人级差理论，历代名人按照其历史地位、社会贡献、文化建树、稀少程度、后世评价、大众传播性等标准进行梯级排列，而名人效应的大小一般与其梯级高低呈正比例，四川省首批十大历史名人就应该优先开发。

（8）长远规划，放眼未来

四川历史名人文化资源丰富，各地方都有其历史名人及其文化积淀，如成都的扬雄、李冰、诸葛亮，广元的武则天，眉山的苏东坡等，需要政府从宏观的角度做统筹安排，整合资源，彰显四川省历史名人文化旅游的特色。名人文化最主要的是精神的传承与渗透，对于各地的发展作用是潜移默化的，因此一定要高瞻远瞩，从全局出发，从长远利益出发，进行规划部署，统一安排，不能盲目开发。

第二章

国内外扬雄学术研究概述

国内近百年对扬雄的研究基本上是围绕扬雄其人和其著述《太玄》《法言》《方言》《训纂篇》，以及他的“赋”作来进行研究的。截至 2020 年 4 月，在 CNKI 输入关键词“扬雄”，显示 1947 条篇目。从吴则虞先生 1957 年发表在《哲学研究》上的《杨雄思想平议》一文算起，平均每年发表相关论文（含期刊、硕博士学位论文、报纸等）30.9 篇；就其著述而言，以《太玄》为篇名，显示 430 条篇目，从郑文先生 1979 年发表在《西北师大学报》（社科版）算起，平均每年发表相关论文 10.48 篇；以《法言》为篇名，显示 540 条篇目，从最早 1933 年发表在《船山学报》《读扬子法言》一文（作者佚名）算起，平均每年发表相关论文 6.2 篇；以同样的方法检索《训纂篇》为零，以“扬雄《方言》”检索，出现 66 条篇目。再从扬雄海外研究查询，除了 13 篇有关康达维的对辞赋的研究之外（包括康达维本人在国内刊物上发表的论文 3 篇），没有一篇关于扬雄海外研究的论文。

海外扬雄研究始于 20 世纪初期，因处在海外汉学学科渐趋成熟的时期，所以研究起点较高。上半叶以译介研究为主，下半叶便以更加深入、且更加学术化的扬雄研究为主流。在百年的学术历程中，取得了较好的成就。在数量上有近 100 篇学术论文、专著、书评，在内容上涵盖了以下四个方面：（1）扬雄其人；（2）《太玄》和《法言》研究；（3）《方言》的研究；（4）扬雄汉赋研究。

第一节　国内研究

扬雄（公元前 53 年—公元 18 年），西汉末年蜀郡成都人（今成都市郫都区人），一生著述丰硕。《汉书·扬雄传》赞誉说：“雄少而好学，不为章句，训诂通而已，博览无所不见。”[①] 自其著述广为流传之后，其经学（儒学）思想尤为引人注目，扬雄好友桓谭著《新论》引张子侯语，高度赞誉扬雄不仅为“西道孔子”，而且还应当是“东道孔子”[②]，意为“汉代的孔子”。可见，扬雄在时人眼中是把儒家思想推向又一高度的大儒。学界为了深入推进扬雄研究，一般将其著述归结为经学（儒学）、哲学、文学、语言文字学等范畴，并普遍认为扬雄是蜀地文化历史长廊中第一位最具全国影响力的文化巨星。2017 年，四川省开启了“四川历史文化名人文化传承创新工程”，扬雄入选四川十大历史名人之列，可谓实至名归。同年，为纪念扬雄诞辰 2070 年，由西华大学及四川省社会科学界联合会等单位主办，郫都区委宣传部、地方文化资源保护与开发研究中心等承办的“纪念扬雄诞辰 2070 年周年暨四川省扬雄研究会

①（汉）班固：《汉书》，北京：中华书局，1962 年，第 3513 页。

②（汉）桓谭：《新论》，上海：上海人民出版社，1977 年，第 28 页。

第一届学术会议”，在成都市郫都区召开。次年1月，四川师范大学成立“扬雄研究中心”，由省政府授牌，成为首批“四川历史名人文化研究中心”之一①，并出版中心学术刊物《扬雄研究辑刊》。2018年4月，由中国社会科学院《文学遗产》编辑部、四川省哲学社会科学重点研究基地扬雄研究中心等联合举办的“扬雄研究的现状与未来——扬雄逝世两千周年学术研讨会”；2019年11月，由西华大学与扬雄研究会主办、郫都区委宣传部、地方文化资源保护与开发研究中心承办的“西道孔子·首批四川历史名人第二届扬雄高峰研究论坛”相继在郫都区召开；同年12月，四川师范大学文学院教授李大明主编的《四川历史名人经典研究文丛·扬雄卷》四川人民出版社付梓刊行。

这一系列事件，标志着扬雄研究已经迈向一个崭新的发展阶段。在这样一个重要的分界点，有必要进行一番学术回顾与总结，以梳理盘点成果，提出新问题，昭示未来之研究方向。对于20世纪以来扬雄研究的学术成就，众多学者予以了总结。其中不乏立足全局视野，体现出了学术研究的洞察力，如张晓明的《二十年来扬雄研究综述》②，李大明、王怀成二位学者联袂撰写的《近百年来扬雄研究论文综述》③等。此外，亦有专门对扬雄文化事项研究的述评，如郑万耕《扬雄身心观述评》④、华学诚《扬雄〈方言〉及其研究述评》⑤等。

需要特别予以说明的是，学术史研究的基本范式就是在学界既有研究成果进行梳理和简要评述的基础上，发现学术研究存在的基本问题，并提出解决这些问题的针对性建议。在这种研究范式下，虽然不同的学者有着不同的学术旨归，总结出的学术发展脉络以及对未来的学术展望也不尽相同，甚至难免囿于一家之成见，但学术总结的目的基本是一致的，即希冀为进一步推进该研究对象的深入研究提供参考性的思考。诚如刘厚滨先生在谈到学术总结问题时说：“学术总结，无论是对已有成果的总结，还是对未来研究的展望，都是站在个人立场和有限知识范围内做出的。即使文中涉及的内容，许多方面也是表面归纳或借助他人的评述。”⑥

鉴于此，首先，我们借助中文数字平台“中国知网”“万方数据库”“读秀知识库”“超星数字图书”等中文数字平台和“ProQuest”“JSTOR”和“Ebsco”等英文数字平台，对20世纪中期至2019年3月以来，国内外围绕扬雄及其文化事项公开发表的期刊论

① 资料来源：《四川师范大学“扬雄研究中心”和“武则天研究中心”入选首批“四川历史名人文化研究中心”》，中国高校之窗网：http://www.gx211.com/news/20180103/n15149724377656.html.

② 张晓明：《二十年来扬雄研究综述》，《青岛大学师范学院学报》2002年第4期。

③ 李大明，王怀成：《近百年来扬雄研究论文综述》，《中华文化论坛》2018年第10期。

④ 郑万耕：《扬雄身心观述评》，《河北师范大学学报》（哲社版）2004年第3期。

⑤ 华学诚，徐妍雁：《扬雄〈方言〉及其研究述评》，《苏州大学学报》（哲社版）2013年第1期。

⑥ 刘厚滨：《改革开放40年来的隋唐五代史研究》，《中国史研究动态》2018年第1期。

文、著作和硕博士论文尽可能地予以全面收集。据本课题组的不完全统计，20世纪中期以来国内公开发表扬雄研究论文619篇，出版著作41部（本），硕博士学位论文69篇。国外公开发表的期刊论文55篇，出版著作8部（本），硕博士学位论文10篇。其次，我们对其中一些具有创见观点的代表性研究成果进行盘点、梳理与简要评述。

20世纪中期以来，国内学界逐渐加强了对扬雄及其文化事项的研究，尤其是改革开放以来，关注度逐年增加，出版的著作及公开发表的期刊论文数量明显增加。就论文来看从50年代的2篇、60年代的7篇、70年代的9篇，增加到80年代的119篇、90年代的199篇；进入21世纪后，更是猛增到1500余篇，如下图所示。

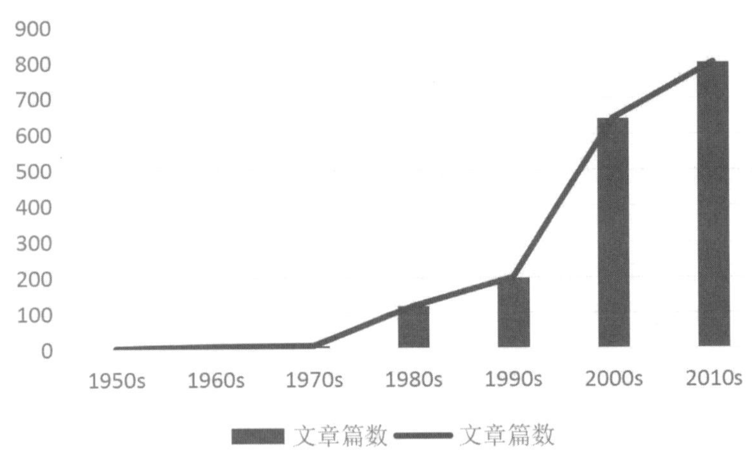

图2-1　20世纪中期以来扬雄研究期刊论文增长趋势图

一般而言，期刊论文、著作和硕博士论文最能代表学界的研究动态。就论文而言，20世纪中期以来，国内学者关于扬雄的研究主要集中在扬雄本人及其文化事象上，其中不乏亮点。但相形之下，也不可避免地存在一些问题，突出表现在研究目的地指向性不够明确，研究内容相对分散，研究基础有待于进一步构建，研究方法不够丰富，研究旨趣基本上依靠学者自身的研究背景，而缺乏相对科学的课题规划与论证等方面。再看著作，20世纪中期以来，国内学者关于扬雄研究的著作基本上聚焦于扬雄著作的校注与集释两个方面，或者将扬雄的思想文化例如某种通论性著作的组成部分。整体上缺乏对扬雄及其文化事象的整体性研究，尤其缺乏扬雄文化事象在整个中华文明发展进程乃至世界文明发展进程中所做出贡献的有力探讨或者说在学界能够产生较大影响力的著作。硕博士论文方面，各高校授予的关于扬雄研究的硕博学位论文从时间上讲，始于21世纪，说明了进入21世纪之后，扬雄及其文化事象方进入高校硕博士学位论文研究选题的视野；从研究内容上分析，近70篇学位论文基本上围绕着扬雄的著作，尤其是《方言》与《太玄》而展开，进而讨论扬雄的文学思想与哲学思想。这在一定程度上显示了21世纪以来，国内高校硕博士关于扬雄研究选题及研究范畴不够宽泛。

通过对上述三种研究成果的简单梳理，可以认为，20世纪中期以来，国内学者对于扬雄及其文化事项的研究，不仅成果丰硕，而且新论迭出，但不可避免地也存在一些问题。为了更加清晰的了解国内学界的研究动态，我们根据研究内容与研究旨趣，大体将这些研究成果分为"扬雄其人其作研究""扬雄思想文化研究""扬雄著述研究""扬雄历史遗迹研究""综述类"以及研究动态分析等六个方面予以分析。

一、扬雄其人其作研究

20世纪中期以来，国内学界关于扬雄其人其作的研究主要涵盖扬雄生平史迹、扬雄历史地位、扬雄文学贡献等方面。

（一）有关扬雄生平史迹

国内学者率先对扬雄生平予以探讨的是李实先生，他以《汉书·匈奴传》所载为据，指出扬雄上书哀帝，极力主张同意匈奴单于来朝，对汉与匈奴的交融做出了一定的历史贡献；① 其后，苏诚鉴通过桓谭与王莽以及扬雄、刘歆等关系的考察，认为扬雄与桓谭等人拥有共同的仕宦经历，他们不仅出于功名利禄，实际是为了挽救社会危机；② 周全华在解读扬雄生平与其所处的政治环境的基础上，认为扬雄"媚莽"是处于讽谏王莽恢复儒家正统思想的政治考虑；③ 张震泽全面分析了扬雄的生平履历、著述及历代文人对其评价等问题；④ 周清泉通过解读历代文献关于扬雄世系的记载，考据认为扬雄始祖出自周之伯侨，为支庶；⑤ 周桂钿对王充称赞扬雄为"千石之官"的原因进行了解读;⑥ 吴全兰通过对扬雄作品的分析,概括出扬雄一生复杂而又矛盾的五种心态，即安于贫困、积极入世、著书扬名、苦于政治黑暗而又超然世外以及远祸避害的人生原则；⑦ 郑文指出，扬雄的性"善恶混"论实际上是荀况的性恶论的演变；⑧ 雷健坤认为扬雄的思想特质是信奉黄老道家思想，具体表现在"尚玄与崇道的精神相通""主张少欲节俭""与时迁移""礼法兼治"以及"对诸子学说择善而从"等方面；⑨ 清

---

① 李实:《扬雄对汉匈和好的贡献》，《内蒙古社会科学》1980年第1期。

② 苏诚鉴:《桓谭与王莽》，《安徽师大学报》（哲社版）1986年第1期。

③ 周全华:《扬雄附莽辩》，《上饶师专学报》（哲社版）1988年第6期。

④ 张震泽:《扬雄生平、作品评价及其他相关问题》，《辽宁大学学报》（哲社版）1992年第3期。

⑤ 周清泉:《扬雄世系考辨》，《成都大学学报》（社科版）1992年第2期。

⑥ 周桂钿:《"千石之官"和"猗顿之财"——王充论扬雄、桓谭》，《浙江学刊》1994年第6期。

⑦ 吴全兰:《论扬雄的心态特征》，《冀东学刊》1997年第2期。

⑧ 郑文:《扬雄的"善恶混"论实际是荀况的性恶论》，《西北师大学报》（社科版）1997年第4期。

⑨ 雷健坤:《扬雄信道的思想特质》，《学术月刊》1997年第9期。

宫刚分析了扬雄赋风转变、儒道兼蓄以及积极入世思想复杂性和丰富性的具象表现；[①]沈伯俊认为扬雄的一生是在思想、人生等各种矛盾中不断追求超越的一生；[②]孟祥才亦提出了类似的观点：扬雄一生的遭际，展示的就是一个比较纯正的学者在矛盾遑遽中的命运之旅；[③]蒋文燕认为扬雄《逐贫赋》体现了扬雄“穷愁但有骨，贫贱可安身”的浩然正气；[④]杨福泉考据认为，扬雄至京的年龄应为“三十余”；待诏的时间是成帝永始二年或三年（即公元前 15 年或公元前 14 年）；至迟在永始四年（公元前 13 年）开始创作《甘泉》《河东》赋；除为黄门侍郎，应在永始四年（公元前 13 年）末或元延元年（公元前 12 年）至元延二年（公元前 11 年）之间；[⑤]易小平借助《校猎赋》和《羽猎赋》的考证，推知扬雄初为郎在鸿嘉元年到永始元年（公元前 20 年—公元前 16 年）之间；时年“四十余”，实为“三十余”之形讹；[⑥]针对历史时期，封建士人将扬雄视为“莽大夫”的观点，纪国泰予以了考辨，认为扬雄是汉代“大儒”“大贤”，是孔、孟、荀三代儒家学说的集大成者；[⑦]郭君铭考据认为，扬雄在三十多岁时主动进京并投靠名门，说明了积极进取是扬雄人生态度的主导方面，但据此认为扬雄的人生态度以虚静淡薄为主的传统观点是值得商榷的。[⑧]

后世历代儒家学者，对扬雄褒贬不一，韩愈极力推崇扬雄，这其中的原因是什么？韩兆琦认为在韩愈看来，扬雄尊孔宗经，比较接近先秦之孔学；扬雄首次尊孟，并以自比孟轲为荣；扬雄努力研读先秦儒家经典，并模拟撰写儒家经典等学习、传承儒家文化的行为是其他儒者没有做到的；[⑨]杨许波借助唐诗分析了唐人对扬雄的评价主要集中在两点，即为献赋入仕的宫廷侍从与为闭屋著述的草《玄》者。唐人对扬雄的吟咏体现了唐人对出与处的思考，献赋入仕是他们入世思想的反映，而白首草《玄》则是他们对人格的追求，是兼济天下理想无法实现时的一份固守；[⑩]李殿元指出，历史时期历代文人对扬雄的评价在南宋前以褒为主。南宋时，因为理学和当时形势的需要，朱熹在《资治通鉴纲目》中否定了扬雄的人品。清初，康熙皇帝为统一中国士大夫的思想，亲自上阵批驳扬雄。这一不客观、不公正的评价，至今还影响着包括《辞海》

① 清宫刚：《扬雄与道家思想》，《河北大学学报》（哲社版）1997 年第 4 期。

② 沈伯俊：《在矛盾中追求超越的扬雄》，《今日四川》1998 年第 3 期。

③ 孟祥才：《扬雄述论》，《人文杂志》1999 年第 2 期。

④ 蒋文燕：《穷愁但有骨，贫贱可安身——扬雄和他的〈逐贫赋〉》，《名作欣赏》2001 年第 3 期。

⑤ 杨福泉：《扬雄至京、待诏、奏赋、除郎的年代问题》，《上海大学学报》（社科版）2002 年第 1 期。

⑥ 易小平：《〈校猎赋〉就是〈羽猎赋〉吗？——兼论扬雄初为郎的时间及年龄》，《广西大学学报》（哲社版）2007 年第 3 期。

⑦ 纪国泰：《扬雄“莽大夫”身份考论》，《蜀学》第二辑，2007 年。

⑧ 郭君铭：《扬雄入京年代和推荐人考辨》，《石家庄铁道学院学报》（社科版）2008 年第 1 期。

⑨ 韩兆琦：《韩愈何以推崇扬雄》，《古典文学知识》2010 年第 3 期。

⑩ 杨徐波：《唐诗中的扬雄形象》，《长江大学学报》（社科版）2012 年第 10 期。

在内的工具书对扬雄的评介，应该纠正。[①]

俞纪东借助《汉志·诗赋略》“扬雄赋”相对客观公正地评价了扬雄的历史事迹；[②]刘文杰在评价扬雄的生平时，指出扬雄是成都地区两千年前的大文豪、思想家、文字学家，曾对中国文学产生了极大的影响，并从他的生平入手，用白描式手法着重阐述其文学生涯，进而对其文学成就及其对后世文坛创作所产生的影响予以了总体评价；[③]林晓雁从扬雄的《自序》入手，考察了扬雄对自己的期许与认同，同时结合扬雄的著述，考校其对于自己理想和认同的履践与游离。在此基础上，将扬雄的思想矛盾落实到他的文学实践之中，探求了其思想矛盾对于其文学创作的影响以及他在文学实践中对于其思想矛盾进行调和的努力等问题；[④]李俊祥考察认为，北宋诸儒通过对扬雄品行、学术、人性论等的反复讨论，逐渐由推崇演变为批评，从而使扬雄在宋明新儒学的道统中失去了原有的地位；[⑤]问永宁在解析汉代社会情况的而基础上，探讨了扬雄早年相对真实的生活状况；[⑥]杨福泉在前人研究基础上对扬雄生平、著作及扬雄所处时代中诸如政治、文化等社会生活大事予以了重新考订，为扬雄研究提供一些较为翔实重要的背景资料；[⑦]张绍诚依据历代文记诗联记载，分析了历代学者对扬雄生平的评价问题；[⑧]杨清之认为扬雄的隐逸思想兼有儒、道的双重性；[⑨]扬雄一生坎坷，纪国泰从“幸”与“不幸”的角度概括了扬雄的生平经历。说其“幸”，是指扬雄在事业上获得重大成功；说其“不幸”，是指扬雄生前与身后所遭遇的主要的痛苦和打击；[⑩]王栋认为扬雄一生都在以儒家的伦理要求自己，强调个体的自修自觉，其修养论讲求尚智、修德、立志、求真、渐进，追求儒家修身进德的仁者艺术境界，强调内外双修，坚持明哲保身，对后世内省修身之学有着深远的影响；[⑪]孙少华在阐释“投阁”内涵的基础上，认为扬雄“投阁”，是中国古代文人对生命悲情的诗意阐释，具有一定的文化美学意义。然而，其自戕绝非仅仅是对新莽时期严峻政治形势的恐惧所致，而且蕴含着深层的文化底蕴、历史背景与生命悲情意识。[⑫]

① 李殿元，刘宗林：《应该为扬雄洗冤》，《成都大学学报》（社科版）2013 年第 1 期。

② 俞纪东：《〈汉志·诗赋略〉“扬雄赋”绎释》，《复旦学报》（社科版）2002 年第 3 期。

③ 刘文杰：《西汉时期成都大文学家扬雄评传》，《中共成都市委党校学报》（哲社版）2002 年第 6 期。

④ 林晓雁：《一个汉代儒者的执着与徘徊——试论扬雄的自我认同及其矛盾》，北京大学硕士学位论文，2004 年。

⑤ 李俊祥：《北宋诸儒论扬雄》，《重庆社会科学》2005 年第 12 期。

⑥ 问永宁：《从汉代的社会情况试估扬雄早年的生活状况》，《人民论丛》2005 年。

⑦ 杨福泉：《扬雄年谱考订》，《绍兴文理学院学报》（哲社版）2006 年第 1 期。

⑧ 张绍诚：《试论文记诗联对乡贤扬雄的评论》，《蜀学》第一辑，2006 年。

⑨ 杨清之：《论扬雄的隐逸心迹》，《海南师范大学学报》（社科版）2014 年第 9 期。

⑩ 纪国泰：《试论扬雄的“幸”与“不幸”》，《西华大学学报》（哲社版）2009 年第 5 期。

⑪ 王栋：《扬雄的修养论》，《湖南科技学院学报》2009 年第 11 期。

⑫ 孙少华：《扬雄投阁的文化美学与生命悲情》，《山西师大学报》（社科版）2009 年第 6 期。

此外，扬雄姓“杨”抑或“扬”？籍贯在“成都”“郫县”还是“成都郫县”？这些问题从北宋伊始，便“杨”“扬”混用，莫衷一是。钟如雄在清代考据学家段玉裁的考据结论的基础上，结合现存资料及传世文献的综合分析，认为子云之姓应作“杨”；[①]问永宁从汉人取名方式、扬雄姓名的出处、后代扬姓人的认同、误“扬”为“杨”的原因等方面入手，并运用了不少新资料，证明扬雄的姓应从“手”，即“扬”；[②]韩速考据认为扬雄姓氏当为“扬”，其籍贯“成都郫县”更为合理。[③]

（二）历史地位

20世纪中期以来，学界关于扬雄研究的另一热点就是致力于讨论扬雄的历史地位。尹奈指出，扬雄《太玄经》所体现出的“三进制”，说明我国早在汉代就已经系统地使用三进制计数法了；[④]李全华则更为详细地解读了扬雄三进制理论的具体表现形式，[⑤]二位学者均认为这是中国对世界文明进程所做出的又一重要历史贡献。韩敬通过《太玄》与《周易》所撰内容的比较，认为扬雄在中国哲学发展史上起到了从两汉哲学向魏晋玄学转变的链条作用；[⑥]蔡伯铭指出，扬雄以《周易》为蓝本，结合五行方位和当时天文学知识，上承《周易》象数之学，下启张衡《灵宪》之作，并影响到宋代的象数学派，对我国古代关于数的逻辑方面做出了重要贡献；[⑦]傅鉴明考据认为，《方言》是我国最早也是世界上最早的第一部卓越光辉的历史比较语言学著作，对世界语言学史的发展产生了重要影响；[⑧]王一军高度评价《方言》是我国第一部综合各地异名的汉语古代方言词典，它给我们提供了研究汉语史、汉语方言史、汉语词汇史、汉语音韵史丰富的资料，在中国语言学史上占有重要的历史地位；[⑨]李朝正在谈到巴蜀易学源流问题时说，扬雄《太玄》是开创性的解《易》千古论著，在我国哲学发展史上占有重要的历史地位；[⑩]康建常认为《方言》开创了我国对方言词研究的风气，是我国第一部比较方言词汇的著作，也是世界上第一部研究方言的专著，在语言学史上占有

---

① 钟如雄，杨华东：《西汉语言学家“扬雄”本姓再考》，《汉语史研究集刊》第十五辑，2012年。

② 问永宁：《试论扬雄的姓》，《唐都学刊》2007年第3期。

③ 韩速：《关于扬雄的姓氏和籍贯之争》，《地方文化辑刊》第六辑，2010年。

④ 尹奈：《〈太玄经〉与三进制》，《图书馆学研究》1985年第4期。

⑤ 李全华：《扬雄的三进制理论》，《湖南大学学报》1985年第2期。

⑥ 韩敬：《〈太玄〉与〈周易〉之比较研究——兼论扬雄在中国哲学史上的地位与作用》，《思想战线》1987年第5期。

⑦ 蔡伯铭：《扬雄的逻辑辩说思想与数的演绎逻辑》，《湖北师范学院学报》（哲社版）1988年第1期。

⑧ 傅鉴明：《扬雄的〈方言〉与李氏比较语言学》，《成都大学学报》（社科版）1988年Z1期。

⑨ 王一军：《扬雄〈方言〉语转说探微》，《十堰大学学报》1989年第2期。

⑩ 李朝正：《巴蜀〈易〉学源流考述》，《社会科学研究》1990年第5期。

非常重要的地位；[①] 叶福翔全面总结了扬雄对中国文化的贡献，即“深邃的思想体系拓展了作为中国文化核心的中国哲学”“以独特的方言研究开辟了作为中国文化重要基底的中国方言文字学”“以绮丽的诗赋文章丰富了作为中国文化资源的中国文学”。[②] 叶氏观点是学界为数不多的总结扬雄在中国文化发展史上的地位和作用的文章。李军指出，扬雄是两汉道家文化源流中承前启后的重要人物，其在哲学论点与思辨方式上为玄学导夫先路。其太玄思想与玄学贵无论之间存在渊源关系；[③] 方铭分析了刘勰对扬雄文学继承的史实，并高度评价了扬雄对于中国文学理论建设的杰出贡献；[④] 谭继和通过对扬雄的大一统观及其哲学基础以及儒风在巴蜀的流布的研究，阐述巴蜀文化在秦汉时期融入中华大一统文化的同一性进程和差异性进程，说明不同地域文化以“和而不同”的方式在统一体中的交流融汇是中华民族多元一体文化共同体的主要特征；[⑤] 谭氏观点可谓立意高远。边家珍相对全面讨论了扬雄对先秦儒学继承、发展以及对西汉新儒学的重构问题问题。边氏指出，面对西汉末年的神学经学的危机，扬雄自比于以“正人心，息邪说”为使命的孟子，从学理上树立以孔、孟为代表的先秦儒学为学术正宗的观念，张扬人本主义理念，目的在于扫除董仲舒以来的神学泛滥及道、法等学派思想的抬头；扬雄借鉴道、墨等诸子的思想，丰富和发展了先秦儒学的内涵；他在儒学指向上突出“内圣”，拓展了孔、孟重视个体人格的道德自律及自我完善的一面，有利于矫正汉代神学经学在促使士人人格自觉上的苍白乏力。在西汉新儒学的重构中，扬雄从学理上批判了今文经学，客观上为古文经学的兴起做了一定的理论准备；他融合《易》《老》，交通儒、道，对于魏晋玄学具有开启门径的意义；他在儒学的指向上突出“内圣”的一面，可以说起到了从孟子到宋明理学之间桥梁式的先导作用；[⑥] 张晓明通过对扬雄忧患意识具体内涵和表现的阐释，探讨了扬雄在儒学发展上的历史地位；[⑦] 丁光泮认为尊崇孟子。他以孟子为法，力辟异端，维护儒学传统。在思想内涵上，扬雄重仁厚义，追孟继孔，并精体实践，切实履行，将孟子学说发扬光大。扬雄认为孟子与孔子不异，将孟子列入道传序列。其尊孟思想在后世引起了广泛影响；[⑧] 侯文学认为扬雄对传统儒学发展的重要贡献主要表现在扬雄提出了“智论”，一方面

① 康建常：《扬雄的语言观及其〈方言〉的价值》，《殷都学刊》1991 年第 1 期。

② 叶福翔：《试论扬雄对中国文化的贡献》，《中华文化论坛》1996 年第 1 期。

③ 李军：《扬雄与玄学》，《中华文化论坛》1997 年第 1 期。

④ 方铭：《扬雄与刘勰》，《中国文化研究》1997 年第 3 期。

⑤ 谭继和：《“西道孔子”扬雄的大一统观与儒风在巴蜀的流布》，《中华文化论坛》2001 年第 1 期。

⑥ 边家珍：《论扬雄对先秦儒学的继承与发展》，《河南大学学报》（社科版）2002 年第 3 期；《扬雄对西汉新儒学的重构及其意义》，《东岳论丛》2002 年第 6 期。

⑦ 张晓明：《试论扬雄的忧患意识在儒学发展上的体现》，《求实》2005 年 S2 期。

⑧ 丁光泮：《扬雄尊孟思想浅论》，《西华师范大学学报》（哲社版）2006 年第 5 期。

将其置于仁、义、礼、信其他四常的前列；另一方面，其智论与传统儒学重人轻天的学术指向不同，重视天道自然；把先秦儒家服务于伦理道德的智转换成服务于生命本身，表现出对个体生命与人格的珍视；[①] 李殿元指出，扬雄西汉末至东汉初学术界的著名领军人物，在文学、哲学、语言学诸方面都有突出的贡献，从南宋朱熹至清初，上层统治集团为统一封建士大夫的思想，对扬雄所做出的不客观的评价应予以纠正；[②] 孙少华认为扬雄始“尚辞”，终“明理”，拈出“事辞相称”的概念，为东汉赋家指明了文学创作的基本方向；[③] 扬雄对于汉代经学的历史贡献，舒大刚认为主要表现在扬雄继承严遵始融《易》《老》于一炉的治学传统，创拟经新篇，从而构成汉代巴蜀经学独辟蹊径、自成体系之特色；[④] 王智群指出，扬雄《方言》关于“古今语”的认识是汉语史上历史语言观的发端；[⑤] 邓经武认为，巴蜀文学的首次辉煌，是以司马相如、扬雄、王褒等为代表的汉代巴蜀赋体文学创作集团的崛起为标志，也是汉帝国恢宏壮大时代精神和时代文学主流的表现。[⑥]

（三）文学贡献

扬雄的文学贡献一直是学界关注的焦点问题。统揽 20 世纪以来学界相关研究成果，一般着眼于扬雄文学创作与文学批评、文体的因革和创新、辞赋创新等方面。

1. 文学创作与文学批评

就文学创作与文学批评方面而言，王以宪通过对比分析扬雄与司马相如的赋风，提出了一个重要观点：如果说司马氏是汉大赋的继承者，那么扬雄则是司马氏赋风最有力的继承者与创新者，扬雄对汉大赋形式主义弊病的深刻认识，直接影响了后世的文学创作与文学批评；[⑦] 徐宗文从汉赋的意义功用、题材内容、表现手法以及语言形式等四个方面讨论了扬雄对汉赋繁荣所做出的杰出贡献；[⑧] 谭青认为北宋古文复兴的一个重要原因就在于模仿孔、孟、扬等经典文献；[⑨] 汉赋在我国文学史上占有怎样的地位？许结通过对扬雄矛盾的人生、丰富的著述和深邃的思想进行探讨，认为扬雄对东汉文学思潮的变革有着诸多方面不可低估的积极影响；[⑩] 周悦指出，扬雄最早明确

① 侯文学：《扬雄智论发微》，《华夏文化论坛》第二辑，2007 年。

② 李殿元，刘宗林：《应该为扬雄洗冤》，《成都大学学报》（社科版）2013 年第 1 期。

③ 孙少华：《先秦两汉诸子“辞”“理”之辩的理论范畴与文学实践》，《文史哲》2013 年第 3 期。

④ 舒大刚，吴龙灿：《巴蜀汉代经学述论》，《四川师范大学学报》（哲社版）2013 年第 6 期。

⑤ 王智群：《论〈方言〉历史语言观的影响》，《励耘语言学刊》2016 年第 1 期。

⑥ 邓经武：《大汉帝国的精神号手“王扬马”》，《文史杂志》2017 年第 1 期。

⑦ 王以宪：《试论扬雄在汉大赋上对司马相如的因革与发展》，《江西师范大学学报》1985 年第 1 期。

⑧ 徐宗文：《试论古诗之流——赋》，《安徽大学学报》（哲社版）1986 年第 2 期。

⑨ 谭青：《北宋古文与道学》，《文学遗产》1986 年第 3 期。

⑩ 许结：《论扬雄与东汉文学思潮》，《中国社会科学》1988 年第 1 期。

指出文学的丽靡特质，是扬雄对中国文学批评史的杰出贡献；[①] 陈碧仙通过对扬雄辞赋创作和辞赋理论两方面的考察，探讨了扬雄的思想及其非凡的创作才能及其在中国文学史和文学理论批评史的地位与影响；[②] 陈朝辉着力于从整体上讨论扬雄的文学思想，该文认为在扬雄的文质观和"明道、征圣、宗经观"的背后，都有着重丽主用的思想实质。其主用思想一直是中国文学思想的本质特色；其重丽的文学思想则有力地促进了文学观念的自觉；[③] 唐丽珍则以《尔雅注》《方言注》为研究对象，从历时的角度运用发展的眼光来观照郭璞的训诂实践，深入探索了郭璞训诂的体例和方法，挖掘了其训诂思想及理论，从而总结归纳郭璞训诂的成就及不足；[④] 侯文学的《淑周楚之丰烈——扬雄作品的文化阐释》是国内第一篇专门研究扬雄文化事象的博士论文。该文通过对扬雄的生平经历、著述，扬雄作品（主要是文学作品）对人物、艺术、自然事象的审美观照，扬雄在不同时期对色彩的不同取向及其文学作品的文化走向等四个方面进行了尝试性的研究[⑤]，可谓以扬雄文学作品为中心，相对全面研究扬雄文化事项的力作。康卫国以"因""革"为中心，着力于考察扬雄的文学思想，即扬雄在文学创作中，力求"文"与"质"在动态转化中的统一以及"丽"与"则"的兼备；在文学接受活动中，则应尽力解决"心"—"言"—"书"之间存在的矛盾；[⑥] 刘怀荣认为扬雄"文必艰深"论本是建立在"九天"说的基础上，并与尚文的时代审美追求相一致，故在理论上有一定的合理性，而并非一无是处，以往学者们对它的全面否定是不尽科学的；[⑦] 刘保贞指出，扬雄的文学成就为唐人所肯定，其安贫好学、埋头著《太玄》的精神为唐人所称颂，其"征圣""宗经"的复古主张为唐代的古文运动所继承与创新；[⑧] 贾名党通过比较扬马著述，认为他们之间有着惊人的相似，但更多的是表现在人生观、文学观及其作品意蕴等方面有着较大的区别。在此基础上，进而指出，扬马之赋开拓了新的文学题材，发展了新的文学体裁，为后世留下了宝贵的文学遗产，在中国文学发展史上占据重要的历史地位；[⑨] 扬雄的文学作品中是否含有扬雄对女性的审美观？严格意义上讲，这应该属于社会学的研究范畴。侯文学借助扬雄早、中、晚三个时期创作的文学作品，抽丝剥茧，认为扬雄对女性的审美态度经历了早晚

① 罗宪文：《连珠体初探》，《内蒙古大学学报》（哲社版）1986 年第 3 期。

② 陈碧仙：《扬雄辞赋及其赋论之研究》，福建师范大学硕士学位论文，2002 年。

③ 陈朝辉：《扬雄文学思想研究》，四川师范大学硕士学位论文，2002 年。

④ 唐丽珍：《〈尔雅〉、〈方言〉郭注研究》，南京师范大学硕士学位论文，2002 年。

⑤ 侯文学：《淑周楚之丰烈——扬雄作品的文化阐释》，东北师范大学博士学位论文，2003 年。

⑥ 康卫国：《扬雄的文学思想——以"因""革"为中心》，《陕西师范大学》硕士学位论文，2003 年。

⑦ 刘怀荣：《从"九天"说看扬雄"文必艰深"论》，《山西师大学报》（社科版）2003 年第 4 期。

⑧ 刘保贞：《试论扬雄对唐代文学的影响》，《山东大学学报》（哲社版）2004 年第 2 期。

⑨ 贾名党，吴益群：《司马相如与扬雄略论》，《贵州社会科学》2004 年第 3 期。

期欣赏、中期排斥的态度，这与扬雄希冀通过作品创作予以托寓现实有关；[①] 王栋认为扬雄在文学理论上提出的“言意观”的两个核心即扬雄反复强调的“言，心声也；书，心画也”和“声画形，君子小人也”，是对先秦以来“言意观”的继承和发展；[②] 面对学界套用西方话语理论研究中国文学所造成的文学理论的“失语”状态，陈朝辉通过阐释扬雄文学创作过程中所遵循的“至法无法”的原则内涵，对扬雄文学作品的创作技巧予以了现代视角的解读。[③] 陈氏的观点，可以认为是国内学界对西方话语研究范式回击与反应。谭淑娟通过对扬雄与韩愈文学创作的比较，得出结论：二人所求古道相同，但求道的途径和目的却不同。由于对为文的目的理解不同，扬雄以文表达自己的人格政治，主张弃文抑情；韩愈则强调不平则鸣；[④] 许威汉高度评价扬雄“开我国古代比较语言学之先河，功垂后世”；[⑤] 李建中认为扬雄文学创作遵循着“明道、征圣与宗经”的原则，对后世文学创作产生了较大的影响；[⑥] 朱敏芳认为扬雄的扬雄的通变意识、风格意识、读者意识三种意识对我国文学理论的发展起到了巨大的促进作用；[⑦] 万志全指出，扬雄的审美范畴“丽”来自其审美命题“诗人之赋丽以则，辞人之赋丽以淫”，而“丽”的提出开启了“文学的自觉”理论探讨之先河；[⑧] 张强强从智性视域角度，阐释了扬雄“儒道兼容”的文论思想，并据此分析了这一思想对后世文学创作和文论发展的贡献；[⑨] 束景南考据认为，在中国古代文学思想史上，首先系统提出“文质”说这一重要范畴的，不是流行说法所主张的孔子和刘勰，而是汉代的扬雄；[⑩] 解丽霞指出，扬雄作为西汉末年今文经学相古文经学转折期的代表性作家，提出了代表古文经学的解经观念主要包括“要合《五经》”的经学立场、“《易》为经首”的经典认知以及“约卓艰深”的释经原则；[⑪] 孙素秀通过扎实的文献梳理和考证，认为扬雄的文学观更多地继承与发扬了先秦传统儒学的文艺思想；扬雄提出系统的明道、征圣、宗经理论，确立了孔孟之后中国古代文学的正统观念；其著述实践也对后世的文学创作活动产生重要的启发；东汉以至魏晋南北朝诸文论基本上继承了扬雄的赋论；同时，扬雄提倡复古文风以纠时弊的方式对后世文学家、文学理论家的影

① 侯文学：《扬雄对女性的审美观照》，《天府新论》2005 年第 4 期。

② 王栋：《试析扬雄的言意观》，《湖南第一师范学报》2006 年第 1 期。

③ 陈朝辉：《至法无法——扬雄文论的现代诠释》，《当代文坛》2006 年第 3 期。

④ 谭淑娟：《扬雄与韩愈》，《贵阳学院学报》（社科版）2006 年第 2 期。

⑤ 许威汉：《〈扬雄法言集释〉读后》，载氏著《许威汉语文研究文存》，北京：中华书局，2008 年，第 464—467 页。

⑥ 李建中：《中国文学批评史》，武汉：武汉大学出版社，2008 年，第 107—110 页。

⑦ 朱敏芳：《扬雄的三种意识研究》，漳州师范学院硕士学位论文，2008 年。

⑧ 万志全：《论“文学的自觉”理论探讨始自扬雄的“丽”》，《名作欣赏》2007 年第 2 期。

⑨ 张强强：《智性视阈中的文学观——扬雄文论思想研究》，陕西师范大学硕士学位论文，2007 年。

⑩ 束景南，郝永：《论扬雄文学思想之“文质相副”说》，《文艺理论研究》2007 年第 4 期。

⑪ 解丽霞：《“今古转型”中的扬雄经学观》，《中华文化论坛》2007 年第 3 期。

响也很大；[①] 朱敏芳从扬雄的通变意识、风格意识、读者意识角度来理解扬雄的文论与创作，并指出这三种意识对于我国文学理论的而发展起到了巨大的推动作用；[②] 万志全认为扬雄的“诗人之赋丽以则”抓住了文学的本质性特征，可谓“文学自觉”的理论始源；[③] 王耀明指出，扬雄自创体系的著述精神以及尚用、华实相副、事辞相称的观点和评论作家作品的意见文学思想深刻影响了东汉桓谭、王充、班固等人的文学和史学创作；[④] 王栋认为，扬雄在文学创作和文学批评方面所体现出来的扬雄的因革论强调客观、真实、自然和时代现实性，坚持儒学正宗地位，以儒融通道、墨诸家，在丰富发展儒学思想中为王充、葛洪、刘勰等文论家之因革论思想的形成提供了思想理论渊源；[⑤] 路广通过对《法言》和《扬雄集》语言运用的对比分析认为，《法言》的语言是拟古文的风格，而《扬雄集》则是文人书面语的典型代表。出现这种差异的原因与扬雄的话语策略和创作意旨密切相关。由此进一步提出，语言运用是文学风格的重要组成部分，在研究中应该将文本当作语料，从具体的语言运用入手研究语言风格的具体内容；[⑥] 孙少华认为，文学追求与思想观念经历了一个有趣的演变过程：早期以汉赋创作为主，后期逐渐转向经学与诸子学术研究，《太玄》《法言》《训纂》《方言》代表了他后期多方面的学术才能与研究成就。扬雄由文学向经学的转变，不仅有时代与社会学术风尚的作用，还与本人个性心理有关。扬雄在中国文学史与学术史上具有很高的地位，对后世文学与学术研究，影响深远；[⑦] 常翠霞在梳理扬雄韵文韵例的基础上，通过对其中 1328 个韵段的考察，分析了扬雄韵文的特质。[⑧]

2. 文体的因革与创新

就文体的因革与创新而言，“连珠体”与“箴体”是 20 世纪中期以来学者“热衷”的议题。关于“连珠体”的研究，沈海燕通过对《艺文类聚》《文选》《文心雕龙》等文献所载及历代文人对“连珠体”的认识嬗变，首次提出了一个重要观点：“开启于扬雄的连珠体对我国独有文体骈体文的形成具有不可忽视的贡献”；[⑨] 罗宪文亦认为“肇始于扬雄的连珠体引其丰富深刻的思想内容、独特的创作手法和艺术风格，对

① 孙素秀：《〈法言〉的文学观及其影响》，曲阜师范大学硕士学位论文，2008 年。

② 朱敏芳：《扬雄的三种意识研究》，闽南师范大学学位论文，2008 年。

③ 万志全：《扬雄与“文学自觉”的理论始源》，《新疆大学学报》（哲社版）2009 年第 3 期。

④ 王耀明：《扬雄文学思想对东汉文论的影响》，《重庆教育学院学报》2010 年第 1 期。

⑤ 王栋：《扬雄的因革论》，《北京化工大学学报》（社科版）2010 年第 3 期。

⑥ 路广：《从语言运用看文学风格差异——以〈法言〉〈扬雄集〉为例》，《社会科学家》2011 年第 7 期。

⑦ 孙少华：《扬雄的文学追求与文学观念之迁变》，《清华大学学报》（哲社版）2012 年第 1 期。

⑧ 常翠霞：《扬雄韵文用韵研究》，新疆大学硕士学位论文，2012 年。

⑨ 沈海燕：《连珠体试论》，《文学遗产》1985 年第 6 期。

当时和后世的文学创作产生了一定的影响”；[①] 崔军红在梳理现存文献的基础上，指出“扬雄是最早的连珠作者。连珠源于隐语，同时又与赋在渊源上有着千丝万缕的联系”。[②] 邱渊通过考据得出结论：“连珠体”应是扬雄首创，但明显是受了《韩非子·储说》的影响；[③] 孙波指出，扬雄仿韩非所作的“连珠体”具有明显的假言推理性质，在句式上要比韩非的更为练达，文学色彩也更为浓厚；[④] 陈汝法[⑤]、刘诚[⑥] 等学者经过翔实的考证，俱都认为韩非可能是最早创作连珠的作家，而扬雄是至今所知最早给连珠命名的作家。在此基础上，孙良申进一步指出，“连珠体”源于扬雄首创，这种文体出现的原因，在于连珠是汉大赋的浓缩体。[⑦]

关于扬雄与箴体文的因革问题，张晓明撰写了几篇文章予以了详细考察。在《扬雄箴文简论》一文中，张氏说：箴体虽不是扬雄首创，但他对箴体箴体的体式及旨意的创作起了重要作用，从而影响了后世箴体文的发展；在其另一篇文章中则从“连珠”文体的自身性质和文学特色两个方面讨论了“连珠”体的文学价值；其后，张氏又指出，扬雄的文体实践涉及“书牍”“箴”“铭”和“连珠”等，具有广泛性和变革性的特点。创立和变革文体是扬雄消解其因西汉时期儒学精神流失而引起的忧患意识的途径之一；[⑧] 王栋认为扬雄文论虽是复古的儒家文论，但经过批判、融合的复古，已不单纯是复古，而是“推故而别致其新”，扬雄文论因此而显示出其不乏创造性的智慧之光。[⑨]

3. 辞赋创新

就辞赋创新而言，龚克昌以班固《两都赋》、扬雄《甘泉赋》等为例，分析了扬雄赋体“讽谏”文风对开创魏晋时期“文学自觉时代”的积极作用；[⑩] 陈朝辉通过对扬雄好赋与悔赋的探讨，认为雄之好赋出于其对丽辞的重视和讽谏功用的强调：而其悔赋亦非否定辞丽，而是出于他对赋劝而不止和赋家类似的感悟。其辞赋观表现了扬雄重丽主用的文学思想，对后世产生了很大影响；[⑪] 蒋文燕通过将扬雄赋风与司马相如赋风的比较，提出了一个重要学术观点：扬雄在对司马相如大赋创作之法进行全面

① 周悦：《杨雄文学思想新探》，《中国文学研究》1997 年第 3 期。

② 崔军红：《连珠文体探源》，《郑州大学学报》（社科版）2000 年第 3 期。

③ 邱渊：《“连珠”文体及其与〈韩非子·储说〉的关系》，《云南民族大学学报》（哲社版）2011 年第 4 期。

④ 孙波：《论“连珠体”的逻辑性质》，《社会科学战线》1993 年第 5 期。

⑤ 陈汝法：《试论“连珠体”的产生及影响》，《北京图书馆馆刊》1994 年 Z2 期。

⑥ 刘诚：《试论连珠体之演变》，《语文知识》2013 年第 1 期；

⑦ 孙良申：《连珠源起及与汉赋之关系》，《西南民族大学学报》（社科版）2010 年第 6 期。

⑧ 张晓明：《扬雄箴文简论》，《甘肃社会科学》1997 年第 5 期；《论扬雄“连珠”的文学价值》，《青岛大学师范学院学报》1999 年第 2 期。《广泛性与变革性：扬雄的文体实践》，《青岛大学师范学院学报》2011 年第 2 期。

⑨ 王栋：《扬雄文论研究》，湖南师范大学硕士学位论文，2005 年。

⑩ 龚克昌：《论汉赋在中国文学史上的地位》，《文史哲》1987 年第 2 期。

⑪ 陈朝辉：《扬雄辞赋观简论》，《成都师专学报》2002 年第 3 期。

继承的同时，又大胆创新，因此其赋作在题材内容、谋篇布局和写作手法上都各有独到之处。如果说司马相如的大赋是以流动飘逸见长，而扬雄的大赋则是以古雅深沉胜出，而这些特点是由不同时代赋予赋家不同的观照方式所致；①吴明贤通过扬雄与左思《蜀都赋》的对比分析指出，前者重在模仿相如，展示才华，为都城赋的先声；而后者重在讽谏，旨在表明主张统一，反对分裂，为都市赋的绝响；②徐可超通过考证认为，扬雄对诙谐辞赋的贡献不只是对更为新颖的艺术手法的探索，尤其重要的是提高了它的文化品位；③王星在其硕士论文中探讨了扬雄在两汉骚体文学形成期所做出的突出贡献；④刘静安认为扬雄的辞赋创作经历了从大赋到玄静思想的历程，从而影响了汉赋的写作内容；⑤汤仕普分享了另一个重要观点：扬雄赋作实践在语词创新、名物与动作铺陈、叠字运用、"联边"修辞和部首对仗等方面显示出重"文辞"的倾向，体现出文学创作由重客观写实向作家主观意识增强的发展趋势，使"赋"成为真正的"文学"样式，对中国韵文的发展产生了深远影响，标志着文学自觉时代的到来；⑥马光分析了扬雄赋文中文体自觉意识的内涵、形成及其历史影响等问题；⑦王栋指出，"诗人之赋丽以则，辞人之赋丽以淫"是扬雄赋论文体自觉意识的显著体现，他的这一文体自觉意识内含着"明道、征圣、宗经"的实质和文用兼顾中注重功用的文学价值观，在两汉之际具有继往开来的重大意义；⑧冷卫国认为，扬雄的赋学批评以五十岁为界，分为前后两期。在其前期的赋学批评观念中，主要表现为对司马相如赋的模拟与崇尚，甚至认为相如赋是"神化所至"；在其后期的赋学批评观念中，则表现为对赋的"劝百讽一"的反思，对"诗人之赋"与"辞人之赋"的区分。而"丽以则"的价值准衡，则在其前后两期的赋学观念中一以贯之，并对后世的文学观念产生了深远的影响。⑨

二、扬雄思想文化研究

关于扬雄的思想文化研究，吴则虞先生在20世纪50年代针对当时学界存在的扬雄是唯物论者、扬雄是儒道阴阳家的混合体、扬雄在政治思想上没有什么创见等观点，率先发文，对扬雄思想文化内涵进行了综合研究，认为扬雄的哲学思想体系中，在宇

---

① 蒋文燕：《扬雄与司马相如赋风差异之比较》，《海南师范学院学报》（社科版）2003年第6期。

② 吴明贤：《扬雄、左思〈蜀都赋〉比较》，《四川师范大学学报》（社科版）2005年第1期。

③ 徐可超，李嘉：《扬雄对诙谐赋文化品位的提高》，《东方论坛·青岛大学学报》2005年第1期。

④ 王星：《骚体文学传统的流变研究》，四川师范大学硕士论文，2006年。

⑤ 刘静安：《从大赋创作到玄静之思：扬雄辞赋创作论》，陕西师范大学硕士学位论文，2007年。

⑥ 汤仕普：《扬雄赋重"文辞"的创作倾向》，《中华文化论坛》2017年第12期。

⑦ 马光：《扬雄赋论中文体自觉意识的形成》，《中国社会科学院研究生院学报》2007年第5期。

⑧ 王栋：《扬雄赋论中的文体自觉意识》，《西南交通大学学报》（社科版）2007年第5期。

⑨ 冷卫国：《"诗人之赋"与"辞人之赋"——论扬雄的赋学批评》，《齐鲁学刊》2013年第3期。

宙观和人生观某些方面包含着唯物主义的因素，这也组成了扬雄学术思想的核心，影响着哲学学派的形成；扬雄的文学思想，从文献学角度分析，蕴藏着许多有待钻探的矿藏；[①] 陈强则指出，扬雄思想的理论正源是儒与道，并兼收了阴阳学派的某些学说。[②] 为了深入探讨扬雄的思想文化内涵，我们根据学界现有研究成果的研究旨趣，大体上从学术思想、政治思想、史学思想、哲学思想、教育思想、伦理思想与美学思想等七个方面予以简要分析。

（一）学术思想

20 世纪中期以来学界对扬雄学术思想的研究除了对期学术思想进行相对全面的总结之外，一般围绕扬雄“反骚”、“薄赋”、词汇思想、扬雄文风摩拟以及扬雄与巴蜀学术进展等方面而展开。

1. 学术思想概要

许结、梁宗华先后对扬雄的学术思想进行了全面总结。许氏指出扬雄学术思想的典型特征是融合儒道思想，其文艺观始终贯穿着儒家文为经世、学以致用和道家轻禄傲贵、淡薄自守的两种精神；[③] 梁氏则认为，扬雄志在成为孔子道统的传承者，致力于恢复先秦孔孟儒学的人文理性传统，其天道观、仁义观、人性理论、修身思想组成的思想体系的理论构建呈现出以儒学为主体、以道家之学辅之的面貌。[④] 可见，两位学者俱都认为扬雄学术思想的典型特征是“儒道兼备”。诚如王庆总结说，讨论汉代学术问题，无论如何都不能绕开扬雄；扬雄扬雄明道、崇圣、宗经的治学路径为后人如何治学指明了学术道路，成为中国学术生成的基本方式和路径；[⑤] 解丽霞指出，晚年从五经之首的《易》转向当时尚称为“传”的《论语》，其弃“经”从“传”的原因有两点：一是西汉末年《论语》经学地位的提升，一是扬雄希冀“尊孔辨经”以言立法。《法言》便是扬雄转向《论语》研究的产物，这种转向具体表现为：经典选择的不同、解释方式的不同和解释资源的变迁；解丽霞又撰文诠释了扬雄谶纬学说的内涵，即“取纬驳谶”，吸取《易纬》的宇宙生成理论、“数字生成次序”“易数的方位排列”与“卦气说”等汉代学术资源，批驳“欺世罔俗”具有灾异性质的“谶符”。[⑥]

---

① 吴则虞：《扬雄思想平议》，《哲学研究》1957 年第 6 期。

② 陈强：《略论杨雄思想的理论来源》，《青海社会科学》2007 年第 5 期。

③ 许结：《论扬雄融合儒道对其文论的影响》，《学术月刊》1986 年第 4 期。

④ 梁宗华：《论扬雄对儒学的改造和发展》，《东岳论丛》2016 年第 12 期。

⑤ 王庆：《扬雄的治学路径》，《北京科技大学学报》（社科版）2018 年第 2 期。

⑥ 解丽霞：《〈易〉到〈论语〉的经学转向——扬雄晚年思想转变的经学解读》，《江淮论坛》2008 年第 5 期；《取〈易维〉驳谶符 ：扬雄与谶纬学说》，《湖南理工大学学报》（社科版）2011 年第 2 期。

2.“反骚”研究

关于扬雄“反骚”的研究，黄中模率先发文予以研讨。黄氏通过解析《反离骚》的内容，认为历史时期围绕扬雄“反骚”引起论证的实质是儒家思想与非儒家思想的分歧；[①] 郭建勋认为扬雄撰写《反离骚》是对“受命于天”最高统治者的怀疑，并在对屈原的要求中寄寓自己对王权的藐视和嘲弄以及对自由、独立的某种模糊认识；[②] 罗显荣则认为扬雄作《反骚》表现了扬雄近乎功利主义的人生态度，并借此对《反骚》与《离骚》进行了对比分析；[③] 政治道德化批评和模拟消极论遮蔽了对《反骚》文学史意义的准确认识。面对屈原的文学技巧与典型的人格模式，扬雄静观默察时代精神之变迁，而有意识的以模拟的形式《反骚》，来达成新的文化—心理结构和文学风貌的建立，从而在文学技巧和人格心灵上成为新的范式，为后代文人所仿效；[④] 赵乖勋指出，学界仅从扬雄的道学思想或爱屈原的角度分析《反离骚》的研究方式值得商榷。实际上，扬雄在实际上，把人的行为目的和方法分开，对屈原行为方法不满，具体表现在三个方面：不应绝对不从俗；不用“以退为进”的策略以及不识“时”。此外，扬雄赞扬屈原爱国之情和为理想而奋斗的精神。这些观点为个体的自由发展拓展了空间，体现了扬雄思想中的闪光点；[⑤] 刘浏通过梳理历代文献对扬雄文论冠以“诗人之赋”评价的记载，认为历代对扬雄文论予以“诗人之赋”的评价可以解释为：“诗人之赋”就是指景差、唐勒、宋玉、贾谊、枚乘、司马相如等人的作品；这里的“赋”与后世将“赋”作为一种“体”的概念毫不相涉。[⑥]

3.“薄赋”研究

关于扬雄“薄赋”的讨论，马夏民着力于原因的解析。马氏结合《法言》《汉书·扬雄传》等文献记载，认为扬雄晚年薄赋为“雕虫篆刻”的主要原因在于扬雄认为“辞赋不能载儒家之道”，故而从“明道”“宗经”和“微圣”的观点出发对辞赋作了否定；[⑦] 董治安则认为扬雄否定大赋的主要原因在于政治环境变化下大赋“讽谏”作用的弱化；[⑧] 曹大中考据扬雄评价屈赋是否是“诗人之赋”问题时指出，扬雄认为屈赋够不上“丽以则”的标准，不属于“诗人之赋”的范畴，“诗人之赋”是可能是指《五经》

---

① 黄中模：《扬雄的〈反离骚〉及其引起的论争》，《江汉论坛》1982 年第 6 期。

② 郭建勋：《扬雄及其〈反离骚〉之再认识》，《求索》1989 年第 4 期。

③ 罗显荣：《〈反骚〉浅识及今译》，《四川教育学院学报》1997 年第 2 期。

④ 冯小禄：《从模拟论扬雄〈反骚〉的范式及意义》，《北京师范大学学报》（社科版）2003 年第 2 期。

⑤ 赵乖勋：《再论扬雄〈反离骚〉》，《四川师范大学学报》（社科版）2010 年第 6 期。

⑥ 刘浏：《扬雄“诗人之赋”辩义》，《文艺评论》2011 年第 6 期。

⑦ 马夏民：《扬雄薄赋辨》，《信仰师范学院学报》（哲社版）1986 年第 2 期。

⑧ 董治安：《关于汉赋同经学联系的一点探索——从扬雄否定大赋谈起》，《文史哲》1990 年第 5 期。

之一的《诗经》的作品；[①] 踪凡认为扬雄晚年“薄赋”的主要原因在于其辞赋观的转变。踪氏指出，在杨雄看来，讽谏是汉赋的立身之本；丽则是汉赋的最高境界；神化与模拟是汉赋的创作文风。汉赋本身劝与讽的矛盾、美与刺的错位、实用与审美的纠结等问题导致了扬雄“薄赋”文风的产生。[②]

4. 词汇思想研究

郭绍虞在评价扬雄的词汇思想时，认为可分为前后两个时期，前期辞赋偏于文学立场，后期则立足于儒家思想；[③] 关于扬雄词汇思想的研究，王智群以《方言》为据，考察了扬雄的词汇学思想的主要内涵，即语言有古今之变的意识、有方域之分的观念与发展转变观；其方法主要有：在词义上“求同”和“辨异”、在词语之间的深层关系上探求“转语”；[④] 董志翘以《方言》中的“鼎”“支注”两词为例，说明我们在进行汉语词汇史研究，追寻某些词语的产生年代，考释某些词语的意义时，必须不为字形所左右，而是要靠“耳治”；[⑤] 这是目前国内第一篇、也是唯一一篇着力讨论扬雄词汇思想的博士学位论文，为我们考察扬雄《方言》词汇思想提供了一个新的视角。富翠红通过对《方言》中一些词语的分析，揭示在社会历史发展过程中词汇演变的两种情况。一是通语和方言之间的演变，二是词汇自身意义的演变；[⑥] 柳玉宏在阐释“通语”内涵的基础上，通过对《方言》里提到“通语”字眼的 29 个例子的分析，指出扬雄《方言》里的“通语”并不是指共同语，当指一种“通行的说法”，它可以是共同语的词语，也可以是某地的方言语词。而“通语”只是说明了某个词语是某个地区或几个地区之间最通行的说法而已；[⑦] 陈晓芬指出，扬雄主张撰文对语言的使用是否是艰深或简易，应当联系扬雄所处的历史背景予以考察，他致力于追求文章的深刻旨意与语言表达形式的一致；[⑧] 张丽霞以《方言》为据，利用历史时期谈论方言词汇的各种典籍，归结到《现代汉语方言大辞典》，探讨了常用方言词汇从古至今的历史嬗变的时间性与地域性的差异，以窥扬雄的词汇思想；[⑨] 孙玉文通过对《方言》特征词的诠释，认为《方言》中说表达某一个概念，某地用某词，并不是说只有某地用某词，其他的地域不用该词。扬雄只是据实记录他的见闻，是在做出全面调查，不

---

① 曹大中：《屈赋非扬雄所说“诗人之赋”辩》，《中国文学研究》1990 年第 4 期。

② 踪凡，冷卫国：《扬雄汉赋观刍议》，《陕西师范大学学报》（哲社版）2004 年第 5 期。

③ 郭绍虞：《中国文学批评史》，天津：百花文艺出版社，2008 年，第 40—46 页。

④ 王智群：《〈方言〉与扬雄词汇学思想研究》，华东师范大学博士论文，2007 年。

⑤ 董志翘：《扬雄〈方言〉与中古、近代汉语词语溯源二例》，《语文研究》2005 年第 4 期。

⑥ 富翠红：《浅析〈方言〉词汇的演变》，《辽宁行政学院学报》2006 年第 11 期。

⑦ 柳玉宏：《说“通语”——扬雄〈方言〉术语商榷》，《兰州学刊》2007 年第 5 期。

⑧ 陈晓芬：《辩扬雄的文辞主张》，《中文自学指导》2007 年第 4 期。

⑨ 张丽霞：《扬雄〈方言〉词汇的历史嬗变及其现代意义》，《管子学刊》2007 年第 4 期。

是在知道了某词只有某地用而别的地方不用之后，才写上某词见于某地。考察这一问题对于如何利用《方言》研究秦汉时期的方言区划、方言之间的语音对应关系以及汉语词汇史等问题具有重要的学术指导意义。①

5. 文风模拟问题研究

针对学界存在的扬雄是“模拟大师”的学术认识，吴全兰通过比较扬雄与其前辈作品的撰写内容与撰写体例，认为扬雄并非一味地“模拟”，而是别出心裁，在“模拟”与借鉴的基础上，更多的是创新与发展，对其“模拟”文风应予以客观公正的评价；②吴龙灿认为，扬雄特立独行的经学诠释，说明其一反当时盛行的经典章句训诂流风、以模拟经传和要合五经的诠释模式，从而确立了扬雄在中国学术史上的重要地位；③陈恩维指出，扬雄赋的模拟实践，是其创作走向成熟的必经阶段。模拟过程中的理论反思，决定了他后期赋作的转型。因而，我们不能简单地否定扬雄的模拟行为及其理论反思；④黄竟在其硕士学位论文中指出，扬雄在模拟前人创作文风的基础上更有创新，突出表现在其辞赋的思想内容、艺术手法和文学理论三个方面；⑤王帅以扬雄为例阐述了模拟文风与经学之间存在的联系问题；⑥解丽霞指出，扬雄的解《易》理路是“《玄传》—《玄经》—《易经》”，《太玄》是经、传分立的。扬雄采用“经自经、传自传”的方式释《易》，在于倡导“简而要”地追寻经典本义，从而对东汉古文经学产生了一定影响。⑦

6. 扬雄与巴蜀学术进展

关于扬雄与巴蜀学术进展问题的讨论，金生杨认为巴蜀易学在中国多次学术转型的历史中发挥了积极的引领和推动作用。严遵、扬雄首开融会《易》《老》，倡扬玄学之风，玄学的兴起与之有莫大关系；⑧曲柄睿指出，《汉书》的列传书写在继承《史记》因“功名”设传的传统上，又依据儒家道德标准而合传。这种转变的学术准备是由刘向和扬雄完成的；⑨唐妤认为扬雄《成都城四隅铭》《蜀都赋》开创了以蜀都为题材的创作先河，开启了后世都城赋的创作先河，从而对蜀文化的发展做出了突出的

① 孙玉文：《扬雄〈方言〉与方言特征词的判定问题——以〈方言〉部分方言词的重复注释为例证》，《湖北大学学报》（哲社版）2011 年第 5 期。

② 吴全兰：《扬雄是“摩拟大师”之辨证》，《桂林市教育学院学报》（综合版）2000 年第 3 期。

③ 吴龙灿：《扬雄经学诠释研究》，《儒藏论坛》第九辑，2015 年。

④ 陈恩维：《试论扬雄赋的模拟与转型》，《中国韵文学刊》2003 年第 2 期。

⑤ 黄竟：《扬雄辞赋研究》，湖南师范大学硕士学位论文，2004 年。

⑥ 王帅：《经学影响下的汉代赋论》，北京语言大学硕士论文，2007 年。

⑦ 解丽霞：《经传一体还是经传分立？——〈太玄〉仿〈易〉的经传问题》，《周易研究》2012 年第 5 期。

⑧ 金生杨：《巴蜀易学与中国学术的转型》，《周易文化研究》第六辑，2014 年。

⑨ 曲柄睿：《刘向、扬雄对〈汉书〉合传的影响》，《史学理论与史学史学刊》第 12 卷，2014 年。

历史贡献；[①] 子房在分析扬雄一生为学的基础上指出，巴蜀文化传统中的朴实严谨的学风与求真求实的精神，可以说由扬雄而荦荦大端；同时，扬雄学术思想中所体现出来的主张思想解放和学术独立，为谶纬盛行的东汉思想界、学术界输进了一股清风。[②]

此外，“书山有路勤为径，学海无涯苦作舟”这句激励历代学者伏案问卷的名言的出处何在？《贵州文史丛刊》摘自《新闻与成才》1985 年第 5 期一则史学新论，认为这幅劝人励志读书的对联出自扬雄的《法言·学行》[③]。诚如是，可以说扬雄奠定了历代学人的学习思想。

（二）政治思想

学界考察扬雄的政治思想主要集中在对扬雄《剧秦美新》与以赋讽谏两个方面的讨论上。

1.《剧秦美新》研究

关于《剧秦美新》的研究，许结考据认为《剧秦美新》并非“谀文”，而是讽喻王莽新政；[④] 方铭通过分析《剧秦美新》的内容，认为扬雄撰写此文说明了早期儒家相加继承孔子诛一独夫、孟轲贵戚之卿可以推翻昏君之意见，在君臣观念和社会革命立场上的进步性和民主性的体现；[⑤] 刘保贞指出，扬雄撰写《剧秦美新》，不是为徼宠而献的媚眼，而是出自其内心深处的真实情感，是其自认为职责所在；[⑥] 刘晓勤在分析扬雄所处时代政治背景的基础上，认为扬雄的政治操行可以高度概括为“儒为体，道为用，将治平大志拧于笔墨”；[⑦] 高明指出，《剧秦美新》字扬雄撰写流传以来，一直被批评者当作扬雄趋炎附势的“罪证”。但从该书撰写的政治背景及扬雄的“知人论世”的观点来看，该书中的“溢美之词”实际包含着扬雄对历史的深切体察，有一种浓重的历史哲学意味;[⑧] 纪国泰认为扬雄“美新”的主要原因有两点: 第一，“美新”出于扬雄对“圣王”政治理想的追求；第二，“美新”符合扬雄“因循革化”的哲学思想；[⑨] 解丽霞认为讨论扬雄《剧秦美新》一文的写作主旨，应当将研究视域拓展到西汉末年今古文转向的大背景中来探究扬雄与王莽古文经学的差异，这其中折射出了

---

① 唐妤:《扬雄与巴蜀文化》，四川师范大学硕士学位论文，2008 年。

② 子房:《略说扬雄的思想自由与学术独立》，《文史杂志》2011 年第 4 期。

③《贵州文史丛刊》1986 年第 4 期。

④ 许结:《〈剧秦美新〉非“谀文”辨》，《学术月刊》1985 年第 6 期。

⑤ 方铭:《〈剧秦美新〉及扬雄与王莽的关系》，《中国文学研究》1993 年第 2 期。

⑥ 刘保贞:《扬雄与〈剧秦美新〉》，《山东大学学报》（哲社版）2000 年第 6 期。

⑦ 刘晓勤:《评扬雄的政治操行》，《西南民族学院学报》（哲社版）1996 年 S2 期。

⑧ 高明:《扬雄〈剧秦美新〉考论》，《西藏民族学院学报》（哲社版）2006 年第 2 期。

⑨ 纪国泰:《扬雄“美新”原因考论》，《蜀学》第三辑，2008 年。

扬雄对王莽表面似是而非、内心坚定不移的批判态度；[①] 周桂钿提出，对于扬雄撰写《剧秦美新》应当以马克思主义的唯物史论为指导原则，扬雄撰写《剧秦美新》的时候，有几十万人歌颂王莽，说明王莽恭谦的，有儒者风度；获得政权之后，王莽执行儒家理念的政策产生了变化，二扬雄却没认识到这一点，以致其被后人饱受诟病。但从扬雄一生淡泊名利来看，他并不卑鄙，无可指责。[②]

2.“以赋讽谏”研究

关于“以赋讽谏”的探讨，赵生群通过分析扬雄与司马相如讽谏辞赋的特征，认为扬、马以辞赋讽谏帝王失败的原因不在于辞赋本身，而在于“讽非其人”；[③] 张宪华分析了扬雄政治思想中颂扬圣德与讽谏帝失矛盾二重性的基本表现及其产生的原因；[④] 刘保贞指出，《孝至》后半篇中赞美王莽的文字，既不是扬雄为了谋得某种好处而有意媚莽，也不是为避祸而写的逊避之词，而是反映扬雄在当时真心拥护王莽采取的政策；[⑤] 王振军对汉代赋家颂扬封禅的情结予以了剖析，并在此基础上探讨了蕴涵在扬雄心中的政治理想和宗教情结；[⑥] 辛小飞指出，扬雄创作大赋有自觉的讽谏意识，体现出高超的讽谏技巧，结构严谨，短小精悍；内容广泛，扩大了赋描写的领域；[⑦] 刘洪仁指出，扬雄“以赋讽谏”是其赋文创作的主旨，虽讽刺的力量相对薄弱，但对当时社会的政治发展还是起到了一定的作用。[⑧]

除了上述三个方面的研究之外，张鹏的硕士学位论文《论扬雄的政治思想》全面分析了扬雄政治思想的具体内涵：在治国主张上，扬雄传承了传统儒家的仁治思想，并有了新的发展；又融合了道家的以道德统治的精神，为他的儒学治国思想进一步完善；在乱世扬雄主张退而避害保身，在具体的治国策略中，更多的主张以礼治国；面对于西汉阴霾的政治气象，他提出了一系列偏于温和的改革主张；在民族关系上，他主张和平相处。由于扬雄有“与天地配其体”的宇宙论，所以不难理解他的政治主张都是偏于中庸，强调教化的。他反对用暴力手段，主张和谐统一；[⑨] 张佳则讨论了扬雄的廉政思想，认为扬雄从为君、为臣、为民三重角度阐释了他廉政思想的整体体系和总体要求，把抑奢尚俭、崇廉戒贪、师德友仁等廉政理念贯穿于自己的思想和文学

---

① 解丽霞：《为学重〈仪礼〉与为术重〈周礼〉——扬雄与王莽顾问经学》，《孔子研究》2011 年第 3 期。

② 周桂钿：《重评扬雄〈剧秦美新〉》，《中国社会科学院研究生院学报》2013 年第 2 期。

③ 赵生群：《扬马辞赋讽谏论》，《文史哲》1987 年第 3 期。

④ 张宪华：《颂扬圣德与讽谏帝失：论汉赋政治功能的矛盾二重性》，曲阜师范大学硕士论文，2007 年。

⑤ 刘保贞：《从〈孝至〉后半篇看扬雄对王莽的态度》，《晋阳学刊》2003 年第 3 期。

⑥ 王振军：《汉赋与汉代国家宗教研究》，南京师范大学硕士论文，2006 年。

⑦ 辛小飞：《扬雄赋的个性特征》，《和田师范专科学校学报》2005 年第 5 期。

⑧ 刘洪仁：《论扬雄的赋体杂文》，《蜀学》第二辑，2007 年。

⑨ 张鹏：《论扬雄的政治思想》，中国政法大学硕士论文，2007 年。

著述中，给后人以劝诫；[①] 崔爽认为，扬雄“以赋讽谏”，即是指“以颂为讽、文中夹以微讽、大量用典、抒情中议论。”扬雄在其作品中有意识的讽谏统治者以实现自己的政治理想，虽然没有达到理想的效果但讽刺的手法对后世产生了影响。[②]

（三）史学思想

最早对扬雄史学思想给出概括介绍的是历史学家白寿彝先生，他在1963年撰文说，扬雄的历史观是正宗的儒家观。[③] 这一观点在沉寂二十余年后得到进一步的阐发。黄开国认为扬雄提出的“历史是发展的、历史的发展有因有节、历史的发展是天地人相互作用的结果”等关于社会历史发展的观点虽极富价值，但扬氏将历史发展的终极原因归结为道德，使其历史观戴上了道德决定论的色彩；[④] 郑万耕借助《法言》，指出扬雄认为社会历史的发展是一个前进性和曲折性相统一的过程，这一过程有继承和变革，有因袭和扬弃，并提出了“立事”“品藻”“实录”等史书写作的体例和原则；[⑤] 张秋升从人类社会的起源及其变化、对孔孟历史变化观的反思与超越和多种因素共同决定历史变化等三个方面，详细阐述了扬雄的历史观，揭示了其历史观的时代和个体特征；[⑥] 翟蕾以《法言》为据，讨论了扬雄的史学思想，认为扬氏的史学思想集中表现在扬氏对历史人物的评价与教化学子、分析历史变动以及朴素的唯物史观三个方面。扬雄的史学思想也对后世历史文献的编撰产生了重要影响；[⑦] 粟品孝认为扬雄的史学论著是从《史记》到《汉书》的一个重要环节，扬氏从当时盛行的儒家经学标准，对不完全以儒家思想为指导的《史记》进行了严厉的批评，对西汉及其以前的历史人物进行了新的评价，深刻影响了班固《汉书》的撰写；[⑧] 施丁认为扬雄对司马迁的评价集中体现了扬雄的史学思想：其一，扬雄标举司马迁在史学上的突出地位，实际上是公认其在史学的独立性，将史学与儒学并列起来；其二；扬雄评司马迁“爱奇”“多知”而“杂”，实际上体现了扬雄将儒家思想作为评判史学的标尺；其三，扬雄评司马迁《史记》“实录”，实际上体现出了扬雄认为撰写史学著作，只有思想性与艺术性相结合才能称之为“良史之才”的史学思想。[⑨]

---

① 张佳：《扬雄廉政思想综论》，《廉政文化研究》2018年第4期。

② 崔爽：《浅谈扬雄赋中讽谏手法》，《商业文化》（上半月）2011年第7期。

③ 白寿彝：《跋扬雄〈法言〉卷十、卷十一》，《北京师范大学学报》（社科版）1963年第3期。

④ 黄开国：《扬雄的社会历史观》，《重庆师院学报》（哲社版）1990年第2期。

⑤ 郑万耕：《扬雄的史学思想》，《史学史研究》1998年第2期。

⑥ 张秋升：《扬雄历史观再认识》，《聊城大学学报》（哲社版）2002年第5期。

⑦ 翟蕾：《扬雄〈法言〉的历史观及其影响》，陕西师范大学硕士学位论文，2010年。

⑧ 粟品孝：《扬雄以儒家思想论史及其对班固和〈汉书〉的影响》，载陈廷湘主编：《川大史学第2辑：文化史卷》，成都：四川大学出版社，2016年，第126—141页。

⑨ 施丁：《扬雄评司马迁之意义》，《求是学刊》2007年第4期。

（四）哲学思想

哲学思想是扬雄思想文化最主要的组成部分。20世纪中期以来，学界对扬雄哲学思想的研究主要围绕扬雄“玄学”思想的阐释、易学思想及其在中国哲学史上的地位等三个方面而展开。

1.“玄学”思想阐释

关于扬雄“玄学”思想的阐释，郑万耕肯定了扬雄“玄摛万类”所折射出的唯物主义哲学观点并指出了这一观点的历史局限性；① 蔡伯铭立足于《法言》和《太玄》，认为扬雄“玄学”所体现出的逻辑辩说思想是以五经为法，以事实为尚，以验证为重；② 董根洪认为扬雄的《法言》与《太玄》两本著作体现出了具有创新特色的中和哲学新体系；③ 叶幼明明确指出，扬雄的“玄”是一个唯物主义命题；④ 王萍认为，扬雄将源于老子之道的玄作为最高范畴，并在构筑宇宙生成图式、探索事物发展规律时，对道家思想多有融摄和发展；⑤ 闫利春从宇宙本体论的视域理解扬雄的性善恶混论。认为“玄”遵循异质相生的原理生成万物，性善恶混就是“玄”成物之理贯注于人性的结果。“玄”措摛阴阳之气而生发万物，抟聚于人则表现为神明之气与阴阳之气的并用而为功。扬雄论心，兼具知行的能力，在修养工夫上，既强调养心的纯正刚毅，又注重耳目感官的合理之欲，这正是“玄”成物之理在修养论上的体现；⑥ 张立文全面分析了扬雄太玄哲学西乡的内涵：扬雄模拟《周易》《论语》，撰《太玄》《法言》，建构太玄哲学体系，以维护孔孟正统。他借天命以明人为，托圣训以砭时政，试图化解西汉末年政治和价值危机。化解政治危机的要旨是身正而政正，立身就是修养人之所以为人的人格。道、德、仁、义、礼是人身所具有的天性，不能丧失，具此五者，才会实行仁政德治。在人性论上，他试图圆融孟子与荀子的善恶论，而提出“善恶混”的主张，打破了人生来就善就恶的束缚，提出人人在人性善恶面前都可以获得成善成恶的机遇和平等权利，这是化解社会政治、价值危机的人性基础。太玄哲学与《周易》以一分为二思维方式展开世界图式不同，而以天、地、人三才的三分法开出世界图式，建构了玄、方、州、部、家、赞的逻辑结构。⑦

2. 易学思想解析

关于扬雄易学思想的而研究，张涛认为，扬雄提出的“玄”在哲学范畴上是一种

① 郑万耕：《论两汉唯物主义宇宙论形成之发展》，《北京师范大学学报》1986年第5期。

② 蔡伯铭：《扬雄的逻辑辩说思想与数的演绎逻辑》，《湖北师范学院学报》（哲社版）1988年第1期。

③ 董根洪：《“动化天下，莫尚于中和”——论扬雄的中和哲学》，《社会科学研究》1999年第6期。

④ 叶幼明：《扬雄的“玄”是一个唯物主义命题》，《湖南师范大学社会科学学报》1997年第4期。

⑤ 王萍：《严遵、扬雄的道家思想》，《山东大学学报》（哲社版）2001年第1期。

⑥ 闫利春：《从玄、气、心看扬雄的性善恶混论》，《周易研究》2012年第4期。

⑦ 张立文：《扬雄的太玄哲学》，《孔子研究》2013年第6期。

元气，并由此推出了关于事物变化、发展的九段说。这种易学思想是西汉末年社会政治思潮在易学领域的深刻反映，树立了以道家黄老之说解《易》的典范，并对后来以王弼为代表的玄学派易学多有启发和影响；① 田小中认为《太玄》集中反映了扬雄的易学思想。扬氏的易学思想可以高度概括为，《太玄》的创作反映出扬雄治易“述而不作”的学术进路，《太玄》的象数理占都是对《周易》经传思想的阐幽显微，彰显的是《易》义。《太玄》体系是对易学发展的整合，是在整合中的自觉的体系构建，标志着汉代哲学家抽象思维能力的提高；② 舒大刚认为，扬雄哲学思想的重要特色就是兼治《易》《老》，并撰写《太玄》，首开仿圣拟经之先河；③ 张立文认为，扬雄《太玄》所体现出的哲学思想与《周易》以一分为二思维方式展开世界图式不同，而以天、地、人三才的三分法开出世界图式，建构了玄、方、州、部、家、赞的逻辑结构；④ 解丽霞通过分析《太玄》与《连山》《河图》《洛书》的具体关系，揭示《说卦》是《太玄》与古《易》联结的纽带，从而明晰了三《易》发展的实际线索。⑤

3. 扬雄哲学思想与中国哲学史发展

扬雄哲学思想在巴蜀哲学思想乃至中国哲学思想发展史上的地位一直备受学界“青睐”。鲁方华指出，扬雄的哲学思想涵盖着儒家、道家、天文历法以及模拟天道探讨人道运行规律等内容，极大地促进了中国古典哲学和天文学的发展；⑥ 田长生在讨论扬雄哲学思想与巴蜀文学的关系时，强调扬雄所推崇的孔儒哲学观念既顺应了统治阶级的政治需求，又规范了中华哲学思想的统一走向、为中华哲学的进一步发展奠定了坚实的基础；⑦ 叶秀山指出，《太玄》把道家和儒家的学说“结合”在一个“玄”的“凝固”的“体系”之中。扬雄这一解读对于推动中国哲学的发展具有重要意义；⑧ 李沈阳指出，扬雄对于人性善恶的价值判断，虽然从人与玄的关系看具有性善论的倾向，但从人与气的关系看，扬雄重视人性的善恶混。扬雄的人性论与汉代社会思潮有着密切的联系，在中国人性论史上具有重要的地位；⑨ 田长生认为，扬雄所推崇的孔儒哲学观念既顺应了统治阶级的政治需求，又规范了中华哲学思想的统一走向、为中

① 张涛：《略论扬雄对汉代易学发展的贡献》，《河南大学学报》（社科版）2000 年第 1 期。

② 田小中：《〈太玄〉易学思想研究》，山东大学博士学位论文，2009 年。

③ 舒大刚，李冬梅：《巴蜀易学源流考》，《周易研究》2011 年第 4 期。

④ 张立文：《扬雄的太玄哲学》，《孔子研究》2013 年第 6 期。

⑤ 解丽霞：《综参古〈易〉：〈太玄〉的易学渊源》，《周易研究》2007 年第 4 期。

⑥ 鲁方华编著：《简明中华哲学史》，北京：北京工业大学出版社，2013 年，第 144—148 页。

⑦ 田长生：《扬雄哲学思想与巴蜀文学》，《成功》（教育）2011 年第 23 期。

⑧ 叶秀山：《中国哲学精神之绵延（二）——扬雄〈太玄〉的哲学意义》，《清华西方哲学研究》2016 年第 1 期。

⑨ 李沈阳：《扬雄人性论辨析》，《兰州学刊》2006 年第 8 期。

华哲学的进一步发展奠定了坚实的基础。[①]

另外，郑万耕从“身心观”角度讨论了扬雄的哲学思想。郑氏指出，扬雄身心观的重心，是对心的思维活动的探究。他常将心与思及神明、睿智联系在一起进行考察，并提出了“谋”与“辨”的概念，阐述人的抽象思维功能；他明确提出了“尚智”的命题，强调人的认知活动的巨大作用；他还评论了人的心灵方面的欲求，对人的意识的情志活动做了颇为深刻的揭示。[②]

（五）教育思想

谭佛佑认为扬雄教育思想涵盖扬雄论教育的作用、教育的目的和培养目标、教育内容以及教学原则和治学方法等方面；[③] 王青在分析汉代之前儒家知识论传统的基础上，指出扬雄的知识论思想集中表现在知识的对象、知识的价值、知识的来源、知识获取的可能性、知识的目的及其真理的标准等问题上；[④] 武娜以《学行》为据指出，扬雄的而教育思想集中表现在：批评应试教育、倡导学习是快乐的、教师的使命是以己育人等方面。暗含着“以人为本”的教育理念，极富现代价值。[⑤]

张培高指出，扬雄以儒家正统传说为思想归向，强调自己以孔子为师，但他并不因此认为孔子是不可超越的，相反，他主张学习是无止境的，儒家学说也是随着时代发展而发展的；[⑥] 吴春香指出，扬雄提倡的慎言慎行、注重内外兼修的思想，“言必有验”的思想，习行思结合的思想等，都对当今教育体制的改革、不良学风的纠正，以及人们良好学习方法的养成具启发和借鉴的价值；[⑦] 李桂芳认为，扬雄的教育思想主要是继承和发展了先秦儒家的教育思想，其教育思想中的“学者，所以修性也”；“学者，所以求为君子也”；“师者，人之模范也”；“学，行之，上也”；“学以治之，思以精之”等观念见解独到，对现今的教育发展以及自我修养等方面都具有十分重要的启发和借鉴意义；[⑧] 杨亮认为扬雄撰写的《学行》是系统研究教育理论的著作，并阐释了《学行》所折射出的“推崇教师作用”“学习的乐趣”以及“学习的路径”等教育功能。[⑨]

---

① 田长生：《扬雄哲学思想与巴蜀文学》，《成功》（教育）2011 年第 23 期。

② 郑万耕：《扬雄身心观述评》，《河北师范大学学报》（哲社版）2004 年第 3 期。

③ 谭佛佑：《论扬雄的教育思想》，《贵州教育学院学报》（社科版）1987 年第 4 期。

④ 王青：《儒家的知识论传统与扬雄的重智思想》，《阳明学刊》第一辑，2004 年。

⑤ 武娜：《扬雄教育思想探微——读〈学行〉有感》，《现代语文》（教育研究版）2010 年第 7 期。

⑥ 张培高，张爱萍：《扬雄教育思想发微》，《西安石油大学学报》（社科版）2012 年第 4 期。

⑦ 吴春香：《汉儒扬雄教育治学观的现代解读》，《黑龙江教育学院学报》2015 年第 11 期。

⑧ 李桂芳：《试论扬雄的教育思想》，《中华文化论坛》第 2 期。

⑨ 杨亮：《略说早期的两部教育理论著作〈学记〉与〈学行〉》，《文史杂志》2018 年第 5 期。

（六）伦理思想

蔡元培先生最早对扬雄伦理思想予以全面总结。他指出，扬雄伦理思想范畴的“玄”“性”“性与为”“修为之法”“模范”等具体内涵；[①] 黄开国以《太玄》为据，认为扬雄是一位玄静的儒学伦理大师；[②] 郑万耕从扬雄的道德观、人性和修养方法等方面阐释了扬雄的伦理思想内涵；[③] 范寿康认为扬雄哲学思想的本体是“玄”，其伦理理论基础则是以儒家思想为主；[④] 魏然的硕士学位论文《〈法言〉伦理思想研究》全面讨论了扬雄的伦理思想，他认为扬雄的伦理思想集中表现在个体伦理思想与社会政治伦理思想两个方面。在个体伦理思想方面，扬雄提出了“强学力行”的修身观，要求君子努力学习“圣人”之道，加强自我修养，确保一直向善，丰富了人性论思想；“明哲保身”的处世观，主张知识分子在禁网森严的封建专制时代，要选择通达有智慧的方法，保生全身；“知大知”的尊师观，强调师长的教诲示范作用；“宁亲”“宁神”的孝道观，升华了儒家的孝道观。在社会政治伦理思想方面，扬雄提出了“导之以仁”的德治思想，认为治国只要用仁义、廉洁、正道、礼仪教化民众，民众就会多美德能礼让；“莫尚于中和”的政治观，主张中和，反对武力扩张，主张以德服天下，劝谏统治者要树立“审其思敦”的民本思想，体察百姓忧苦，建立“思”政；“与众弃之”的缓刑思想，主张缓刑，先教后杀，推崇教化，以减轻民众痛苦；[⑤] 李丹丹通过将扬雄与王符伦理思想比较指出，扬王都以儒家伦理为宗，但扬雄的伦理思想更有着形而上学的哲学根基；在人性论上，扬雄主张善恶混说，从而影响了扬雄个人修养强学力行的思想导向；[⑥] 桑东辉认为，扬雄人伦思想的本体论基础主要是太玄宇宙图式，其人伦思想的历史哲学渊源主要是循环更迭、变革损益观，其人伦思想的人性论基础主要是善恶相混观，其人伦思想的道德取向主要是以仁义为核心的五常观，其人伦思想的美学意蕴主要在于中和之美，其人伦思想的文学价值主要表现在辞赋讽谏，其人伦思想的修养论主要体现在“强学力行”上；[⑦] 郭君铭通过对孔、孟、荀三代儒家人性思想的分析，指出扬雄超越了人性善恶的争执，从人性平等的意义上强调了后天学行的重要性。扬雄思想是对孔子人性论的回归。[⑧]

---

① 蔡元培：《中国伦理学史》，北京：中国和平出版社，2014 年，第 95—98 页。

② 黄开国：《一位玄静的儒学伦理大师：扬雄思想初探》，成都：巴蜀书社，1989 年。

③ 郑万耕：《扬雄伦理思想探微》，《北京师范大学学报》1990 年第 6 期。

④ 范寿康编著：《中国哲学史通论》，武汉：武汉大学出版社，2008 年，第 122—125 页。

⑤ 魏然：《〈法言〉伦理思想研究》，中南大学硕士学位论文，2009 年。

⑥ 李丹丹：《扬雄和王符伦理思想比较论》，《求是学刊》2014 年第 2 期。

⑦ 桑东辉：《从人伦维度探究扬雄思想的体系架构与内在关联》，《唐都学刊》2017 年第 1 期。

⑧ 郭君铭：《扬雄人性思想本义》，《石家庄铁道大学学报》（社科版）2010 年第 4 期。

（七）美学思想

陈曼平与聂振斌先后指出，杨雄美学思想的中心内容是文与质的关系问题，扬雄认为文与质必须有机统一起来才能成为美；[①]邵来文认为扬雄创作的文学作品充满了美学意义，中期作品既有意象的浪漫主义的特点，又表现了强烈的参与意识，并逐渐地走向议论化和散文化，充分表现了儒家伦理原则，即讽谏的忠君目的。晚期的作品则主要是表现个体遭遇的情绪体验，但总体上是以出世的思想为依据的；[②]对扬雄美学思想进行相对全面研究的是万志全。万氏在其博士学位论文中提到，扬雄美学思考的焦点主要有：美的客观性和主观性之间的结合能否找到形而上的依据，如何给予人格精神美全面的概括，如何在艺术世界、主观世界、客观世界之间进行统筹性美学思考，美与社会功用、道德规范、主观心灵、现实需求之间究竟有何关联。进而万氏又连续发文分别分析了扬雄美学思想的发展历程、音乐美学观、书法美学观以及大赋的美学观。在谈到扬雄美学思想的发展历程时，万氏指出，扬雄美学思想基本上可以分为三个发展阶段：创作大赋期间为第一阶段，主要表现为对形式美的追逐；撰写《太玄》期间为第二阶段，主要是研究真与美的关系；写作《法言》以后为第三阶段，主要研究人格精神美和美的内容与形式的关系。政治腐败、帝王荒淫是其转变之外因，对文学与美的关系的不懈探求是内因；扬雄的音乐美学观主要表现在扬雄提出了“比耳”（即悦耳动听）、“雅正”、“和”、以“悲”为美以及音乐社会功用等音乐美学观。一方面，他阐发了儒家音乐思想；另一方面，他又突破了儒家音乐思想的禁锢，探求了音乐“追求美而不仅仅是为了追求善和功利”的天性；扬雄提出了书法美学观的四个层次，即：书法是一种图画；书法是内心的形象表达；书法能激发人的创作激情；书法可以衡量人的道德准则；在谈到大赋的美学观是，万氏又指出，扬雄辞赋美学观主要体现在高度的美、范围的美、丰富的美、速度的美、声色美、虚构美以及顺序美等七个方面；[③]祁志祥认为扬雄在美学上，“强调语言文字是心灵意蕴的表现，进一步奠定了言志载道的儒家美学传统；同时，以儒释老庄之‘玄’，使‘玄’的美学意义进一步得到阐发，开魏晋玄学美学之先声”；[④]徐志兴认为扬雄作品的“首重人品”，不仅是中国书画美学的一个重要特征，而且也是中华民族自古以来积淀下来的审美风格。[⑤]

① 陈曼平，张克：《试论扬雄的美学观》，《延边大学学报》（社科版）1983 年第 1 期；聂振斌：《扬雄文质副称说的美学意义》，《西北十大学报》（社科版）1983 年第 2 期

② 邵来文：《扬雄文学作品的美学评价》，《武汉冶金科技大学学报》（社科版）1999 年第 3 期。

③ 万志全：《扬雄美学思想研究》，山东大学博士论文，2006 年；《扬雄美学思想的发展历程》，《山东师范大学学报》（社科版）2006 年第 3 期，《论扬雄的音乐美学思想》，《学术论坛》2007 年第 1 期；《论扬雄书法的美学观》，《艺海》2007 年第 2 期；《扬雄大赋的美学特色》，《名作欣赏》2007 年第 17 期。

④ 祁志祥：《中国美学通史第 1 卷》，北京：人民出版社，2008 年，第 85—88 页。

⑤ 徐志兴：《中国书画美学概论》，广州：南方日报出版社，2016 年，第 151—153 页。

三、扬雄著述及其成果评价研究

扬雄一生，著述宏富，这也成为历代扬雄研究的一个热点。20 世纪中期以来，国内学界围绕这一热点展开的研究主要包括对扬雄著述自身的研究以及对扬雄著述研究成果的评价（书评）两个方面。

（一）扬雄著述研究

20 世纪中期以来，学界对杨雄著述的研究除了对其著述进行整体性的解读之外，基本上聚焦于《方言》《法言》与《太玄》三本著作及其赋文上。

1. 扬雄著述的整体性研究

王以宪首次通过梳理汉至明历代文献关于杨雄著述的记载，详细考察了扬雄著述的成书年代；[①] 黄开国认为扬雄一生的著述活动可分为前后两个不同阶段，前期以文学创作为主；后期则以哲学著述为主；[②] 王春淑按照经、史、子、集关于扬雄著述的记载，对其所撰著作、赋作与诗文进行了全面的考证，为我们展现了扬雄著述的概貌；[③] 刘保贞对扬雄《太玄》《发言》《方言》及单篇文章的存、残、佚及其文集的整理情况予以了考证与梳理；[④] 张晓明依据现存文献所载，辑出杨雄著述有 47 部（篇），并将其分为哲学、史学、文学、语言文学及其他五类予以了考辨，在很大程度上解决了诸书所载相互抵牾和缺失的问题；[⑤] 陈朝辉认为扬雄《自序》既非《法言》之序，亦非扬雄著作“三十八篇之总序”，而是扬雄在其著作不用于世的情况下，对自己立身行事与思想著述的总结，既“著篇之意”，并兼有“自叙风徽，传芳来叶”的性质；[⑥] 张钰翰对从史籍中爬梳北宋时期文人士子对《法言》《太玄》注疏相关著作予以了解析，为进一步讨论杨雄在北宋的地位与影响提供了坚实的资料依据。[⑦] 夏德靠认为，扬雄著述答题可分为成书于散篇两部分；扬雄的文体实践既有继承，亦有创新，从而为后来文体生成积累了宝贵的实践经验。[⑧]

2.《方言》研究

《方言》作为我国第一部方言地理学著作，自然是学界研究扬雄文化石像的核心问题，就现有的研究成果看，学界主要集中分析《方言》的撰写内容与价值、撰写体

---

① 王以宪：《扬雄著作系年》，《湘潭大学社会科学学报》1983 年第 3 期。

② 黄开国：《扬雄的著述活动与著作》，《成都大学学报》（社科版）1992 年第 2 期。

③ 王春淑：《扬雄著述考略》，《四川师范大学学报》（社科版）1996 年第 3 期。

④ 刘保贞：《杨雄著作及其流传》，《山东大学学报》（哲社版）2003 年第 1 期。

⑤ 张晓明：《杨雄著作存佚考及系年研究》，《青岛大学师范学院学报》2004 年第 4 期。

⑥ 陈朝辉：《扬雄〈自序〉考论》，《四川师范大学学报》（社科版）2006 年第 2 期。

⑦ 张钰翰：《北宋扬雄〈法言〉、〈太玄〉疏解著述考》，《理论界》2013 年第 7 期。

⑧ 夏德靠：《论扬雄的著述活动及文体实践》，《中华文化论坛》2017 年第 9 期。

例与版本流传、历史影响、《方言》所记少数民族语词与区域方言的形成问题以及历史时期《方言》版本等方面。

关于《方言》的撰写内容、目的与价值，黄琦围绕《方言》连续发表两篇文章，着力分析了汉代声母韵母的分合问题；[①] 黄典诚通过解读《方言》所记内容、源流、分区及历史时期各种注本，肯定了《方言》的训诂学价值；[②] 徐文炎指出，扬雄撰《方言》的问世，开拓了训诂的新路子，使训诂工作重视了当代活着的语言，训诂不仅着眼于语言的纵向联系，而且注意于横向关系，充实了训诂的内容，扩大训诂的范围；[③] 李恕豪考察了《方言》的价值与汉代方言的分区问题；[④] 鲁国尧认为《方言》最初的含义是指各地的语言，既包括现在意义的汉语各方言，也包括当时中国境内的少数民族语言，甚至被用来指称国外的语言；并在基础上分析了"方言"内涵的历史演绎；[⑤] 汪启明从历史地理、《方言》所记区域以及文献依据三个方面对《方言》中"东齐"经过考察，认为"东齐语"和"齐语"是同一个系统，东齐有自己的特有词汇，是齐语的一个次方言区；[⑥] 华学诚结合传世文献和考古发现对《方言》中的"奇字"内涵进行了解读，并对《方言》中的"奇字"予以了数理统计与分析；[⑦] 华氏考证，可谓视角独特，拓展了扬雄学术研究的新领域。陆华从《方言》的描写词和古今语的分布区两个方面，考察了《方言》对《尔雅》古今语的记述问题；[⑧] 张丽霞的硕士学位论文《扬雄〈方言〉词汇嬗变研究》从扬雄《方言》入手，利用历史上谈及方言的典籍，采用历史纵向的研究方法，探讨了《方言》词汇从古到今的历史嬗变轨迹，以把握这些词从西汉到现代嬗变的时间性和地域性差异，从而为汉语方言词汇的历史变化研究提供了基础性的工作；[⑨] 韩建立认为《方言》体现了扬雄实事求是的语言思想，反映了作者语言的地域观和语言演变的历史观；[⑩] 郭君铭认为扬雄撰写《方言》的目的是为了向少数民族地区传播中原先进文化，并借以引导少数民族地区融入儒家礼仪社会

---

① 黄琦：《论声母分合——〈扬雄方言音辨〉问题之一》，《河北大学学报》（哲社版）1962 年第 2 期；《论声母分合（续）——〈扬雄方言音辨〉问题之一》，《河北大学学报》（哲社版）1963 年第 1 期。

② 黄典诚：《〈方言〉及其注本》，《辞书研究》1982 年第 3 期。

③ 徐文炎：《汉扬雄撰〈方言〉开拓了训诂新径》，《新疆大学学报》（哲社版）1990 年第 2 期。

④ 李恕豪：《论扬雄〈方言〉中的几个问题》，《古汉语研究》1990 年第 3 期。

⑤ 鲁国尧：《"方言"的涵义》，《语言教学与研究》1992 年第 1 期。

⑥ 汪启明：《扬雄〈方言〉中的"东齐"考辨》，《四川大学学报》（哲社版）1993 年第 3 期。

⑦ 华学诚：《扬雄〈方言〉"奇字"考（上）——兼析〈方言〉"奇字"的表词特点》，《钦州师范高等专科学校学报》2000 年第 4 期；《扬雄〈方言〉"奇字"考（下）——兼析〈方言〉"奇字"的表词特点》，《钦州师范高等专科学校学报》2001 年第 1 期。

⑧ 陆华：《论〈方言〉对〈尔雅〉古今语的记述》，《南宁师范高等专科学校学报》2001 年第 3 期。

⑨ 张丽霞：《扬雄〈方言〉词汇嬗变研究》，山东师范大学硕士学位论文，2002 年。

⑩ 韩建立：《〈方言〉与扬雄的语言思想》，《长春大学学报》2003 年第 2 期。

体系，体现了扬雄对“大一统”和“华夷之辨”儒家思想在新的历史条件下的继承与发展；[①] 柳玉宏认为《方言》在方言学与词汇学所体现出的学术价值可以高度概括为三个方面：即扬雄第一次把研究视角转向了口语，使口语进入了语言研究领域；扬雄开创了个人调查方言的方法，开启了方言调查的先河；扬雄第一次给出了全国方言的大致分区，并提出了转语、通语等概念；[②] 王彩琴对《方言》中被释词的全部用字进行了考查，考得借音字 306 个，并对其进行了分析。该文为我们研究汉代方音提供了创建性的思路。进而，王氏又撰文，对《方言》中所记联绵词与记音词予以了解析，认为《方言》中的联绵词基本表现为三种情况：一是通语与方言之间；二是属于同一个方言地域；三是分属于不同的方言地域；对于记音词，王氏考证出，《方言》中共有 519 个，并对其词类归属和组词结构进行了分析；[③] 富翠红在其硕士学位论文中对《方言》中的疑难字予以了统计和阐释、校注。[④] 该篇论文在很大程度上扩展了《方言》疑难字研究领域。王智群利用《方言》中的“臿”“刈钩”“佥”“杷”等农具以及鸡、猪、马的不同方言名称及畜养方式和畜养工具，考察了汉代农业发展水平与畜牧业文化特质[⑤]，可谓视角独特。

关于《方言》的撰写体例与版本流传，濮之珍认为《方言》是对《尔雅》继承；[⑥] 其后，郑振铎通过对《方言》撰写目的与写作体例的阐释，认为《方言》是扬雄模仿《尔雅》所撰，其内容与撰写体例均对《尔雅》有所发展；[⑦] 杨博显则从《方言》与《尔雅》的特点与贡献方面入手，讨论了《方言》对《尔雅》的传承表现；[⑧] 张全真从晋人郭璞对《方言》的注解，讨论了晋代方言的地域变迁问题；[⑨] 李恕豪通过对晋人郭璞《方言注》的注释体和方法的解读，对郭注中的方言词语及其出现的次数做了全面的统计。在此基础上，参考其他的材料，勾画出了晋代方言区划的大致轮廓，并与汉代的方言区划做了对比研究，从而窥到从汉代到晋代数百年间汉语方言在地域上演变的一般规律；[⑩] 孟晓妍以《方言》以及郭璞注为语料，选取双音词为切入点，运用分类、归纳和比较的方法，认为一些汉语词汇由单音词到双音词发展过程中呈现出两个显著的特

① 郭君铭：《〈方言〉的创作思想与扬雄的民族思想》，《中华文化论坛》2004 年第 3 期。

② 柳玉宏：《论〈方言〉的学术价值》，宁夏大学硕士学位论文，2005 年。

③ 王彩琴：《扬雄〈方言〉借音字考》，《河南大学学报》（社科版）2006 年第 1 期；《扬雄〈方言〉连绵词初探》，《平顶山学院学报》2008 年第 6 期；《扬雄〈方言〉中的记音字与方言词》，《河南社会科学》2010 年第 6 期。

④ 富翠红：《扬雄〈方言〉疑难字疏说》，兰州大学硕士学位论文，2007 年。

⑤ 王智群：《扬雄〈方言〉词汇与汉代农牧业》，《台州学院学报》2011 年第 2 期。

⑥ 濮之珍：《方言与尔雅的关系》，《学术月刊》1957 年第 12 期。

⑦ 郑振铎：《扬雄〈方言〉是对〈尔雅〉的发展》，《社会科学研究》1979 年第 4 期。

⑧ 杨博显：《浅析〈方言〉对于〈尔雅〉的传承与发展》，《北方文学》（下半月）2012 年第 6 期。

⑨ 张全真：《从〈方言〉郭注看晋代方言的地域变迁》，《古汉语研究》1998 年第 4 期。

⑩ 李恕豪：《从郭璞注看晋代的方言区划》，《天府新论》2000 年第 1 期。

点：一是地域方言的差异产生新词；一是社会习惯产生的新词；[①] 徐玲英连续撰写了两篇文章，致力于清人戴震关于《方言》注疏问题的讨论。前者侧重于对戴震《方言疏证》所引文献予以了考证与梳理；后者则着力解析戴震对《方言》研究的学术贡献问题。徐氏指出，戴震首先针对洪迈《方言》非扬雄所作之说一一加以辩驳，最终使扬雄为《方言》的著作者确立下来。有感于《方言》"讹舛相承，几不可通"，戴震为《方言》订讹辨误、删衍补脱，并进一步疏证词条，利用汉字系统声近义通的内在规律，读破通假、系联同源，更用"语转"明方言音变，从而沟通《方言》训词与被训词，使这部濒于隐没的语言学著作重发光彩，为后人立下楷模，开启了清代《方言》研究之风。[②] 刘冰对南宋台州刻本《扬子法言》的内容与体例予以了分析；[③] 李清恒从注字条例、注中注条例、明讹误例三个方面对对郭璞《方言》注本进行了补充。[④]

关于《方言》所产生的历史影响，张永绵以《方言》为例，总结了新中国成立十余年以来方言学文献整理和研究所取得的成就，提出方言类文献整理的诸多改进意见；[⑤] 徐宝华认为扬雄撰写《方言》，开启了方言学术研究的先河；[⑥] 殷孟伦在分析《方言》的编撰目的、资料依据和来源的基础上，探讨了《方言》在我国方言研究古典传统形成中的作用；[⑦] 申小龙重点探讨了《方言》问题的变革问题。申氏指出，连续撰写两篇文章，在指出《方言》是中国第一部在全国性个人方言调查基础上完成的方言学著作的基础上，认为《方言》从语言本体论变革、方法论变革及语言界域的变革三方面推动了汉代儒学研究的范式革命，对当时儒学经学化过程中出现的种种弊端起到纠偏与导向的作用，是中国语文传统的一次范式变革；[⑧] 邓文彬通过解析中国古代方言研究的兴起与方言学的建立、《方言》的作者与成书背景、《方言》的内容与体例、《方言》的贡献和影响等问题，指出《方言》对中国古代方言学的建立起了巨大的推动作用，它的问世标志着中国古代方言学的正式建立，因而它在中国古代语言学史上占有非常重要的地位；[⑨] 曾佳通过对《方言》的作者与成书背景、《方言》的内容与体例的分析，

① 孟晓妍：《〈方言〉郭璞注双音词研究》，苏州大学硕士学位论文，2005 年。

② 徐玲英：《戴震〈方言疏证〉引书考》，《古籍研究》2007 年第 1 期；《论戴震对扬雄〈方言〉的贡献》，《淮北师范大学学报》（哲社版）2012 年第 4 期。

③ 刘冰：《南宋台州刻本〈扬子法言〉》，《图书馆学刊》2009 年第 6 期。

④ 李清恒：《郭璞〈方言〉条例再述补》，《湖北社会科学》2011 年第 10 期。

⑤ 张永绵：《论方言学遗产的而整理与研究》，《浙江师范学院学报》1963 年第 1 期。

⑥ 徐宝华，汤珍珠：《略说方言研究的历史发展》，《语文研究》1982 年第 2 期。

⑦ 殷孟伦：《〈方言〉与韩愈方言研究的古典传统》，《文史哲》1983 年第 5 期。

⑧ 申小龙：《汉代〈方言〉的经学超越与范式革新》，《学术月刊》1998 年第 12 期；《中国语文传统的范式变革——论扬雄的〈方言〉》，《青岛海洋大学学报》（社科版）1998 年第 4 期。

⑨ 邓文彬：《中国古代方言学的建立与扬雄〈方言〉的地位和影响》，《西南民族学院学报》（哲社版）2001 年第 4 期。

认为《方言》对中国古代方言学的建立起到了巨大的推动作用。[①]

关于《方言》所记少数民族语词与区域方言的形成问题，李敬忠分析了扬雄《方言》中朝鲜语、满语、蒙语、苗语、土家语等少数民族方言的意义；[②]李恕豪利用《方言》勾画出了汉代秦晋方言的粗略轮廓以及与其他区域方言的区别和联系，并由此对《方言》所记 67 个楚语进行了分类探讨；[③]赵振铎、黄峰分析了《方言》外来词以及秦晋陇冀梁益等区域方言的具体内涵；[④]杨建忠讨论了扬雄《方言》中"南楚方言"与"楚方言"的内在联系问题；[⑤]李峰对《方言》予以了高度评价：西汉扬雄编纂的《方言》，在中国方言之学和世界语言文字学史上，都称得上是当之无愧的经典之作；[⑥]吴永焕在考察《方言》记录方言词语时所用地名单独列举与并举的情况的基础上指出，秦汉时期山东方言大致可分为齐鲁、东齐海岱两区四片。两区四片格局的形成同齐鲁各地不同的历史人文背景有密切的联系；[⑦]陈立中依据《方言》中记录的 15 个南岭地区的方言词汇，结合历史材料，透视汉代南岭地区的方言状况，并由此探讨了它们对研究当代汉语方言尤其是南岭地区土话的借鉴意义；[⑧]《方言》所记录的古代口语有不少在今天的泌阳口语中依然使用着，虽然它们当中的一些词在语言和表意上有些许变化，但古代的痕迹非常明显；[⑨]李莉从扬雄《方言》中撷取当时方言区（主要是秦晋语）中的至今仍活跃于关中口语（有时与现代共同语同）的词汇，用音韵、训诂及书证等手段为之溯源，分析了其词义演变和保留等情况；[⑩]杨建忠讨论了《方言》中"南楚方言"与"楚方言"的内在联系及其历史原因；[⑪]谢荣娥依据语言材料，同时参考地理名词并举与方言区划之历史沿革情况，提出南楚方言应归属楚方言，是楚方言一个较大的次方言；[⑫]芜崧为扬雄《方言》中的荆楚方言词语的读音、意义（含本义和引申义或

① 曾佳：《扬雄〈方言〉述评》，《文学教育》（上）2013 年第 9 期。

② 李敬忠：《〈方言〉中的少数民族语词试析》，《民族语文》1987 年第 3 期。

③ 李恕豪：《扬雄〈方言〉中的秦晋方言》，《四川师范大学学报》（哲社版）1992 年第 1 期；《扬雄〈方言〉中仅见于楚地的方言词语研究》，《语言历史论丛》第二辑，2008 年。

④ 赵振铎，黄峰：《扬雄〈方言〉里面的外来词》，《中华文化论坛》1998 年第 2 期；《〈方言〉里的秦晋陇冀梁益方言》，《四川大学学报》（哲社版）1998 年第 3 期。

⑤ 杨建忠：《略论扬雄〈方言〉中"南楚方言"与"楚方言"的关系》，《古籍研究》2006 年第 2 期。

⑥ 李峰，靳爱红：《〈方言〉：开创中国文学方言之学的经典之作》，《洛阳师范学院学报》2000 年第 4 期。

⑦ 吴永焕：《从〈方言〉所记地名看山东方言的分区》，《文史哲》2000 年第 6 期。

⑧ 陈立中：《从扬雄〈方言〉看汉代南岭地区的方言状况》，《韶关学院学报》（社科版）2002 年第 4 期。

⑨ 蔡晓：《由扬雄〈方言〉看泌阳话中古语的遗留》，《天中学刊》2003 年第 3 期。

⑩ 李莉：《扬雄〈方言〉与现代关中话相关词汇之比较研究》，《中山大学研究生学刊》2004 年第 1 期。

⑪ 杨建忠：《略论扬雄〈方言〉中"南楚方言"与"楚方言"的关系》，《古籍研究》2006 年第 2 期。

⑫ 谢荣娥：《论扬雄〈方言〉的"楚"与"南楚"》，《求索》2009 年第 8 期。

比喻义）、用法（举例）以及所构成的词语、俗谚的意义和相关书证进行了注释；[①] 陈树借助《方言》对扬州话的记载，分析了扬州话 2000 多年历史嬗变的轨迹；[②] 王彩琴对《方言》中记载的楚方言区特有的一般方言词语、服饰用语、饮食及生活用具用语、交通工具及生产工具用语等进行了梳理，并分析了其词义、词源及其文化意义；[③] 王氏的研究，为我们研究和了解当时楚地的方言、文化以及社会面貌提供有价值的资料。

3.《法言》研究

学界关于《法言》研究，从现有成果来看，一般可以分为《法言》内容与思想、语言与修辞、历史影响及撰写体例与版本流传等方面。

关于《法言》内容与思想研究，《法言》中关于扬雄论屈原这一章节历来令人费解，卫仲璠根据历代学者的注解，对其进行了详细的解读，[④] 为我们了解“扬雄眼中的屈原”提供了必要的学术思考。黄开国认为扬雄撰写《法言》的基本精神是对儒家伦理纲常的阐发；[⑤] 石晓宁通过解读《法言》内容，认为《法言》体现了扬雄分地强调儒学作为个人修身内省的自我完善功能，鄙弃儒学提倡的积极入世、汲汲于政治事功的社会理想；[⑥] 李英华认为《法言》是中国文化思想史上的第二部《论语》，并从扬雄对先秦诸子的评价、扬雄人伦思想、扬雄历史观及政治思想等五个方面对其所撰内容予以了解读；[⑦] 杨海文指出，《法言》一书体现出了扬雄“言重则有法”“法而易言”的思想宗旨，实质上是一种值得我们深入讨论的文化守成主义立场；[⑧] 张兵在考察《法言》中的道家思想时，指出扬雄道家思想集中表现为“尚玄崇道和因循革化。这些道家思想的存在并不和扬雄推崇儒家学说的主旨相矛盾，而恰恰正是为儒家思想服务的”。进而，张氏明确指出，明确指出，《法言》的思想特质就是“儒主道辅，本道兼儒”；[⑨] 张庆伟在其硕士学位论文《扬雄〈法言〉思想研究》一文中，对《法言》的思想予以了全面总结：《法言》以儒家为思想主体，扬雄自觉地承续了孔孟思想的基本精神，创造性地贯彻、拓展了荀子“天人之分”的思想。对于因经学衰微而重新活跃起来的

---

① 芜崧：《扬雄〈方言〉中的荆楚方言词汇释》，《荆楚理工学院学报》2009 年第 10 期。

② 陈树：《从扬雄〈方言〉看扬州话中的古语遗留》，《宁夏大学学报》（社科版）2013 年第 1 期。

③ 王彩琴：《论扬雄〈方言〉中楚方言》，《学术交流》2013 年第 2 期。

④ 卫仲璠：《〈扬子法言〉论屈原章析义》，《安徽师大学报》（哲社版）1985 年第 2 期。

⑤ 黄开国：《扬雄〈法言〉的人论及意义》，《江西社会科学》1989 年第 4 期。

⑥ 石晓宁：《试谈扬雄〈法言〉的思想倾向》，《沈阳师范学院学报》（社科版）1994 年第 3 期。

⑦ 李英华：《“第二部〈论语〉”——〈法言〉述评》，《孔子研究》1997 年第 2 期。

⑧ 杨海文：《扬雄〈法言〉的文化守成主义》，《学术研究》1997 年第 9 期。

⑨ 张兵：《扬雄〈法言〉中的道家思想》，《济南大学学报》（社科版）2001 年第 5 期，《儒主道辅，本道兼儒——论扬雄〈法言〉的思想特征》，《理论学刊》2004 年第 5 期。

道家、神仙家、法家及其他诸子的思想，用一种理性的视角给了相对公允的剖析和评价。并在此过程中否定了谶纬经学和神学迷信的虚妄；[①] 巨利宁在分析先秦儒家道统思想实质和诠释方法的基础上，通过将其与西汉儒学的特点和诠释方法的比较，认为《法言》体现了扬雄对先秦儒家道统精神的继承发展，从而凸显扬雄在中国思想史上的地位和《法言》的价值。[②]

关于《法言》语言与修辞研究，王博从思想史及文学史两个角度，以儒本兼道为切入口，对《法言》的内容、独特的艺术特色以及《法言》对后世文学思想的影响进行了相对全面的分析和探讨；[③] 张兵认为，在语言艺术上，扬雄吸收和承继了《论语》等先秦散文所运用的比喻、排比、典故等修辞手法，丰富和发展了散文语言；同时扬雄还以辞赋和散文创作相互融合的笔法，使《法言》呈现出《论语》所未有的华彩气息和骈俪化的时代风貌；[④] 韩文娟对《法言》中的修辞方法和修辞风格予以了全面探讨，认为《法言》的篇章修辞主要体现在开头与结尾，体现了《法言》作为语录体散文独有的风格，具体体现为凝练警策、感情充沛、生动优美等方面。[⑤]

关于《法言》历史影响研究，于成宝认为扬雄模拟《论语》创作《法言》，高举承继儒学道统的旗帜，号召学者从章句之学和谶纬迷信中解放出来，重新回到孔子儒学本身，对于西汉末期的儒学走向有着重要的意义；[⑥] 翟蕾通过分析《法言》中扬雄对历史人物的评价及其对周秦兴亡、西汉末年社会矛盾尖锐，王莽改制等事件的不同看法，分析了扬雄特色鲜明的历史观以及由此而产生的历史影响。[⑦]

关于《法言》撰写体例与版本流传研究，束景南认为《法言》是扬雄仿《齐论语》撰写而成；[⑧] 王菡对《法言》历代校注本予以了阐释；[⑨] 马辉芬对扬雄《法言》的著录及版本情况进行梳理和考证，并分析比较了不同时代《法言》的著录情况及版本差异；[⑩] 张兵考据认为，《法言》在历史流传过程中形成了两大版本系统，一为十三卷本，一为十卷本，并在对其进行比较的基础上，分析了各种版本的特点；[⑪] 师为公对清人姚

---

① 张庆伟：《扬雄〈法言〉思想研究》，山东大学硕士学位论文，2008 年。

② 巨利宁：《扬雄与道统》，西北师范大学硕士学位论文，2012 年。

③ 王博：《扬雄〈法言〉研究》，广西师范大学硕士学位论文，2004 年。

④ 张兵：《扬雄〈法言〉语言艺术特色》，《西华师范大学学报》（哲社版）2004 年第 3 期。

⑤ 韩文娟：《〈法言〉修辞研究》，西北师范大学硕士学位论文，2013 年。

⑥ 于成宝：《论扬雄〈法言〉对先秦儒学的回归》，《长春理工大学学报》（社科版）2007 年第 6 期。

⑦ 翟蕾：《扬雄〈法言〉历史观及其影响》，陕西师范大学硕士学位论文，2012 年。

⑧ 束景南：《〈法言〉仿〈齐论语〉辨》，《古籍整理研究学刊》1993 年第 3 期。

⑨ 王菡：《〈扬子法言〉历代校注本传录》，《文献》1994 年第 3 期。

⑩ 马辉芬：《〈法言〉著录及版本考略》，《图书理论与实践》2006 年第 4 期。

⑪ 张兵：《〈法言〉的版本与流传》，《古籍整理研究学刊》2004 年第 4 期。

鼐点评《法言》版本予以了诠释。[①]

4.《太玄》研究

《太玄》是否是扬雄所撰？郑文认为是后人伪作；[②]束景南从《太玄》所折射出的宇宙观与人生观、撰写形式、撰写主旨以及撰写内容四个方面认为将《太玄》视为伪作的证据不足；[③]郑文虽然对《太玄》一书是否为扬雄所撰还持怀疑态度，但郑氏首次对《太玄》所折射出的学术思想进行了解读，郑氏认为《太玄》学说既包含唯物主义的成分，也具有唯心主义的成分，是二元论的哲学思想；[④]束景南考据认为，《太玄》成书于汉成帝元延四年到绥和二年之间；[⑤]郑万耕指出，《太玄》哲学的最高范畴是“玄”，并对“玄”的内涵进行了全面的阐释；[⑥]黄开国认为，《太玄》以汉代天文历法的科学成就为基础，建立了一个与自然科学相结合的，具有很高思辨性的哲学体系，在中国哲学史上有相当的地位和影响；[⑦]为了方便学界学习《太玄》，高亨，董治安联袂撰写了《〈太玄经〉释义》，对《太玄》的撰写体例与内容构成进行了详细的解读；[⑧]郑万耕讨论了《太玄》“罔直蒙酋冥”的易学史意义；[⑨]王启林将《太玄》所蕴含的美学思想总结为“美善统一”“文质班班”与“美者，不尽乎味”三种美学观；[⑩]王伦信认为《太玄》是扬雄模拟《周易》所作的一部重要哲学著作，其中八十一首首符的顺序排列正好严整地组成了从 0 到 80 的 81 个三进制数字序列，并对其进行了详细的解读；[⑪]刘华金通过对“扬雄三进制”由来的揭示，继而论证了各数难以确认的原因；然后提出了确认各数的公式以及三进制的拓展，三进制与十进制的换算及优越性；简介了三进制加、减、乘、除的运算法；[⑫]姜书阁认为《太玄》基本上是一套唯心主义的形而上学的哲学体系；[⑬]魏启鹏通过解读《太玄》的黄老思想，认为《太玄》是汉武以后黄老之学以非官方显学地位结出的思辨硕果；[⑭]张运华在阐释《太玄》内

① 师为公：《扬雄〈法言〉姚鼐评点辑析》，《文献》2013 年第 2 期。

② 郑文：《读扬雄太玄赋献疑》，《争鸣》1957 年第 4 期。

③ 束景南：《〈太玄赋〉非伪作辨》，《古籍整理研究学刊》1993 年第 5 期。

④ 郑文：《〈太玄〉学说初探》，《西北师大学报》（社科版）1979 年第 4 期。

⑤ 束景南：《〈太玄〉创作年代考》，《历史研究》1981 年第 5 期。

⑥ 郑万耕：《扬雄〈太玄〉中的宇宙形成论》，《社会科学研究》1983 年第 4 期。

⑦ 黄开国：《析〈太玄〉构架形式》，《孔子研究》1989 年第 4 期。

⑧ 高亨，董治安：《〈太玄经〉释义》（选载），《山东大学学报》（哲社版）1989 年第 4 期。

⑨ 郑万耕：《〈太玄〉“罔直蒙酋冥”的易学史意义》，《孔子研究》1991 年第 3 期。

⑩ 王启林：《〈太玄〉美学思想三题》，《西南民族学院学报》（哲社版）1992 年第 1 期。

⑪ 王伦信：《〈太玄〉首符是一组严整的三进制数》，《中国哲学史》1993 年第 1 期。

⑫ 刘华金：《“扬雄三进制”研讨》，《湖北大学学报》（哲社版）2007 年第 1 期。

⑬ 姜书阁：《扬雄、桓谭、王充间的思想承传关系》，《湘潭大学学报》（社科版）1994 年第 3 期。

⑭ 魏启鹏：《〈太玄〉·黄老·蜀学》，《内蒙古师大学报》（哲社版）1996 年第 2 期。

容的基础上，指出该书的解构和思想内容都受到了道家哲学思辨的影响；[①] 刘保贞在评述《太玄》所体现的扬雄倡明君、贤臣的思想时，指出“扬雄祖述孔、孟，揉合老、庄，创见虽不多，但也从一个侧面反映了他对西汉末年君昏臣奸的政治局面的不满，这在当时是难能可贵的”；[②] 问永宁认为《太玄》一书中蕴含着扬雄丰富的人性论思想，其人性论本于其天道观，有很强的超越性，扬氏以五行为架构，提出了非常具体的超越途径，其思想接近于性善说；但问永宁又提出了另外一个观点，即《太玄赋》的思想、文风、主旨与扬雄赋风不合，其作者可能是杨泉；[③] 田小中通过对《朱子语类》中朱熹关于《太玄》的评价的梳理，认为在朱熹看来，扬雄虽刻意模仿《周易》而作《太玄》，但《太玄》的内容和形式都不足道；[④] 扬雄为何撰写《太玄》？是单纯的模拟《易经》还是另有其他意图？魏鹏举以西汉的学术活动为背景，对扬雄写作的“模拟”问题进行了辨析，认为《太玄》所表达的并非道家思想，也非通常所说的淡泊之志，而是扬雄的发愤之作。《太玄》是扬雄拒绝并对抗体制经学的一种书写实践，是一种试图恢复并光大原始儒学精神、对拘泥烦琐的博士经学作风拨乱反正的自觉的话语实践；[⑤] 杨福泉认为《太玄》仿象《周易》，吸收秦汉以来天文、历法等自然科学的研究成果，并与当时社会所流行的阴阳五行学说密切结合，构建了一个无比庞杂而又自成条贯的哲学思想体系，从而对魏晋玄学产生了重要影响；[⑥] 王兆立指出，扬雄创作《太玄》，既是一次对《周易》经传的模拟与改造，也是对易卦筮法的一次再创造。《太玄》筮法的出现，是对先秦西汉数术之学，尤其是对象数易学的一次大整合；扬雄以“玄”为宇宙本体的天道观，正是在对筮法进行重新构建的基础上建立起来的；[⑦] 解丽霞以判别战国末年至秦汉时的“儒道互补”类型为基础，认为《太玄》与《易传》一样，属于“象数解释吸取道家思想，由经衍生的义理诠释归宗儒家思想”的“儒道互补”类型，其撰写体例体现了扬雄“取道宗儒”的思想特质；[⑧] 井雷认为《太玄》虽然模仿卦气说，但是《太玄》与卦气说在结构上是不一样的。扬雄在接受了卦气思想之后，依据浑天说和太初历进而构筑了一个以“玄”为核心的新的体系，可以说，

① 张运华：《从〈太玄〉看道家理论思辨对扬雄的影响》，《唐都学刊》1999 年第 1 期。

② 刘保贞：《〈太玄〉赞辞所倡明君、贤臣思想述评》，《齐鲁学刊》2001 年第 2 期。

③ 问永宁：《从〈太玄〉看扬雄的人性论思想》，《周易研究》2002 年第 4 期；《〈太玄赋〉作者考辨》，《湖北大学学报》（哲社版）2006 年第 5 期。

④ 田小中：《朱熹论〈太玄〉》，《周易研究》2007 年第 3 期。

⑤ 魏鹏举：《述“事”作“文”：扬雄〈太玄〉旨意探微》，《文学评论》2009 年第 3 期。

⑥ 杨福泉：《〈太玄〉的撰著旨趣及儒道兼赅的哲学思想》，《绍兴文理学院学报》（哲社版）2009 年第 4 期。

⑦ 王兆立，于成宝：《〈太玄〉的筮法和天道观略论》，《周易研究》2009 年第 4 期。

⑧ 解丽霞：《取道宗儒：〈太玄〉的义理诠释》，《四川师范大学学报》（社科版）2009 年第 5 期。

《太玄》象数与卦气说在思想上具有共性，但在表现形式上存在着一定的区别。[①]另外，为了方便读者阅读《太玄》，韩敬连续撰文《玄攡注》摘要予以解释与说明。[②]

5. 扬雄赋文研究

扬雄赋文的研究集中表现在赋文撰写内容与宗旨、撰写时间、赋体特征及其历史影响等方面的考量上。

关于扬雄赋文撰写内容与宗旨的考察，方铭对扬雄赋的撰写内容及撰写年代进行了全面的分析。[③]兰干对扬雄《解嘲》一书所载“东南一尉”的内涵与具体地域所指予以了考辨；[④]曹明纲认为《太玄》《逐贫》二赋抒写了扬雄自己安身立命和居贫守志的情怀，这也正是扬雄生活经历和思想感情的真实写照；[⑤]路广以杨雄赋为例，讨论了两汉之交自称代词“吾”“我”的历史演变；[⑥]阮忠认为扬雄赋风的思想性集中表现在三点，即神味：诸神文化的文学显现；悯农：历史意识的现实归宿；玄静：人生价值的哲学思辨；[⑦]常昭认为扬雄赋论的主要内容为尚丽、尚则、尚用，重视诗人之赋而贬抑辞人之赋。其立论的背景在于当时辞赋异途的现实。而辞赋异途的实质在于辞赋异源，辞起源于楚文化，赋肇始于齐文化。辞、赋二体在形式体制上存在着明显的差异；[⑧]宋皓琨认为扬雄大赋的内部构成要素已发生了不同以往的变化，主要表现在它的写实性、时间性和言志艺术三个方面。正是由于这些新变，扬雄的赋作已然成为西汉大赋的尾声。扬雄是汉赋发展过程中的关键人物，他在理论上为西汉大赋作了终结性批判，在他之后汉赋逐渐向言志小赋方向发展；[⑨]纪国泰则对《甘泉赋》《河东赋》等四赋创作的时间、旨趣和表现手法分别做了比较深入细致的考证和评述，并在此基础上指出，“四赋”的创作，证明扬雄是一个关心民瘼、以天下治乱为己任的文人。而这正是他“三世不徙官”的重要原因；[⑩]多洛肯从扬雄各个不同时期所创作的辞赋入手，结合其创作背景和人生哲学思想，再次论证了扬雄文学思想中“本儒兼

① 井雷：《〈太玄〉象数与汉代易学卦气说》，山东师范大学硕士学位论文，2013 年。

② 韩敬：《〈玄攡注〉摘要——〈太玄注〉选载（一）》，《文献》1993 年第 1、2 期

③ 方铭：《扬雄赋论》，《中国文学研究》1991 年第 1 期。

④ 兰干：《汉“东南一尉”辨释》，《浙江学刊》1986 年第 3 期。

⑤ 曹明纲：《西汉抒情赋概论》，《文学遗产》1987 年第 1 期。

⑥ 路广：《两汉之交自称代词“吾”“我”的考察——以扬雄作品为例》，载吴中伟主编：《复旦汉学文丛第 8 辑》，上海：复旦大学出版社，2013 年，第 68—73 页。

⑦ 阮忠：《扬雄赋风的思想性》，《成都大学学报》（社科版）1992 年第 2 期。

⑧ 常昭，陈天强：《由辞赋异途看扬雄赋论》，《济南大学学报》（社科版）2006 年第 4 期。

⑨ 宋皓琨：《扬雄四大赋的文本重读——以〈上林赋〉为比较对象》，《齐齐哈尔大学学报》（哲社版）2006 年第 6 期。

⑩ 纪国泰：《扬雄“四赋”考论——兼论扬雄“三世不徙官”的重要原因》，《西华大学学报》（哲社版）2005 年第 6 期。

道”的特质；[①] 李小龙对扬雄《自嘲赋》进行了校释；[②] 马宗昌依据扬雄《逐贫赋》考察了汉代的民俗事项。[③] 华学诚，马莲对《蜀都赋》词语古今注中“渟皋”“户”“累峗”“漆”“寻卒”等5条词汇进行了商讨与辩正；[④] 扬雄《蜀都赋》是写实还是虚拟？王怀成通过考证，认为《蜀都赋》所呈现的并非如大多数人所说汉赋“假象过大”“假称珍怪”，而是“稽之地图”“验之方志”，是一篇写实之作；[⑤] 针对学界质疑《蜀都赋》是否是扬雄所撰的问题，熊良智予以了详细的考辨，认为《蜀都赋》确为扬雄所作；[⑥] 张丽萍认为扬雄的抒情言志赋中的“无为”“避世”思想，恰恰说明了在两汉之际这一历史转折点的复杂社会和文化现象中自有其独特内涵——士人的自觉意识；[⑦] 张倩对扬雄辞赋中所涉及的历史人物、神仙故事舆传说人物、文学典故和制度的源头、原貌进行了探究和考证。[⑧]

关于扬雄赋文撰写时间，熊良智考据认为，扬雄《甘泉赋》《河东赋》《羽猎赋》三赋创作于成帝永始四年（公元前13年），《长杨赋》则创作于元延元年（公元前12年）；[⑨] 关于易小平指出，学界将扬雄四赋的作年定于元延二年（公元前11年）和元延三年（公元前10年）存在两个问题，即以成帝元延三年从胡客大校猎的假设为前提；对本传里“明年”二字理解有误，将扬雄作《校猎赋》之年与成帝羽猎之年混为一谈；进而考证认为，《甘泉赋》与《河东赋》作于成帝永始四年（公元前13年）；《校猎赋》作于元延元年（公元前12年）；《长杨赋》则作于元延二年（公元前11年）。[⑩]

关于扬雄赋文的赋体特征，陈碧仙认为扬雄辞赋的艺术特色主要体现在将铺叙与说理相结合、对虚设人物格式的创新、篇幅短小，结构紧凑、句式丰富等方面，是扬雄对前任赋作的改革与创新。陈氏在另一篇文章中指出，扬雄赋作中表现出明显而强烈的讽谏意识。他在赋中开辟的多种讽谏手法，均服从于作者重视并自觉以讽谏为目的的创作思想。扬雄讽谏意识形成与其受汉代经学思想的影响，又恰值西汉王朝末世，

---

① 多洛肯：《扬雄辞赋创作论》，《新疆师范大学学报》（哲社版）2005年第3期。

② 李小龙：《〈解嘲〉补笺》，《古籍研究》2002年第2期。

③ 马宗昌，张淑玉：《扬雄〈逐贫赋〉与汉代民俗》，《昭通师范高等专科学校学报》2006年第3期。

④ 华学诚，马莲：《扬雄〈蜀都赋〉词语札记》，《语言研究》2008年第2期。

⑤ 王怀成：《扬雄〈蜀都赋〉之征实性略考》，《社科纵横》（新理论版）2009年第2期。

⑥ 熊良智：《扬雄〈蜀都赋〉释疑》，《文献》2010年第1期。

⑦ 张丽萍，朱智明：《士人的自觉意识——扬雄抒情言志赋之研究》，《辽宁师专学报》（社科版）2011年第2期。

⑧ 张倩：《扬雄辞赋名物考》，兰州大学硕士学位论文，2012年。

⑨ 熊良智：《扬雄“四赋”时年考》，《四川师范大学学报》（社科版）2005年第3期。

⑩ 易小平：《关于扬雄四赋作年的两个问题》，《古籍整理研究》2010年第6期。

以及他务实尚用的文学思想和沉静深思的性格特征都有关系；[①]高安晶在分别对司马相如与扬雄辞赋的主题内容、艺术特色以及辞赋理论予以了对比分析，探讨了扬雄对司马相如辞赋继承与发展的内在关系，并从性格特质的内因、客观存在的时代环境外因，探讨了两人辞赋差异的原因；[②]

关于扬雄赋文的历史影响，李凤玲认为扬雄对杜甫诗文创作的影响主要表现在杜甫对扬雄儒家思想的继承与创新；[③]赵文学立足于讨论扬雄的文体自觉，认为扬雄辞赋在内容上，他对辞赋从认识到创作整体上采取了始肯定后否定的态度，即由初期肯定强调辞赋的丽靡特质转向后期于文用兼顾中更加注重文学的功用。他的"文必丽靡"、否定"赋可以讽"的观点都对后人产生过深远而重大的影响；[④]王德华认为，扬雄"诗人之赋丽以则"的赋论准则与批评的失误揭示了汉代赋体理论与创作实践的背离，其四大赋"以颂为讽"的创作模式更揭示了赋体理论在创作实践上的尴尬。扬雄大赋创作的失败及赋论导致的批评失误，是儒学主文而谲谏的诗教观在赋体理论与创作上的反映，也预示着此后大赋创作以颂美为主的历史转向；[⑤]蒋晓光指出，《长杨赋》创作背景和叙写结构实根源于西汉元成时代的庙制之争，儒家思想的上升，儒生政治的诉求，宗法圣统的复归，取法周礼的倡导，构成了其时庙议的复杂内涵。《长杨赋》"祖有功而宗有德"的观念决定了其叙事结构与谲谏内涵，尤其是赋中的戒淫史观和论辩体式，对东汉京殿大赋创作的影响至为深远；[⑥]黄进认为，扬雄的辞赋作品不仅展现了大汉帝国宏伟的气象，开启了一代恢宏富丽的美学范式，同时也显示了蜀人丰富的艺术想象力与创造力，折射出汉代蜀中文人独特的文化性格与生存智慧，成为蜀人人格的经典喻示和蜀地悠久文化的重要载体。[⑦]

此外，关于扬雄是否作《州箴》以及现存辑本《蜀王本纪》是否为扬雄所撰写，也是学界讨论的话题。束景南在梳理历代文献关于扬雄作《州箴》的争论，认为《十二州箴》中的《交州箴》《并州箴》与《幽州箴》是后人伪作，并非扬雄本人所撰。[⑧]

需要指出的是，由于《蜀王本纪》原本已佚，其内容散见于宋人李昉《太平御览》

---

① 陈碧仙：《试析扬雄辞赋作品的艺术特色》，《福建教育学院学报》2009年第3期；《论扬雄辞赋的讽谏意识表现与形成原因》，《莆田学院学报》2009年第6期。

② 高安晶：《司马相如与扬雄辞赋研究》，西北大学硕士学位论文，2011年。

③ 李凤玲：《赋料扬雄敌——谈扬雄对杜甫赋作的影响》，《杜甫研究学刊》2005年第2期。

④ 赵文学，王栋：《论扬雄的文体自觉》，《湖南城市学院学报》2006年第4期。

⑤ 王德华：《扬雄赋论准则及其大赋创作模式》，《浙江师范大学学报》（社科版）2011年第4期。

⑥ 蒋晓光，许结：《元成庙议与〈长杨赋〉的解构及影响》，《浙江大学学报》（社科版）2011年第6期。

⑦ 黄进：《从扬雄辞赋看蜀人的艺术想象与生存智慧》，《中华文化论坛》2012年第3期。

⑧ 束景南：《扬雄作州箴辨伪》，《文献》1992年第4期。

等他书征引，关于其作者学界一般有两种观点：一说是以徐中舒[①]、罗开玉[②]等学者为代表的三国时樵周；另一种是以蒙文通等学者为代表的扬雄说，这也是学界的普遍认同的观点。如孙远结合文献，以及扬雄文章的结构、语言、风格等特征，认为“扬雄说”更为合理；[③]周生杰通过考证现存《蜀王本纪》的所载内容、撰写体例以及文献学价值的基础上，亦认为该书为扬雄所撰。[④]

（二）扬雄著述研究成果评价（书评）

周桂钿在评述郑万耕《太玄校释》与黄开国《扬雄思想初探》时，做了如下论述：郑氏所著是第一部整理《太玄经》的校释本。该书在前人的注释基础上，不仅对扬雄方言奇字作了疏解，而且对其中的天文学内容亦做了说明，使其成为一本可读性很强的书；黄氏所著则是第一部研究扬雄思想的学术专著，黄氏通过继承前人的研究成果，突破成说，阐发新见，对于进一步推进扬雄研究提供了必要的学术理论基础；[⑤]启涛全面介绍了刘君惠、李恕豪等四位学者联袂撰写的《扬雄方言研究》；[⑥]杨世明在为林贞爱《扬雄集校注》一书撰写序言时，做出了如下论断：该书对我们研究扬雄提供了一个新的地考点：即正确评价扬雄，应该把他放在他所处的历史环境，看待他的所作所为，不能把后人的观点强加于古人，也不应苛求前人；[⑦]冯晓丽通过对戴震《方言疏证》和卢文弨的《重校方言》进行比较研究，为我们更加清楚地了解到清代理校学派和对校学派的不同的校勘原则和校勘依据以及戴震和卢文弨的校勘观点和校勘方法对后人的影响提供了一个基本思路。[⑧]

华学诚《扬雄方言校释汇证》一书在2006年由中华书局付梓刊行之后，引起了学者的关注。董志翘指出，华著广搜旧本，集前人校释心得和今人研究成果于一身，汇证诸家，梳理分析，实为《方言》校释的集大成之作；[⑨]孙玉文在介绍华著内容及特点的基础上，从释词方式、考证方法、引证与校勘三个方面指出了改进的地方；[⑩]方

---

① 徐中舒：《论〈蜀王本纪〉的成书年代及其作者》，《社会科学研究》1979年第1期。

② 罗开玉：《“鳖灵决玉山”纵横论——兼析〈蜀王本纪〉的成书年代》，《四川师范学院学报》1984年第1期。

③ 孙远：《〈蜀王本纪〉著者考》，《琼州学院学报》2015年第1期。

④ 周生杰：《〈蜀王本纪〉文献学考论》，《四川图书馆学报》2008年第1期。

⑤ 周桂钿：《扬雄研究的新进展——读郑万耕〈太玄校释〉和黄开国〈扬雄思想初探〉》，《社会科学研究》1990年第5期。

⑥ 启涛：《〈扬雄方言研究〉出版》，《四川师范大学学报》（社科版）1993年第2期。

⑦ 杨世明：《扬雄身后褒贬评说考议——林贞爱〈扬雄集校注〉序》，《四川师范学院学报》（哲社版）2001年第2期。

⑧ 冯晓丽：《戴震、卢文弨〈方言〉校勘比较研究》，吉林大学硕士学位论文，2004年。

⑨ 董志翘，汪祎：《评〈扬雄方言校释汇证〉》，《杭州师范学院学报》（社科版）2007年第6期。

⑩ 孙玉文：《〈扬雄方言校释汇证〉评介》，《语言文学》2008年第1期。

一新介绍了华著校释内容、体例结构、校释原则以及创新之处；[①] 汪维辉指出，华著是继钱绎《方言笺疏》和周祖谟《方言校笺》之后既能全面反映历代《方言》研究成果又能代表当代学术水平的一个新校注本。[②]

金生杨通过对历史时期《太玄赋》研究状况的梳理指出，汉末三国时期，《太玄》研究形成第一次高潮，推动和促进了魏晋玄学的形成和发展。晋范望《太玄解赞》成为象数学的代表之作。唐王涯注《太玄》，引入王弼解《易》方法，《太玄》义理学张显。宋代的《太玄》研究极为兴盛，对宋学尤其是象数学的兴起和发展做出了不少贡献。明清两代，《太玄》研究转入低谷，但仍有值得关注的著作传世。现代的《太玄》研究更有兴起发展之势。《太玄》研究与传统学术发展息息相关。[③]

四、扬雄历史遗迹研究

扬雄历史遗迹是扬雄文化的重要组成部分，按照学界关于文化存在的物态、精神和制度三个层面的解读，扬雄历史遗迹主要包括扬雄生活时代以及后世关于扬雄民间传说留下的物质载体，具体涵盖扬雄故居、扬雄墓、子云桥、墨池、子云亭、扬雄山等。

唐人刘禹锡作《陋室铭》，使“西蜀子云亭”脍炙人口。“子云亭”的历史嬗变成为学人考据的一个热点。孙琪华通过对《太平寰宇记》《读易堂记》《蜀记》《扬子云宅辨别》《成都文类》、明天启《成都府志》以及清嘉庆版《四川通志》、同治《成都县志》等文献的考证，认为唐人刘禹锡《陋室铭》所言“西蜀子云亭”在今成都西门内稍偏东处，但由于历史原因而名存实亡了；[④] 赵树中经过考据则认为，刘氏作《陋室铭》时，西蜀并无子云亭；刘氏所咏是指宋代之前，即泛指杨雄故居及其在西蜀游学住过的客舍，并借此以扬雄自勉；[⑤] 张绍诚介绍了扬雄墓、子云亭与问奇桥删除扬雄历史遗迹楹联的内涵，为我们解读扬雄的生平提供了一个新的观察视角；[⑥] 孙琪华又借助上述文献，考察了扬雄宅、洗墨池的历史演变问题；[⑦] 周俊麒介绍了乐山扬雄山的坐落地点、形状及名称来历的历史渊源等问题；[⑧] 李殿元通过对历代文献关于扬雄历史遗迹记载的梳理，认为扬雄的纪念地有其洗砚、洗笔之地的成都洗墨池，以及在此地修

① 方一新，姜兴鲁：《读华学诚〈扬雄方言校释汇证〉》，《古汉语研究》2008 年第 2 期。

② 汪维辉：《〈扬雄方言校释汇证〉读后》，《燕山大学学报》（哲社版）2009 年第 3 期。

③ 金生杨：《〈太玄〉研究史浅论》，《西华大学学报》（哲社版）2008 年第 1 期。

④ 孙琪华：《“西蜀子云亭”探索》，《文史杂志》1986 年第 1 期。

⑤ 赵树中：《〈陋室铭〉与子云亭》，《四川文物》1997 年第 1 期。

⑥ 张绍诚：《联写扬雄旷世奇才》，《文史杂志》2000 年第 4 期。

⑦ 孙琪华：《扬雄宅的沧桑史》，《文史杂志》2002 年第 3 期。

⑧ 周俊麒：《乐山古迹名胜地扬雄山》，《四川文物》2000 年第 4 期。

建的墨池书院；有成都郫都区的扬雄墓；有成都、成都郫都区、绵阳三处子云亭等。[①]

五、综述研究

20世纪中期以来，国内学者关于扬雄研究还呈现出一个显著的特点，即对扬雄研究成果予以盘点与总结，并提出未来研究的诸多思考。

阮忠在总结20世纪汉赋研究问题时，将扬雄的赋作作为主要内容予以了分析；[②]张晓明从杨雄生平、杨雄著作研究、扬雄思想成就以及扬雄对后世的影响四个方面总结了20世纪80年代至21世纪初近二十年学界关于扬雄研究的成果；[③]赵为学从对扬雄评价的三大阶段、褒贬反差原因、研究范式等三个方面对20世纪以来学界关于扬雄研究进行了总结，并指出学界对扬雄哲学、文学理论和作品等方面的研究取得了比较突出的成果。但从先秦西汉儒道背景下之言意关系和文体意识角度来观照研究扬雄的文学理论尚有空缺和不足；[④]华学诚回顾了20世纪90年代以来学界对《方言》作者、版本、《方言》反映的汉代的方言区划、《方言》的用字、历代著作引用《方言》等方面的整理与研究状况，并指出了研究存在的不足等问题。其后，华氏又从《方言》的撰写体例、著作权争议情况、语言学价值、清代以来学者对《方言》校理等方面全面综述了1700年来《方言》研究情况，系统评论了所取得的重要成果和主要研究专题。[⑤]华氏的总结，可谓学界关于历史时期至今关于《方言》研究的一次汇总。

魏锦总结了20世纪以来学界关于“以《方言》为依据进行语言分区研究”的成果，并指出，目前受《方言》材料本身的局限，汉代方言分区研究在方法论上未有大的突破，这项研究工作还无法向更细致的层面推进；[⑥]白彦认为新中国成立后近60年来的《方言》研究，除了继承传统的版本和校释工作外，学界对其研究主要侧重于《方言》的作者与体例、古书引《方言》考索、《方言》反映的汉代方言区划、《方言》与《尔雅》《说文》的比较、《方言》与现代方言的比较、《方言》的词汇、用字、语音等方面；[⑦]雍鹏在对《方言》研究现状总结的基础上，指出问来的研究应当着重考察《方言》文化、版本校勘以及词汇音韵；[⑧]韩文娟从版本、思想、文学、语言等方面对20

① 李殿元：《著名学者扬雄》，《四川党的建设》（城市版）2007年第9期。

② 阮忠：《20世纪汉赋研究述评》，《学术研究》2000年第4期。

③ 张晓明：《二十年来扬雄研究综述》，《青岛大学师范学院学报》2002年第4期。

④ 赵为学，王栋：《洋酒研究的源流与不足》，《湖南科技学院学报》2006年第6期。

⑤ 华学诚：《近15年来的扬雄〈方言〉研究与我们对〈方言〉的整理》，《南开语言学刊》2007年第1期；《扬雄〈方言〉及其研究述评》，《苏州大学学报》（哲社版）2013年第1期。

⑥ 魏锦：《以扬雄〈方言〉为依据的汉代方言分区研究综述》，《重庆广播电视大学学报》2010年第5期。

⑦ 白彦：《近60年来〈方言〉学研究》，兰州大学硕士学位论文，2011年。

⑧ 雍鹏：《〈方言〉文献综述》，《语文学刊》2011年第10期。

世纪80年代至21世纪初近三十年学界关于《法言》的研究成果予以了梳理，并指出在语音、词汇与语法等方面尚有较大的研究空间；[①] 王虎对2018年4月由中国社科院《文学遗产》编辑部、四川师范大学联合举办的“纪念扬雄逝世两千周年学术研讨会”关于扬雄学术研究的现状予以了总结；[②] 吴会蓉对由西华大学、四川省社会科学界联合会、四川省人民政府文史研究馆、成都市郫都区委区政府联合主办“纪念扬雄诞辰2070周年暨四川省扬雄研究会第一届学术会议”学术研究问题进行了梳理；[③] 王燕飞从扬雄赋辨伪及系年、扬雄赋创作风格、扬雄赋论及其影响以及对扬雄赋的评价等四个方面对新时期以来学界关于扬雄赋的研究成果予以了盘点与梳理，并提出了“重视扬雄赋的辨伪及系年”“正确评价扬雄赋在文学史上的地位”等未来的诸多研究思考；[④] 李大明与王怀成二位学者从“扬雄事迹研究”“扬雄政治与哲学思想”“扬雄文学创作及作品分类价值”“扬雄语言学著作《方言》研究”以及“相关文献”五个方面对近百年来学界关于研究研究的论文予以了相对全面的总结；[⑤]

除了上述分类之外，国内学者也注重对国外学者关于扬雄研究成果的介绍和评价。例如王慧将《美国汉学家康达维的辞赋翻译与研究》作为自己的博士论文选题，对康达维的学术历程、赋学思想和赋学成就及其英译《文选》赋的翻译学贡献，做了较为全面深入的总结探讨。其中，重点阐述了西方学术界近40年来关于《汉赋：扬雄赋研究》成果的介绍。[⑥]

六、20世纪以来国内学界研究动态分析

讨论某一专题的学术研究动态问题，不仅需要充分占有学界现有研究成果，而且要对其进行全面、细致的分析与归纳，在总结出该项专题学术研究发展阶段性特质的基础上，从中抽出代表性的学术观点，分析它们的学术研究指归及其推动该项专题学术研究的作用。除此之外，最重要的就是寻找和发现学术研究存在的问题，并从宏观层面提出针对性的解决思路，才能为进一步深入推动该项专题的学术研究提供参考性的学术建议。根据以上的学术研究成果梳理及研究动态的分析，我们可以看出，20世纪中期以来，学者们围绕扬雄及其文化事象而展开的研究，不仅成果丰硕，而且提出

① 韩文娟：《近三十年来扬雄〈法言〉研究综述》，《鸡西大学学报》2012年第5期。

② 王虎，肖娇娇：《“扬雄研究的现状与未来”——纪念扬雄逝世两千周年学术研讨会综述》，《文学遗产》2018年第4期。

③ 吴会蓉，李玉巧：《纪念扬雄诞辰2070周年暨四川省扬雄研究会第一届学术会议综述》，《西华大学学报》（哲社版）2018年第1期。

④ 王燕飞，卿晗：《新时期以来扬雄赋研究述评》，《河北科技师范学院学报》2018年第2期。

⑤ 李大明，王怀成：《近百年来扬雄研究论文综述》，《中华文化论坛》2018年第10期。

⑥ 王慧：《美国汉学家康达维的辞赋翻译与研究》，湖北大学博士学位论文，2016年。

了诸多富有学术价值的见解和观点，论证方法亦体现出了独辟蹊径的特质，在很大程度上丰富与拓展了扬雄研究的广度和深度。尤其是 2002 年，各高校加强了对扬雄的学术研究，开始出现了将扬雄文化事象作为研究对象的硕博士学位论文，将扬雄研究推向了一个新的高度。但总体来看，国内学者多囿于扬雄文化对巴蜀文化或者对中国文化发展的贡献，而缺乏对扬雄文化事象形成的内在合理性的抽绎，即从研究范式上讲，存在量的累积与质的突破问题。具体而言，20 世纪以来国内学者关于扬雄研究存在的问题，集中表现在研究目的不够明确、研究内容不够宽泛、理论基础相对薄弱、研究方法不够丰富、缺乏科学的研究课题规划等方面。因此，要加强扬雄的学术研究，很有必要从进一步明确研究目的、拓展研究内容、构建理论基础、丰富研究方法以及科学规划研究课题等五个方面予以重点考虑。

第二节　国外研究①

海外扬雄研究始于 20 世纪初期，正值海外汉学学术共同体确立、新的学术范式业已形成，以及海外汉学学科渐趋成熟的时期。因此，研究扬雄的海外学者具有以下特点：（1）大多数研究者都是从本科、硕士至博士的有关中国学的学者；（2）他们基本上都有在中国生活和工作数年的经历，不仅喜欢中国文化，而且既有西方理论学术背景，又有中国传统的考据与训诂治学方法；（3）回国后，他们大多在西方著名高校任教，继续从事汉学研究，在自己研究的专属领域有着不菲的学术成果。

20 世纪上半叶，关于扬雄研究还处于译介初级阶段。最早出现的研究是《亚洲学刊》创始人及主编，德国汉学家申得乐（Bruno.Schindler，1882—1964），于 1915 年他发表的《古铜器上的扬雄四重线性组合》一文。1918 年—1923 年，英国汉学家阿瑟·韦利（Arthur Waley，1889—1966）出版了《中国诗一百七十首》（*A Hundred and Seventy Chinese Poems*）、《续集》（*More Translations*）、《郊庙歌辞及其他》（*The Temple and Other Poems*）。他是第一个将扬雄的《逐贫赋》（*Driving away Poverty*）介绍到西方的学者。1930 年，德国佛尔克（Alfred.Forke，1867—1944）著有《哲学家扬雄》（*The Philosopher Yang Xiong*）1937 年，另一德国汉学家佛雷兹·杰格（严复礼）（Fritz.Jaeger，1866—1957）发表了《扬雄与王莽》（*Yang Hiung and Wang Mang*）一文。这一时期，对扬雄及其作品研究比较深入的是奥地利汉学家查赫·赞克（Erwin.Von Zach，1872—1942），他于 1939 年发表了《扬雄的〈法言〉》（*Yang Xiong's Fa Yen*），并且常常会对学界的扬雄研究进行辨误取正的批评工作，如佛尔克及其弟子

① 本节多为英文译本主要内容介绍，如未特别标示，文中中文引文皆为本节作者翻译。

颜复礼在研究中出现一些误读，他很快在《为哲学家扬雄辩护》（*Zur Verteidigung des chinesischen Philosophen Yang Hsiung*）的论文中为其纠偏。

20 世纪下半叶，关于扬雄的研究更加深入、且更加学术化。1950 年，美国汉学家海陶玮（James Robert Hightower，1915—2006）出版《中国文学论题》（*Topics in Chinese Literature*）[①]，在书中，他对扬雄在中国赋学史上的地位进行了介绍，并加以肯定。1955 年，美国司礼义神父（Paul Serruys,1912—1999）完成了他在加州伯克利分校的博士论文《根据〈方言〉对汉代方言的研究》（*The Study of the Chinese Dialects of Han Time According to Fang yen*）[②]，1959 年在博士论文的基础上修改出版成书。从 20 世纪 50 年代至 60 年代的十年间，他发表了数篇关于《方言》的论文，尤其是在《华裔学志》发表的《〈方言〉五字研究》系列，都是篇幅从 30 页至近百页的长篇论文。1971 年，美国学者华兹生（Burton Watson，1925—）出版《中国韵文：汉魏六朝赋选》（*Chinese Rhymed Prose: Poems in the Fu Form from the Han and Six Dynasty Periods*）[③]，他在附录部分以刘勰《文心雕龙·诠赋》中的一句话"子云甘泉，构深玮之风"[④]对扬雄《甘泉赋》进行了评价。1971 年，捷克鲍格洛（Timoteus Pokora,1928—1985）发表了《桓譚和扬雄论司马相如：历史与传统散论》（*Huan T' an and Yang Hsiung on Ssu-ma Husiang-ju: Some Desultory Remarks on History and Tradition*）[⑤]，文中对扬雄在文学价值观与审美观方面做了一番描述。1971 年，美国学者多林格 / 窦瑞格（Franklin. M.Doeringer）著有《扬雄及其古典主义之形成》（*Yang Hsiung and his Formulation of Classicism*），将在其余章节详解，不在此赘述。1984 年，美国汉学家、李方桂先生的高足柯蔚南（Weldon South Coblin）发表了《扬雄的韵母系统》（*The Finals of Yang Xiong' s Language*）[⑥]。1986 年，美国学者倪豪士（William Nienhauser）在《印第安那中国传统文学手册》（*The Indiana Companion to Traditional Chinese Literature*）[⑦]一书中收录何沛雄（Ho, Kenneth Pui-Hung）的《扬雄》，对扬雄生平作了介绍。1993 年，美国学者戴梅可（Michael. Nylan）著有《扬雄的〈太玄经〉》（*The Canon of*

①James Robert Hightower. *Topics in Chinese Literature*. Cambridge: Harvard University Press, 1950.

②Paul Serruys. *The Study of the Chinese Dialects of Han Time According to Fang yen*. Dessertation. Berkeley: University of California. 1955.

③Burton Watson. *Chinese Rhyme-Prose: Poems in the Fu Form from the Han and Six Dynasties Periods*. New York&London: Columbia University Press,1971.

dBurton Watson. *Chinese Rhyme-Prose: Poems in the Fu Form from the Han and Six Dynasties Periods*.ibid.p.141.

⑤Timoteus Pokora . *Huan T'an and Yang Hsiung on Ssu-ma Husiang-ju: Some Desultory Remarks on History and Tradition*, in *Journal of the American Oriental Society*, 1971, 91（3）. pp. 431-438

⑥Weldon South Coblin . *The Finals of Yang Xiong's Language*. In *Journal of Chinese Linguistics*, 1984.1（12）. pp. 1-53

⑦William Nienhauser. *The Indiana Companion to Traditional Chinese Literature*. Bloomington: Indiana University Press, 1986.

Supreme Mystery by Yang Hsiung），也将在其余章节详述。1995 年，美国学者任博克（Brook Ziporyn）发表了《扬雄〈太玄经〉的时空顺序》（*Spatio-Temporal Order in Yang Xiong's Taixuan Jing*）[①]。2003 年，普林斯顿大学柯马丁（Martin Kern）发表了《西汉美学与赋之起源》（*Western Han Aesthetics and the Genesis of the Fu*）[②]。2014 年，美国学者侯道儒（Douglas Skonicki）发表了《北宋士人关于扬雄〈太玄经〉的话语研究》（*Northern Song Intellectual Discourse on Yang Xiong's Taixuan Jing*）[③]。

在西方学术界，其名字直接可称代"赋"的学者是康达维（David R. Knechtges,1942—），普林斯顿大学教授柯马丁（Martin Kern，1962—）撰《北美中国早期文学（先秦两汉）研究概况》评价说："西方的汉赋研究几乎完全可以用一个名字来概括，即'康达维'。"1968 年，他完成了博士论文《扬雄：赋及汉代的修辞学》（*Yang Shyong, the Fuh, and Han Rhetoric*）[④]，专著《汉赋研究二则》（*Two Studies on the Han Fu*）[⑤]，《汉赋：扬雄赋研究》（*The Han Rhapsody: A Study of the Fu of Yang Hsiung*, 53 B.C.—A.D.18）[⑥]，还有美国普林斯顿大学出版社出版的《〈文选〉译注》（*Wen Xuan*, or Selections of Refined Literature）[⑦] 三卷本，将《文选》中所有的"赋"都做了翻译。他的翻译与研究，一改前人的百科全书式的记述，而是在译文中使用大量注释，对文本进行分析性研究，他认为，应该把在"译文中提供注释"视为"学者型翻译家"理应担负的责任。

在内容上，海外扬雄学术研究多是围绕扬雄及其赋学思想与哲学思想的研究，主

①Brook Ziporyn . *Spatio-Temporal Order in Yang Xiong's Taixuan Jing*, in *Early Medieval China*, 1995（1）,pp.40-85

②Martin Kern. *Western Han Aesthetics and the Genesis of the Fu*, in *Harvard Journal of Asiatic Studies*, 2003,63（2）, pp.383-437

③Douglas Skonicki. *Northern Song Intellectual Discourse on Yang Xiong's Taixuan Jing*, in *Tsing Hua Journal of Chinese Studies*, 2014,44（4）, pp.541-587

④David Knechtges. *Yang Shyong, The Fhu, and Han Rhetoric*. Dessertation. Seattle: University of Washington,1968.

⑤David Knechtges. *Two Studies on the Han Fu*. Seattle: Far Eastern and Russian Institute, University of Washington, 1968.

⑥David Knechtges. *The Han Rhapsody: a study of the fu of Yang Hsiung（53 B.C.-A.D.18）*. Cambridge: Cambridge University Press, 1976.

⑦1982 年版《昭明文选第一册：京都之赋》（*Wen xuan, or Selections of Refined Literature,Volume One: Rhaposidies on Metropolises and Capitals*）；1987 年版《昭明文选第二册：祭祀、校猎、行旅、宫殿、江海之赋》（*Wen xuan, or Selections of Refined Literature, Volume Two: Rhapsodies on Sacrifices, Hunting, Travel, Sightseeing, Palaces and Halls, Rivers and Seas*）；1996 年版《昭明文选第三册：物色、情志、哀伤、论文、音乐之赋》（*Wen xuan, or Selections of Refined Literature, Volume Three: Rhapsodies on Natural Phenomena, Birds and Animals, Aspiratioans and Feelings, Sorrowful Laments, Literature, Music, and Passions*）。这三册译本，包括了《文选》中所有辞赋的翻译，被汉学界公认为译文最精当、考据最翔实的译本。

要有将《易经》与《太玄》进行对比的研究，也有对《太玄》中的核心概念“思、福、祸”进行详细分析的研究。在对《法言》的研究中，突出的是对其主旨的研究，即扬雄写作此书的目的，在于捍卫和阐释扬雄自己眼中的儒家传统，反映出扬雄渴望经典训诫回归的强烈愿望。而在研究最为集中的扬雄赋作与赋论上，有以下几条值得关注：第一，在中国文学史上，诗人扬雄的名字占有突出的地位；第二，依据扬雄的观点，诗歌创作从本质上来说是一种道德行为，所有文学的正确功用都在于促进伦理建设。尽管他通过对“讽”的运用，显示出他以赋进行道德惩戒的意图，但赋这种委婉且辞藻华丽的形式与有效传达道德惩戒的基本责任是相违背的，导致他最终否定了汉赋。第三，《解嘲》《酒箴》与《逐贫赋》既是扬雄构建赋论，强调赋应内容重于形式，直白高于委婉，简洁胜于繁复的理念，同时也是他将理论付诸实践的行动。第四，赋不是从所谓楚文学的流派中发展而来，而是“官学的政客和他们委婉表达方式的产物”。官学的政客主要关注的是政治修辞，如果官学和赋之间的联系得以确立，人们可以很容易发现，赋从本质上是一种修辞方法。第五，《汉书・扬雄传》的传记极有可能来自扬雄本人撰写的一篇自传，其真实性可能比我们通常看到的朝代历史传记更可靠。而“自传”中对杨雄赋的详细介绍有助于我们得以了解这种文体的创作情况、创作时期，以及对赋作主旨的阐释。第六，对杨雄的评价应该依据他的文学成就，而不是非文学的标准。第七，地理环境对文学的发展有时也会产生重要影响。就赋而言，司马相如、扬雄、王褒（约公元 58 年）这些最杰出的赋家都来自蜀地并不是偶然的巧合，很大的可能是这些年轻士子在汉赋创作中都曾受过专门的训练，特别是蜀地省府成都。

相比于国内汗牛充栋的扬雄研究，海外学界似乎波澜不惊。但从百年的扬雄海外研究来看，可谓成绩不菲。在数量上有近 100 篇学术论文、专著、书评，在内容上涵盖了以下四个方面：（1）扬雄其人；（2）从哲学层面对《太玄》和《法言》的研究①；（3）从语言学层面对《方言》的研究；（4）扬雄汉赋研究；（5）扬雄研究的研究②。

一、扬雄其人

作为西汉末年的一代大儒，扬雄身兼思想家、文学家、语言文字学家的多种身份，海外学者对他在各个领域的著作进行了深入的研究。而对于扬雄其人以及著述的总体研究，也有不少成果。在此，我们仅就以下几部专著（博士论文）进行简要介绍。

---

① 该部分研究参看本书第三章。

② 该部分研究主要是英语世界关于扬雄研究的评论文章和书评，参看本书第四章。

（一）康达维《汉书·扬雄传》

美国汉学家康达维是一百多年来对中国辞赋研究最负盛名者，也是对扬雄研究最为透彻者。在他的博士论文《扬雄：赋与汉代修辞》（*Yang Shuong, the Fuh, and Hann Rhetoric*）[①]中，已有《汉书·扬雄传》，但那只是在导师卫德明（Hellmut Wilhelm, 1905—1990）教授的指导下，进行的粗略翻译，其修订版作为论文的附录于 1968 年在华盛顿发表。1981 年，亚利桑那州立大学的“Occasional Papers”系列选中了这项研究。他以为可以在原论文版本中快速、轻松地做一点小修改，可是，当他对文本进行研究时，发现那个附录既没有反映出他对该题所掌握的所有知识，也没有反映出他日渐增长的翻译水平。为使修订本表达更加准确和富有诗意，他花了一年的时间，从对赋的最实质性的阐释进行修改，并采用英国诗人弥尔顿（John Milton,1608—1674）写诗的风格，试图传达出扬雄语言的丰富多样性，与此同时，兼顾语言表达的准确性。

在《汉书·扬雄传》（*The Han Shu Biography of Yang Xiong*）英译本中，康达维指出：“在前汉（公元前 206 年—公元 5 年）期间，偏远的蜀国地区（今四川省），出现了中华帝国历史上最伟大的学者与作家。在这些西南学者与诗人中，最杰出的两位是司马相如（公元前 179 年—前 117 年）和扬雄（公元前 53 年—公元 18 年）。他们皆以赋家而著称，其赋的主要特征是：在华丽的风格之中，韵律上采用有韵与无韵的结合，描写上采用夸张，重复的手法，以及大量的枚举和艰深的语言。”[②]接下来，译本主要讨论了《汉书·扬雄传》的作者是否为扬雄本人的问题。

康达维认为，扬雄的汉书传记是遵循大多数《汉书》传记章节的模式（列传）而写成的。它包括扬氏家族谱系，扬雄的个性与心理概述，他的七篇赋和散文，还有他的宇宙学论著《太玄》（*Grand Mystery*）的概要和哲学论著《法言》（*Exemplary Sayings*）的概要，最后是班固（32 年—92 年）的“赞”。这本传记最重要的特征之一是，很可能大部分是由扬雄撰写的《自序》或《自传后记》衍生而来的。其依据有二：（1）班固“赞曰”第一句：“雄之自序云尔。”这句话意味着“赞曰”之前的全部内容皆为扬雄的“自传后记”的文字，班固将其原封不动地插入到汉书中。（2）唐朝训诂学家颜师古（581 年—645 年）声称，《法言》篇概要之前的所有内容都是由“自序”构成的。问题是此一断言没有说明传记的那些部分来自“自序”。

另一种解释由汪荣宝（1878 年—1933 年）提了出来，他注意到《汉书·艺文志》有一条题为“扬雄所序三十八篇”的编目。在此三十八篇中，《太玄》居第 19 篇，《法言》第 13 篇，《乐》第 4 篇，《箴》第 2 篇。据此，汪荣宝推断，这 38 篇是由扬雄

---

①David R. Knechtges. *Yang Shyong, the Fuh, and Hann Rhetoric*. Ph.D. Diss., University of Washington, 1968.

②David R. Knechtges. *The Han Shu Biography of Yang Xiong* （53B.C.-A.D.18）. Tempe: Arizona State University, 1982. p.1.

编辑而成的一个选集单行本，这个单行本的末尾是扬雄写的一篇自序，班固的扬雄汉书传记就是以此自序编撰而成。他以汉代司马迁《史记》、王充（27 年—97 年）《论衡》等为例，说明此一主张的可能性。

无论以上哪一种观点，都表明《汉书・扬雄传》是由扬雄本人的自传编写而成，所以，康达维在“自传后记”部分中采用了第一人称来翻译。康达维敬佩扬雄为人，并专门引录了一段扬雄“自传后记”中的文字来说明。

扬雄传记中的家谱可以追溯到扬氏家族自周初扬家祖先的详细信息，他们是沿楚—巴—蜀这样一个迁徙路线来到蜀地的。传记中的散文大部分涵盖了扬雄的写作观点和风格，尤其是赋，具有其个人的独特风格——数量庞大的对仗和特有的片语，使其散文优雅而不失趣味。最为重要的是，扬赋充分表达了扬雄的品性与气节。康达维以扬雄“自传后记”中的话语描述了即使在贫穷和地位低下状况中的扬雄。

不汲汲于富贵 I do not scurry after wealth and honor.
不戚戚于贫贱 And am not troubled by poverty and low position.
家产不过十金 Although my family wealth is no more than ten catties of gold.
乏无儋石之储 And I lack reserves of even a bushel or half bushel of grain.
晏如也 I am content.

（二）戴梅可与《扬雄及阅读与经典学习之乐趣》

美国汉学家戴梅可（Michael Nylan），加州大学伯克利分校历史系教授，主要研究中国汉代史、早期思想史、中国艺术与考古，其代表论著和译著有：（1）*The Canon of Supreme Mystery*①，（2）*The Elemental Changes: The Ancient Chinese Companion to the I Ching*②，（3）*Yang Xiong and the Pleasures of Reading and Classical Learning in China*③，（4）*Exemplary Figures——Fayan*④，（5）*The Five “Confucian” Classics*⑤，（6）*China’s Early Empires: A Re—appraisal*⑥，（7）*Chang’an 26 BCE,*

①Michael Nylan. *The Canon of Supreme Mystery*. A Translation with Commentary of the T’ai Hsuan Ching Albany: State University of New York Press, 1993.

②Michael Nylan. *The Elemental Changes: The Ancient Chinese Companion to the I Ching---The T;ai Hsuan Ching of Master Yang Hsiung*. Albany: State University of New York Press, 1994.

③Michael. Nylan. *Yang Xiong and the Pleasures of Reading and Classical Learning in China*. New Haven: American Oriental Society,2011.

dMichael Nylan. *Exemplary Figures—Fayan*. Seattle and London: University of Washington Press, 2013.

eMichael Nylan. *The Five “Confucian” Classics*, New Haven: Yale University Press, 2001.

fMichael Nylan and Michael Loewe.eds.,*China's Early Empires: A Re-appraisal*. Cambridge: Cambridge University Press,2010.

an Augustan Age in China[①]，（8）《幻化之龙：两千年中国历史变迁中的孔子》[②]。

戴梅可认为，孔子去世几个世纪后的汉代（公元前202—公元22年），伴随着图书馆、档案馆、书店和其他类似文化符号的出现，中国进入了一个真正意义上的“书面文化”时代。很多人可以通过阅读而获得读书的乐趣，可是也有人会说：读书让人困倦、读书是对自己的一种折磨。为此，扬雄与他同时代的人刘向（公元前79年—公元8年）和刘歆（公元前53年—公元23年）提出了建立从几个世纪前的周公和孔子的经典阅读系统，使人们在“好古之恋”（love of antiquity）中获得阅读的极限与喜悦的无限。因为阅读经典可以培养精致的“品位”——一个奠定写作之灵气与优雅的源泉，同时，阅读经典有助于人们捕捉到先秦大师们从形式到精神的无穷魅力，从而提高人们的道德水准，获得文明生活中最可取的又一“品位”，所以，阅读经典无论对于家庭还是国家，其好处都是显而易见的，由此可见扬雄之家国情怀。

《扬雄及阅读与经典学习之乐趣》一书共分为四章：（1）Yang’s Life from the Early Sources（早期的传记、扬雄与刘歆的通信、同僚及其后的追随者的见证、常璩《华阳国志》中的传记、《西京杂记》中的轶事）；（2）Playing with Manuscript（手书文化发展的各个阶段、识字与扬雄的潜在读者）；（3）Playing with Words（扬式图解描绘与对话的玩味、扬式经典学习愉悦理论）；（4）At Play with the Ancients（语言问题、历史学家扬雄、好古运动的背景）。

从目录中可以看到，读书的乐趣在于“玩”（play）。戴梅可解释说，“play”有两层意思，在手上把玩圆球，那种滑溜滚动的触觉带给人愉悦的情绪，是玩。而类似这样的感觉不停地在脑海中此起彼伏，或者是与志趣相投的朋友交流时所带来的精神愉悦，也是玩。第二种玩的滋味，正如扬雄在其赋作中遣词用典带给读者的感觉，而在他精心写作的《太玄》一书中，对于其注释所采用的其中一种——讽刺的手法，是别有用心的“玩”——他将一系列简短的对话巧妙地串起来，以此嘲讽生活中的常识问题。他与经典大师玩（或说与他喜欢的古人去比艺），与文字、手书玩，一生乐在其中。

1. 手书文化之玩味（Playing with Manuscripts）

（1）中国早期手书文化（Early Manuscript culture in China）

在第二章中，主要讨论了两个问题：中国早期手书文化与昔日经典阅读的乐趣。借用扬雄的话语，手书是值得珍藏和传承的，他们主要是书写在竹简和丝绸卷轴上的，

---

①Michael Nylan,Griet Vankeerberghe,eds. *Chang'an 26 BCE, an Augustan Age in China*. Seattle: University of Washington Press,2014.

②[美]戴梅可，魏伟森著，何剑叶译．幻化之龙：两千年中国历史变迁中的孔子，香港：香港中文大学出版社，2016.

前者又大又笨又不便携带，不好保存，后者十分昂贵。这两种都不宜于“遊于书”而享受阅读的闲趣以及阅读往日经典段落并使之常新的快乐。那么，扬雄及其追随者又是如何“遊”（roaming）、如何“玩”（playing）的呢？戴梅可从三个不同发展阶段进行了讨论。

第一阶段（战国）：未有真实作者身份之前（Before True Authorship）

在战国时期，没有现代意义上的真实“作者”（authors）, 这是一个从口头向书写转移的先秦时代。在这个阶段，“人们相信，这些著作在某种程度上反映了与政治人物有关的教义或行为，这些人物都是圣贤大臣或圣贤统治者，墨子和庄子是个例外。在绝大多数的记载中，第一个将其印章印在其作品上的人是孔子，但他当然不是作为《春秋》的‘作者’，而是‘编者’，正如他也是《诗经》与《尚书》的编者一样”。[It signified a belief that the writing（s） somehow reflected the teachings or actions associated with a politically prominent person who nearly always was a sage—minister or sage—ruler, Mozi and Zhuangzi being notable exceptions. By most accounts, the first person to put a personal stamp on his compilations was Kongzi（i.e.,Confucius）, but he, of course, was initially cast not as “author” but as “editor” of the Chunqiu or Annals, just as he was editor of the Odes and Documents.] ①

在扬雄一个世纪之前，司马迁便是一个最有影响的例证，他借用孔子之言，说他喜欢用那些杰出人物的言行做特例去显示道德行为的效力，而不是空谈（empty phrasing）。这也是扬雄及其追随者所要讲述的一个主题“空”（empty）。

第二阶段（西汉早期至中期）：作者的出现（Authors Emerge）

在这一时期，戴梅可认为，第一个以“作者”身份确认的人是具有半传奇色彩的屈原。第一个主要在散文方面有着极大成就的作者是司马迁，他是一个极为关键的人物，他在每一个故事中都有其自觉的作者身份。“在扬雄及其身后，高度个人化的单个作者身份被认为是最理想的劝诫方式，这在很大程度上要归功于扬雄式劝诫的成功。”（With and after Yang Xiong, however, highly personal single authorship came to be considered the most desirable form of persuasion, thanks in large part to the success of Yang Xiong’s manner of persuasion.）② 例如其后的葛洪，完成其代表作的目标是“立一家之言”（establish the saying of one single expert）。

第三阶段（西汉中后期）：档案汇总于图书馆（Archives to Libraries）

西汉中后期，好古运动其实不像是通过社会实践和读书学习的态度上的系列变革去推进的，变革的主要方式是将过去那些散落在朝廷中的档案汇总在图书馆里。统治

①Michael. Nylan. *Yang Xiong and the Pleasures of Reading and Classical Learning in China*. ibid.pp.37-38.

②Michael. Nylan. *Yang Xiong and the Pleasures of Reading and Classical Learning in China*. ibid.pp.39-40.

者和进谏者都可以去评估这些文件、地图、土地与人口的记录——那时的图籍（charts and registers）或图书（charts and writings）。将档案馆转为图书馆的一大举措，是由汉武帝时期的河间献王刘德所做的。河间不仅有最好的文本校勘的大学者，而且有优秀的藏书——境内最好的古文本，尤其是由大学者们经过艰苦校勘而整理出的大批正本书籍。汉成帝时，刘向奉诏整理五经秘书、诸子诗赋近 20 年，所撰《别录》，为中国最早的目录学著作。戴梅可认为，据早期资料显示，扬雄就是在这样的宫廷图书馆接受刘向的指导而从事收集、整理、分类工作的。这一项延续至西汉末期的巨大工程，即使手抄写本有了编者，也使这些编者成为更自觉的写作者。扬雄便是一例，他不仅自己著书立说，而且在编目中创出新的文本方式，为自己的著作增加序（preface）或跋（postface）。

（2）阅读古书的乐趣（The Pleasures of Reading the Past）

扬雄《法言》曰："一哄之市，不胜异意焉；一卷之书，不胜异说焉。一哄之市，必立之平。一卷之书，必立之师。"扬雄的理想读者，是那些学富五车，可以认真阅读、抄写，并且能写作满篇都是经典典故（如《诗经》《尚书》等）作品的人。这样的读者能过目不忘，因此古语能一股脑儿地冲口而出。这样的读者（学者）少之又少，但在扬雄看来，大多数自称是博学的人应是在堆积如山的事实中获取真智慧的人。因此，扬雄对朝廷任命的仕人们进行了尖锐的批评，他们误解古人的教义而误导朝廷。皇帝也好，幕僚也好，专业作家与经典学者也好，他们也许都缺乏精益求精的精神。尽管如此，扬雄认为那些志趣相投、品味一致的人，因对经典学习的热爱而形成了一个令人鼓舞的学术群体。

在作品选读上，扬雄认为有两种文本是最吸引有头脑的人。一种是源自一个或多个早已为权威部门所接受的写作，如合同、法律文书等等。而另一种却需要想象力的回馈，那些能超越时空去幻想，不断地将自己与所读文本融合的读者，可以使那些深受人们喜爱的作者由此而变得栩栩如生。这种需要读者与作品进行一系列热情交流的情形，被扬雄视为某种"性感"（sexy）或"诱惑"（alluring）。

其实，"sexy"一词是因扬雄对皇帝的性放纵感到十分痛惜而用书籍的"性感"来开了一个玩笑。汉成帝本是一个受过经典训练之人，却经不住两个美女（赵飞燕姊妹）的诱惑，扬雄只得开玩笑说："书和女人一样性感。"（Books are as sexy as women.）① 在戴梅可看来，儒生官员所代表的道德权威与皇帝所拥有的极端权力之间的冲突，是儒生这个群体的悲哀，而汉代儒生也并没有形成一个意识形态统一的群体，他们有不同的思想倾向和政治立场，他们甚至不一定是孔子的追随者。

①Michael. Nylan. *Yang Xiong and the Pleasures of Reading and Classical Learning in China*. ibid.p.1.

2. 文字之玩味(Playing with Words)

(1)视觉与对话之玩味(Yang's Play with Graphs and Dialogues)

扬雄以其新古典主义道德规范和新颖的文字游戏去写作，他所采用的每个成语都有其独特性和严谨性，由此实现这些文字游戏过程中需要传递的感官上的满足：大量的叠词短语、头韵与尾韵并用，读起来会让舌、耳都有愉悦感。与此同时，眼睛被丝绸卷轴与竹简上舞动的水墨文字所吸引，带给人视觉上的韵律美。

那些心照不宣的《法言》对话，句子长短不一，有韵与无韵交替出现在段落中，这种典型的用法比较接近当今的顶嘴喜剧的模仿逗乐法。《法言》中有很多片段是由活泼而机智的对话组成，其内容多是扬雄与先贤的深入对话。例如：

或问“进”。曰：“水。”或曰：“为其不舍昼夜与？”曰：“有是哉！满而后渐者，其水乎？……吾未见斧藻其德若斧藻其楶者也。”

与扬雄对话的人问自己是否应该“进”(advance)，意指汉代官僚阶层中的“仕途进阶”(career advancement)。扬雄的反问在另一种意义上使用了“进”——孔、孟、荀著述中广为人知的关于水的隐喻。比喻这是人们无法改变的人生历程和在稍纵即逝的机遇面前的无能为力，以及宇宙中周而复始的变化。而人可以控制的是让自己持续地获得文化素养和拥有不断改进的社会关系。扬雄用《论语》中这一著名论断，指出几乎没有多少男女对美德的渴求犹如对性的渴求一样热烈。欲望的渴望与对性别的渴望相同。话锋一转，扬雄暗示道：他那个时代的人比孔子时代的人还要糟糕，他们对野心的渴望，毫不掩饰地展露出来，完全没有那种将其激情转化为另一种爱——对经典学习的爱①。

(2)与经典学习相关的快乐理论(Yang's Pleasure Theory as It Relates to Classical Learning)

亚里士多德曾说：人天生渴望知识。戴梅可认为扬雄在《法言》中提出了一个相同的变相命题：当人知道自己更加懂得知识的时候，他会有一种更深层次的快乐。当这样的感觉为某种权威或事件证实的时候，这种快乐便会被放大。扬雄得到的便是那种放大的快乐：即通过其丰富的想象力与经典大师们相遇，超越个人的极限，从自我意识的反思中感受喜悦。所谓的权威，就是这些经典大师，而与他们相遇，就是阅读他们那些经过时间考验而成为经典的书籍。当人们与大师们相遇时，那遥远的过去就变得不难理解了。

事实上，扬雄更加关注对这种愉悦的认识，唯有这种认识使人的能力得以增长，并从中获得自己对这个世界和自身所处环境的真实描述，以及恰如其分的评价。而这种能力的增长，只有在你阅读经典数年之后，才会体现出来。对于扬雄而言，认识真

①Michael. Nylan. *Yang Xiong and the Pleasures of Reading and Classical Learning in China*. ibid.pp.69-70.

理才是至高无上的乐趣，其理由有三：首先，异于其他生物，人类最具特色的便是他有能力作为学习者去进行自觉训练；其次，真正的伟人，其各方面的能力扎根于深处，绝不会受到他人的影响而被削弱。第三，对美丽与美好的认识意味着对“本质上真实的和实际的”认识，从而减少充满欲望的人与这个世界之间冲突的频率[①]。

3. At Play with the Ancients 与古

戴梅可指出，在以抄写和记忆为主的手写本文化时代，那些最有名的典范人物的作品，其最终权威版本也只是那些仰慕者根据自己的喜好转抄而留存下来的。同时，每一次抄写都可见其对文本的新阐释。正如扬雄所见，一代一代的真诚仰慕者总是会在转抄中对这些经典与名著进行校订修改。

与刘向、刘歆一样，扬雄因他同时代的经典文人遵循过往的传统，对典范人物进行提升、对早期文本进行评价。为此，扬雄与刘家父子一样倡导“反主流文化”，使经典回归到真实呈现之中。作为一个自称为自觉的、讲真话的历史学家，扬雄表达了他对古代圣人的挚爱，他主张用先秦的铭文来修正经典文本。扬雄的人生经历与他著作中的多个段落可以反映出，他渴望以自己要求的更严格的方式去与“古圣贤者玩”，以此表达对他们的诚意。以下三点足可证明扬雄的所思所想。首先，扬雄在其著作《法言》中，用了四章的篇幅对那些重要的历史人物做出了有针对性的历史判断。其次，他花了近三十年的时间收集了许多先秦手稿和已经不用了的区域用语，并将这种方法运用于文本研究，希望为经典手稿注入新的生命，成为研究的可考指南。第三，后来的历史学家（包括唐代刘知继，661 年—721 年）都将他视为“历史学家的历史学家”。

（三）窦瑞格《扬雄及其古典主义之形成》

1971 年，窦瑞格（多林格）完成了他的博士论文《扬雄及其古典主义之形成》（*Yang Hsiung and His Formulation of a Classicism*），其研究目的是想通过扬雄个人的发展及其对时代的影响来追溯扬雄所倡导的古典主义之兴起与形成。窦瑞格认为，当古典主义文学传统的黄金时代过去之后，应该有对个人作品进行评价的新标准的出现，而扬雄作为一个作家和博学的独行者，详尽地阐述了儒家的原古典主义，成为制定这一套新标准的先驱者之一。窦瑞格指出，扬雄虽为一个哲学家，但他更关注宇宙与伦理问题，正是这样的一种古典主义使他最终对中国思想发展做出了重要的贡献，因为它及时地成为那个当下儒家文学理论最正统的基础。

该论文由五部分组成：（1）Scion of the House of Chou；（2）Court Poet to the Yellow Gates；（3）The Mystery Revealed；（4）Through the Sage’s Gate；（5）Extolling Hsin。

①Michael. Nylan. *Yang Xiong and the Pleasures of Reading and Classical Learning in China*. ibid.pp.79-80.

1. 扬雄家世

在这一章中，窦瑞格首先从班固《汉书・扬雄传》中所提及扬雄之先祖的追述，以及《左传》与《新唐书》中关于扬氏家族的来源与发展，理出从周王朝至前汉时期扬氏家族如何得姓于“扬”，又如何从晋所统治的黄河与汾河之间逃离，进入南楚王国，定居扬子江北岸的巫山附近。在汉王刘邦兴国之时，扬氏家族沿江而上，来到汉属领地江州（今天的重庆江北，古老处巴的首府）。汉武帝元鼎年间（公元前 116—前 111 年），扬氏家族因避仇害迁至成都郫县（今郫都区），扬雄于公元前 53 年出生于此地。一方面，他的家世使其早年就有探索各种知识的兴趣爱好，另一方面，他所接受的教育也有很大的影响，因为他的老师非同寻常。

那时的文人在选择和阐释经典段落时，他们常常会为儒家伦理教条所引导，竭力将一成不变的道德影响灌输给青年学徒，并且认为对经典的强化学习会鼓舞人们产生这样的信念：智慧与道德是密不可分的。因此，一个学生是在老师的指导下，仔细地研读段落与句子，寻求著作中的基本意义和价值。学习的目的不是对著作中字意的理解，而是要抓住其主要意义，其终极目标是要懂得将著作的意义与引导他在道德与知识发展的个人行为规范联系起来。这种“章句法”（passage and phrase method）是汉武帝时朝廷大学（Grand Academy）博士（Erudits）学习单部经典时所采用的方法。但也有人认为，这样的章句法太过主观，虽然他们并不反对学习经典的终极目标是获得其基本价值，但他们认为要理解著作的大意，必须完全懂得字面意义，于是产生了另一种学习方法“训诂法”（explication and ancient definition method），后又被叫作语文学（philology）或小学（minor studies）。

在班固的《汉书・扬雄传》以及扬雄写给刘歆的信件中表明，扬雄不喜欢章句法，而他的老师林闾翁孺和严君平都是深爱训诂法的文人。前者是他的亲戚，后者是通过前者而让扬雄认识的。严君平最为欣赏的道家概念是“无为”（non-action），他的欲望就是保持“无用”（useless），并在其生活中践行，成为扬雄心中一个真正的文人典范。年轻时的扬雄就爱安静地读书，而不是活跃在各种政治活动中。因其不苟言笑，似乎缺少温暖，朋友不多，但他晚年结交的朋友却都是极为忠诚于他的人。扬雄家产不过十金，终身只为其研究与著述。

从青年时代起，扬雄就希望去模仿像传奇一样的古代圣人，不管是属于道家还是儒家。事实上，他那个时代的人或许根本就不在乎两家的差异，“圣人就是圣人（a sage was a sage.）①”。将儒道概念融合在扬雄头脑里的最佳表现，是他对哲学写作的浓厚兴趣，特别是那些针对伦理方面的事项。

①Franklin Melvin Doeringer. *Yang Hsiung and His Formulation of a Classicism*. Columbia University, Ph.D. Diss., 1971. p.32.

关于扬雄对赋的态度由喜爱至放弃，再到其内心的和解，窦瑞格做了详细的阐述。他最后总结说：正是赋带给他最初的名望和成功，也因为这个名声而成为一个颇有建树的诗作者，并且成为一种资本，最终传到了皇帝的耳朵里，由此改变了他人生的轨迹，使其有机会成为汉代主要作家之一。

2. 黄门侍郎

扬雄接受朝廷的职位，是他相信赋作为一种工具，可以传达伦理的理念，改善朝廷的道德氛围。然而，事实并非如此，他感到自己必须在赋与道德之间做一个选择——这是他通向自己认同的古典主义道路的第一步。

据《汉书·扬雄传》，他是在 41 岁时被引介到朝廷去的，在与刘歆的通信中说明了是由同乡杨庄推荐的。如果他选择继续过那种独居的生活，一头扎进学问研究之中，他也依然可以在宫廷中默默无闻地生活。但有人将他比作汉武帝时期的司马相如（他年轻时的偶像），使他有了成为一个著名诗人和文人的理想，但他选择了做一个有道德影响力的宫廷诗人。

作于汉成帝永始四年的《甘泉赋》，是扬雄扈从成帝游甘泉宫之后的第一首宫廷赋，也是他建立起宫廷诗人威望，赢得皇帝与朝中之人所赞同的一首赋作。窦瑞格指出赋中所提虙妃与玉女是扬雄对帝王的含蓄批评（微谏远离女色），但成帝只是惊于其作，并于元延二年召他随赴汾阴县祭地神。祭毕，成帝率领群臣绕过安邑，经过龙门山到盐池，登上历山望远，寻觅殷、周遗址，追思昔日尧舜。扬雄思绪万千，遥想先祖曾经居住过的汾河，与其临川羡鱼，不如归而结网。于是，《河东赋》比《甘泉赋》表现出更浓厚的道德风气：以远古帝王之行为及其对社会的治理与汉王朝的伟大帝业做对比。窦瑞格认为，《河东赋》讽喻力量在于末尾的一句：谁谓路远而不能从（Who would say the road is long and cannot be followed①）？其深远意义也许只有作者知道。在《羽猎赋》中，扬雄同样采用了以颂为讽的表现手法，但成帝显然又将此作当成一篇辉煌的文学作品，并未去关注其中之讽喻。他似乎很满意，封扬雄为黄门侍郎。

《长杨赋》与前三赋有着极大的不同，它不以"田猎"为主题去渲染各种宏大场面，却以汉高祖、汉文帝、汉武帝的声威与功德去反衬汉成帝动用农民、军队大肆围猎，违背了君王应以"养民"为准则，"动不为身""玄默为神""淡泊为德"。此赋观点明确，气势逼人，言语尖锐。但窦瑞格只用了简短的一句评语："Along with greater humor, therefore, the piece contained a more pointed message—perhaps too pointed."②

3.《太玄经》

当扬雄从自己的赋作生涯中认识到美（包括思与诗）并不是艺术的全部理由之后，

---

①Franklin Melvin Doeringer. *Yang Hsiung and His Formulation of a Classicism*. ibid. p.63.

②Franklin Melvin Doeringer. *Yang Hsiung and His Formulation of a Classicism*. ibid. p.70.

他将研究转向更深层次的哲学思考，希望找到一个可以同时提供给艺术和生活意义的形式。在研究中，他发现了天下所共有的一个和谐秩序——玄（Mystery），这是扬氏古典主义形成的第一步。

汉哀帝统治时期，扬雄仿《易经》（The Book of Changes）写作《太玄经》（Classic of the Great Mystery），他所有的努力都只是为了这部著作，而非权利之计。也许，他视这份工作为有意识地尽力去让自己成为圣贤之士，为同时代的人们在历史与道德循环的衰落期提供一种应有的哲学世界观。

《太玄经》是基于一个算命用卦的系统，如《易经》里的有 64 卦（hexagrams），《太玄经》有 81“首”（heads）。虽然每一“首”与卦在形式上看起来不一样，但其结构原理却是类似的。《太玄经》中的一“首”由三个不同的首符（divinatory marks）（被称为三模，three archetypes）组成，各首有四重（four levels），如下图所示。

Levels（重）	Archetypes（模）	Equivalent number（当量）
Region（方）	————（1）	1231
Continent（州）	—— ——（2）	
Section（部）	— — —（3）	
Family（家）	————（1）[①]	

图 2-1　首—卦关系示意图

通过投掷筮草，占卜者可以得到与八十一个不同“首”中的一个与其一致的四位数字，在《太玄经》中查询到相应的“首”，然后找到九“赞”（appraisements）（相当于《易经》中的爻辞），它会告诉占卜者时下的总体情况，即将发生的变化，以及适宜的行动。

窦瑞格认为，扬雄的“玄”是要找到天、地、人之间的和谐秩序，而这个秩序与文学的联系就在于扬雄古典主义的最主要的教义之中。扬雄认为，一个作家想要在艺术上取得成功，他必须去发现和遵从自身固有的自然秩序。文学的任务就是去揭开通过个人而反映出来的那个和谐世界，从这个意义上说，美的衡量标准是作家对终极真理的忠诚，而不是他创造那个让人充满想象的世界的写作技巧。

4. 圣人之门

窦瑞格指出，扬雄的《法言》表现出他人生不同阶段的兴趣爱好：对早已逝去的往昔之热爱、对伦理学理论之思考、对文学之教化意义、对元典编撰模式的偏爱、对学术生活的钟爱等等。所有这些特征表明，他的古典主义观念业已成熟，并可以之建立一套适用于艺术和生活的规则。文学理论虽然只是其中一小部分，但却是不可或缺的重要组成部分。

窦瑞格依照班固所言而认为，《法言》其实是扬雄与其同时代的人们的一场场对

①Franklin Melvin Doeringer. *Yang Hsiung and His Formulation of a Classicism*. ibid. p.100.

话。这些朋友同僚将他视为古典主义问题的权威，去向他问询有关伦理或历史方面的问题。面对这些问题，他不是直接给出回答，而是通过引用古代圣人在其经典或传说中的范例来回答。在与人们的交流中，他认识到社会对哲学，尤其是儒家伦理理解的贫乏，他决定要将这些重要的问答重新写进文学对话里，并将其传达到更大的人群里。

在先秦诸子之中，唯有孔子是扬雄推崇备至之人，当有人问起何以寻道时，他回答说："孔氏。孔氏者，户也（Confucious.Through Confucius! Confucius is the door[①]）。"在扬雄看来，孔子之道便是古人之道。窦瑞格引用扬雄《法言》，以兹说明。

The Way of Confucius is like the four main riverst: it circulates throughout the middle land and eventually enters into the great sea. But the ways of other men are streams of the northwest; they thread back and forth among the lands of the Yi and Mo barbarians.Some enter into the river T' o, and some drain into the Han.[②]

（仲尼之道，犹四渎也，经营中国，终入大海。它人之道者，西北之流也，纲纪夷貊，或入于沱，或沦于汉。）

扬雄尊崇孔子，但并不认可所有自称为儒家之人。当有人问起孟子时，他回答道：

The philosophers used what wisdom they had to differ with Confucius. Did Mencius differ with him? He did not![③]

（诸子者，以其知异于孔子者也。孟子异乎？不异。）

当有人问起荀子对孟子的看法时，他答道：

How do Hs ü n Ch' ing and I compare? We saw the same gate, but entered by different doors.[④]

（吾于孙卿，于见同门而异户也。）

扬雄对自己的评价呢？

In the past when Yang Chu and Mo Ti barred the road,Mencius opened it wide with his rhetoric. Later there were others who barred the road.And presumptuous as I may be, I compare myself with Mencius.[⑤]

（古者杨墨塞路，孟子辞而辟之，廓如也。后之塞路者有矣，窃自比于孟子。）

---

①Franklin Melvin Doeringer. *Yang Hsiung and His Formulation of a Classicism*. ibid. p.143.

②Franklin Melvin Doeringer. *Yang Hsiung and His Formulation of a Classicism*. ibid. p.144.

③Franklin Melvin Doeringer. *Yang Hsiung and His Formulation of a Classicism*. ibid. p.144.

④Franklin Melvin Doeringer. *Yang Hsiung and His Formulation of a Classicism*. ibid. p.144.

⑤Franklin Melvin Doeringer. *Yang Hsiung and His Formulation of a Classicism*. ibid. p.145

5. 关于“美新”

窦瑞格提到，王莽作为“新朝”开国皇帝，首先其朝政模式要革新，但汉政结构上的改变只是古代经典中所描绘的机构的复原。换句话说，王莽的“新”政其实是依照古代圣人朝政所重新构建的形式。为模仿周朝统治制式，王莽更愿意以“王”（king）自称，而不是以自秦汉以来所冠之“帝”（emperor）。王莽改制中的某些政治行动纲领，似乎与扬雄在伦理与文学经典主义中的内容有着相互对应的部分：古代圣贤所创发的形式已几乎完满，可以作为子孙后代的榜样去效仿。因此，像大多数仕人一样，扬雄接纳了这个仿佛是命中注定要去恢复古代荣耀的新王。

在扬雄的《剧秦美新》（*Castigating Ch’in and Extolling Hsin*）中，他抨击了秦朝的专制与野蛮所带来的“焚书坑儒”，但这并不是文章重点，它只是与汉代由古典走向文明和昌盛的一个强烈对比而已。窦瑞格认为，扬雄表面上是对新朝的称赞，实际上是诱导王莽为恢复古代文学做出更大的努力。为此，该文看起来像是以华丽辞藻来纪念王位登基仪式，其实全文在文学与政治两个方面总结出了扬雄的古典主义理想。

在引录《剧秦美新》全文之后，窦瑞格做了如下分析：（1）这样一篇文章肯定会赢得王莽的喜爱，但正如后世无数批评家所指出的那样，扬雄想要赞美的更多的是古典时代，而不是王莽，如果有，那也是对王莽恢复古典文化的钦佩。（2）对新朝的赞美是基于尊重，而非得宠于帝的愿望。（3）与他早期作品相比，《剧秦美新》在他漫长的文学生涯中只是短小的一篇，他并不想以此博得更多更大的名声，从青年到老年，他一直都享受自己的默默无闻。

值得一提的是，该论文的附录中，窦瑞格完整地翻译了《汉书・扬雄传》（*A Biography of Yang Hsiung*[①]），他是以 1954 年商务印书馆《汉书补注》第一册第七章（第 5055—5101 页）为原文本进行翻译的。这个文本包括清朝以及早期《汉书》评点，他都一一作了翻译与阐释。

二、语言学研究：《方言》

比利时裔美国汉学家司礼义神父，曾跟随赵元任、陈世骧两位语言大师学习语言学，1955 年获得加州伯克利东方语言学博士，其博士论文《汉代中国方言研究——据〈方言〉一书》（*The Study of the Chinese Dialects of Han Time According to Fang yen*）于 1959 年修改出版成书。

（一）汉代方言划分

①Franklin Melvin Doeringer. *Yang Hsiung and His Formulation of a Classicism*. ibid. pp.232-306.

《方言》全称《輶轩使者绝代语释别国方言》，又称《殊言》，自东汉末应劭始简称为《方言》。它是我国最早对地域方言进行系统研究的著作，也是世界上第一部方言著作。扬雄在《方言》一书中表明其宗旨："考八方之风雅，同九州之异同，主海内之音韵，使人主居高堂，知天下风俗。"[①] 这部最早系统记录汉语词汇在地理上的差异之著作，经由林语堂、罗常培、周祖谟、司礼义等采用方言地理学的方法（主要依据方言地面及组合的出现率）将汉代方言区进行划分之后，分区与结论不尽相同。司礼义在其著作第二部分（Part Two: The Dialects in Fang Yen）第一章中讨论了《方言》中的方言区域（Dialect areas of Fang yen），他把汉代的方言划分为六大区域，他们分别是：

（1）西部诸方言：秦（Ch' in）和秦晋（Ch' in-Chin），梁益（Liang Yi）、西南（His–nan）、关西（Kuan hsi）。

（2）中部诸方言：即一般所说的关东（Kuan tung），又分为西组和东组：西组包括周（Chou）、郑（Cheng）、洛（Lo）、韩（Hanh）；东组包括宋魏（Sung–Weih）、梁鲁（Liang–Lu）、齐卫（Ch' i Wei）。

（3）北部及东北诸方言：燕（Yen）、燕代北燕（Yen Tai, Pei Yen）、朝鲜洌水（Ch' ao–hsien Lieh-shui）、晋和赵（Chin Chao）。

（4）东部诸方言：东齐（Tung Ch' i）、海岱（Hai Tai）、徐（Hsü）、淮（Huai）。

（5）东南诸方言：吴（Wu）、扬（Yang）、越（Yüeh）、瓯（Ou）。

（6）南部诸方言：即楚方言，又分为三组：一是北楚（North Ch' u）、陈楚（Ch' en–Ch' u）、汝颖（Ju Ying）；二是楚淮（Ch' u Huai）、江淮（Chiang–Huai）；三是南楚（Nan Ch' u）、荆（Ching）、湘沅（Chiang and the Yüan）、江沅（Chiang and the Yüan）、江澧（Chiang Li）。[②]

除了上述以地理位置划分六个方言区域外，司礼义又从语言的起源、延伸，以及人口三方面进行了划分：（1）中国文化与语言的源头区域；（2）不同程度地吸收与同化的延伸区域；（3）不属于中国人口的区域。

司礼义认为，《方言》客观地覆盖了整个中国的各个地区，并根据他们在历史上和文化上的重要性而对其方言区别对待，因此，秦、楚所列字词数量远比其他方言要多——《方言》所有信息组成是以中原历史、文化为中心的。

（二）运用于《方言》的比较法

在《汉代中国方言研究——据〈方言〉一书》的第二部分第二章中，司礼义专门

① （晋）常璩《华阳国志》，据《四部丛刊》本。可参看扬雄《答刘歆书》。

②Paul Serruys. *The Chinese Dialects of Han Time According to Fang Yen*. Berkley and Los Angeles: University of California Press, 1959. pp.98-99.

讨论了单音节与双音节字（词）在不同方言和汉代标准语中的关系，以及他们在《方言》和《说文解字》中的异同。

1.《方言》中单音节和双音节字（词）

（1）标准字（词）

《方言》中有大量的单个字的释义，他们只能读为单音节字，但所用的解释词往往是二项式词组。比如：长——永长，聋——堕耳，满——腹满，怒——呵斥，爱——爱怜，治——医治。

这样的二项式词组在《方言》里可以分为三组：

A. 一个字修饰另一个字，比如“车轮”“谋思”。

B. 可以分开使用，但合起来表达一个特殊的意义，比如“双产”“鸡头”“禅衣”。

C. 不能分开独立使用，比如“芜菁”“箸筒”。

（2）《方言》与《说文》的比较

《方言》中的单音节标准字常对应一个《说文》里的单音节字，但有时也有例外。比如：丰（FY）[①]——丰满（SWKL），会——合会，取——捕取，化——教化，欲——贪欲，索——绳索。《说文》中的解释有时与《方言》是不一致的，比如：鸠（FY）——乌鸦（SWKL）。《说文》中的解释常有很明显的原初二项式词组，有时 A 解释 B，有时 B 由 AB 或 BA 来解释。比如：惧（FY）——恐（SWKL），惊——骇，改——更。

（3）方言字（词）

如果将《方言》中的单音节词和二项式词组做一个比较，你会发现前者远远超过后者。从楚方言中抽取 180 个字（词），有 40 个二项式，占 22%。以下表可以更为直观地进行比较[②]。

表 2-1　单音节词与二项式词组对比表

区域（Areas）	二项式（Binoms）	单音节（Monos）	总数（Total）
南楚（N-Ch'u）	45	83	128
朝鲜（Ch-Hs）	15	25	40
江沅（Chiang Yüan）	1	3	4
湘沅（Hsiang Yüan）	2	1	3
江淮与淮（Ch-H and Huai）	7	53	60
越（Yüeh）	5	15	20

① 司礼义在其著作中常用缩略词，如 FY=Fang Yen（方言），SWKL=Shuo-wen chieh-tzŭ ku-lin（丁福保《说文解字诂林》），下文中出现类似缩略语，将直接在文后括弧中注出。

②Paul Serruys. *The Chinese Dialects of Han Time According to Fang Yen*. ibid. p.125.

（续表）

区域（Areas）	二项式（Binoms）	单音节（Monos）	总数（Total）
扬（Yang）	2	29	31
秦（Ch'in）	34	117	151
晋（Chin）	31	125	156
梁益（Liang-Yi）	3	25	28
关西（Kuan-hsi）	27	67	94
周（Chou）	8	17	25
洛（Lo）	2	6	8
韩（Hanh）	5	16	21
齐（Ch'i）	11	75	86
鲁（Lu）	7	27	34
宋（Sung）	28	60	88
魏（Weih）	5	30	35
陈（Ch'en）	16	69	85
东齐（Tung-Ch'i）	19	58	77
海岱（Hai-Tai）	12	33	45
燕（Yen）	19	49	68
赵（Chao）	21	29	50
卫（Wei）	45	46	91

（三）运用于《方言》的地理学方法

在该书第二部分第三章中，司礼义详细介绍和分析了各地理方言区域的特征，最后总结出：（1）以秦为中心的区域对西南地区影响强度很大，并在秦统一中国之前就侵入了晋的北部和东北部，因此，在《方言》中的西部方言便与秦晋一道显示为一个版块，而不是以秦为中心。秦统一之后，它的扩张势力在标准语中尤见其重要性，而难以计数的单个字（词）也随之侵入东部、东南部和东北部。（2）楚方言在标准语中并不重要，但它的影响却延伸到东、南两个方向的淮、吴、越、南楚。（3）从地理区域分布情况看，方言已扩展到非中国地区，移民的不断增加，不仅建立起强大的汉语地区（如燕、北燕、朝鲜洌水等），而且先入的人口在部分吸收汉语言的同时，也在某种程度上添加了不少非汉语文字①。

三、西方辞赋研究与扬雄汉赋研究

赋学研究在西方已有 160 多年的历史，自 19 世纪中叶起，有来自奥地利、德国、法国和英国的学者开始着手翻译辞赋，他们最感兴趣的是屈原的《楚辞》。也因扬雄赋作与传统辞赋有着千丝万缕的联系，在此将分别介绍西方辞赋研究和扬雄汉赋研究。

（一）西方辞赋研究②

最早翻译《楚辞》的是奥地利学者费之迈（August Pfizmaier,1808—1887），他将《楚辞》翻译成德文。该译本主要是依据 1802 年由大小堂出版社出版、收藏于奥地利皇家图书馆的王逸注《楚辞》翻译的。虽然文中有不少望文生义的错误，但也起到了一定的传播作用。

法国汉学家德理文（Le Marquis d’Hervey de Saint Denys,1822—1892），著有《离骚：公元前三世纪的诗歌》（1870）。他的《楚辞》是根据朱熹《楚辞集注》翻译的，康达维给予了很高的评价："法文翻译通顺流畅，不但准确，还具有诗意，远比费之迈的德文翻译为佳。"

英国曼彻斯特大学汉学教授庄延龄（Edward Harper Parker,1849—1926），一生中撰写了大量有关中国方言、宗教、文化方面的文章和书籍。他是第一个将《离骚》翻译成英文的汉学家，发表在《中国评论》（*China Review*）（1879）刊物上。但其英译本没有序言、注解，甚至没有注明作者。康氏指出："他的译文押韵，但不严谨，有关植物名称则一笔带过。"

著名英国汉学家理雅各（James Legge,1814—1897），于 1895 年在《大不列颠及爱尔兰亚洲皇家学会会报》（*Journal of the Royal Asiatic Society of Great Britain and Ireland*）上发表了两篇有关《离骚》的长篇研究和翻译。题为：The Li Sao Poem and Its Author，分期载于一月版（第 77—92 页）和十月版（第 839—864 页）。在两篇长文中，他分别讲述了屈原身世和《离骚》的基本内容，但译文中没有作注。理雅各的翻译接近原文，但《离骚》的那种雕饰和典雅的语言风格却不是他所喜欢的，康氏引用理雅各本人话语："我们喜欢（屈原）这个人，但并不是敬佩他的诗文。我们也为屈原不幸的遭遇和多舛的命运感到悲伤。"

著名英国汉学家翟理思（Herbert A. Giles,1845—1935），在他的《中国文学作品选珍》（*Gems of Chinese Literature*）（1884）中，其选译的诗文从最早的文学作品到清代作品。康氏认为，他对中国辞赋的了解相当有限，文字出现明显错误。

①Paul Serruys. *The Chinese Dialects of Han Time According to Fang Yen*. ibid. p.237.

② 该部分研究资料部分来源于康达维《欧美赋学研究概观》，《文史哲》，2014 年第 6 期。

美国传教士丁韪良（W.A.P.Martin,1827—1917），1901 年在《北华评论》（*North China Review*）上发表了《中国版的乌鸦》（A Chinese "Raven"）一文。他翻译了贾谊的《鹏鸟赋》，并将其与美国诗人爱伦·坡（Edgar Allan Poe,1809—1849）的《乌鸦》（*The Raven*）进行比较。1912 年，他出版了《中国传说与诗歌》一书，将此文修改后收入其中。

进入20世纪，中国辞赋研究以韦利为首。1918年，他出版了《中国诗一百七十首》（*A Hundred and Seventy Chinese Poems*），次年出版了《续集》（*More Translations*）。1923 年，他又出版了《郊庙歌辞及其他》（*The Temple and Other Poems*）。这三部书里的辞赋译作，包括宋玉的《风赋》《登徒子好色赋》（前半部）和《高唐赋》，邹阳《酒赋》、扬雄《逐贫赋》，张衡《髑髅赋》和《舞赋》，王逸《荔枝赋》、王延寿《王孙赋》《梦赋》和《鲁灵光殿赋》，束皙《饼赋》，欧阳修《鸣蝉赋》。在其书中，他以《高唐赋》《舞赋》《梦赋》《鸣蝉赋》为例，将赋的韵体和散体作了形式上的区分，以突出赋作在形式上的特点。他认为，赋与诗都源自音乐和舞蹈，而赋是只能用于朗诵的诗。这种赋即为诗的观点一直在西方汉学界占有统治地位。韦利在《郊庙歌辞及其他》中这样评价司马相如的赋作："世界上没有任何作家的笔下能写出如此滔滔不绝的富丽辞藻……他能与文字语言嬉戏，正如海豚能与海洋嬉戏一般，像这般富丽的辞藻是不能形容的，更遑论翻译了。"[①]

德国汉学家何可思（Eduard Erkes,1891—1958，台湾学者译为叶乃度）于 1926—1928 年间发表了宋玉的《风赋》和《神女赋》的英文译文。《神女赋》发表在《通报》第 25 期，题为 Shen—Nü—Fu: The Song of the Goddess[②] 这篇长达 90 多页的译文是依据清朝于光华《评注昭明文选》（石印本）中的《神女赋》来翻译的，文后附有 96 条注释，颇具学术价值。

法籍俄国学者马谷烈（Georges Margouliès）在巴黎出版了《文选辞赋译注》（1926）一书。其中有班固的《两都赋》、陆机的《文赋》以及江淹的《别赋》等。

名盛于中国辞赋研究的奥地利学者赞克，自 1926 年起，他开始翻译《文选》，一共翻译了四十篇赋，余下班固、王粲、宋玉等赋家的十篇赋作未译。此外，他还翻译了枚乘《七发》、曹植《七启》、张协《七命》、扬雄《解嘲》、李白的七篇辞赋和庾信的《哀江南赋》。赞克在他的《文选序注》里明确指出，他的译本是专为学者写的，他自认为其翻译文字精确、文笔一致，而不追求流利与美观的形式。而在康达维看来，虽然从训诂学上来看，其译文不一定准确，但其卓越的译文足可弥补一切缺点。

英国汉学家李高洁（Cyril Drummond Le Gros Clark,1894—1945）于 1932 年出版了

①Arthur Waley. *The Temple and Other Poems*. London: Alfred·Allen&Unwin, 1923, pp.43-44.

②Ed. Erkes. *Shen-Nü-Fu: The Song of the Goddess*, in *T'oung Pao* 25（1927-1928）, pp.387-482.

《苏东坡集选译》，收录了《前赤壁赋》《后赤壁赋》《昆阳城赋》《屈原庙赋》等11 篇英译赋作。

哈佛大学汉学家方志彤（Achilles Fang,1910—1995），1951 年他在《哈佛亚洲研究》第 14 期上发表了陆机的《文赋》[*Rhymeprose on Literature: The Wen—fu of Lu Chi*（A.D. 261—303）][①]。他的翻译接近原文，且有许多详尽的注释。他认为，赋并不像诗歌一样具有规律的用韵，因此，如果以此划定诗歌与散文的界限，那么，赋当属散文文类。

英国汉学家修中诚（Ernest R. Hughes,1883—1956）于 1956 年对班固的《东都赋》、《西都赋》和张衡的《东京赋》、《西京赋》进行了阐述，由其弟子霍克斯（David Hawkes,1923—2009）整理后，于 1960 年由普林斯顿大学出版社出版，题为《两位中国诗人：汉代生活和思想花絮》（*Two Chinese Poets: Vignettes of Han Life and Thought*）。[②] 在书中，他描述了四篇赋的主要内容，其着眼点却放在了汉代社会思想与政治制度，以及城市布局与宫廷生活中。

美国汉学家卫德明，他对汉赋的研究极为精深广博，于 1957 年发表论文《学者的挫折感——论“赋”的一种形式》（*The Scholar' s Frustration: Notes on a Type of Fu*）。在该篇论文中，卫德明讨论了中国“士不遇赋”的各种类型，对于汉代士人学者的这种挣扎，他指出，当学术研究达至机构化的时候，其结果必然会缺乏自主性和自由性，士人的主张也必依附于朝廷。战国时代之所以会有百家争鸣的盛况，是因为士人学者有从一国迁移到另一国的自由。在卫德明讨论了董仲舒之《士不遇赋》、司马迁之《悲士不遇赋》之后，“士不遇赋”便成为西方研究中国文学的主题之一。

美国哈佛大学教授海陶玮，是美国又一位赋学专家，在他的《中国文学论题》（*Topics in Chinese Literature*）一书中，他简要介绍了从《楚辞》到宋朝的赋学史。海陶玮最重要的赋学研究之作《陶潜的赋》（*The Fu of T' ao Ch' ien*），发表于 1954 年，是一篇严谨学术论文的典范。他在该篇长文中不仅翻译、讨论了陶潜的所有赋篇，而且还分析了陶潜之前的赋作对他的影响，如董仲舒、司马迁、张衡、蔡邕、阮瑀、王粲、应旸、陈琳、曹植等。

美国汉学家华兹生，1971 年出版了《中国韵文：汉魏六朝辞赋》一书，收录了宋玉《风赋》、贾谊《鹏鸟赋》、司马相如《子虚赋》和《上林赋》，以及曹植、向秀、潘岳、木华等人的 13 篇赋作。华兹生的翻译是针对一般读者的，所以没有进行学术性注解。

著名汉学家伊维德（Wilt L. Idema，1944—），曾任荷兰莱顿大学汉学院中文系主任、

①Achilles Fang. *Rhymeprose on Literature: The Wen-fu of Lu Chi*（A.D. 261-303）, in *Harvard Journal of Asiatic Studies* 14（1951）: pp527-566.

②Ernest R. Hughes. *Two Chinese Poets: Vignettes of Han Life and Thought*. Princeton, New Jersey: Princeton University Press,1960.

教授（1976—1999），现任美国哈佛大学东亚语言与文明系中国文学教授。1985 年，他出版了由莱顿大学发行的荷兰文辞赋译本，翻译了多篇《文选》赋作，译本中体现出他非常严谨的学术态度。

美国汉学家柯马丁在《西汉美学与赋之起源》一文中，他指出："人们只是一味地追捧扬雄对赋所持的观点，而不看扬雄论赋时的源文本语境。"① 扬雄推崇古典主义，并以此反对汉武帝时期的奢华铺张。他提倡礼仪的节制与适度，而在赋作上也有着相应的主张。然而，一方面赋的写作与表演仅仅是为了其艺术而得到认可，另一方面是用来歌功颂德和达到娱乐效果的，虽然也为道德教化服务。因此，要想以先秦时期对《诗经》阐释中的那种描绘、表演，唤起人们的联想、体验，由此陶冶人们的性情，洞察其伦理道德，并带来人们思想的转化，这是汉朝再也回不去的审美时代。最后，他总结道："赋不是可以直接干预政治的一个工具，而其作者也并非有影响力的政治进谏者。"②

在西方赋学一百多年的发展中，翻译与研究著述在量上还是可观的，仅英译本共有 40 多部（篇）。在赋的文类探讨中，有两种观点：一是韦利提出的将赋在形式上分为韵体和散体，但认为赋与诗有一个共同的来源：音乐和舞蹈，只是赋成了只能用于朗诵的诗。二是方志彤提出的以规律用韵的标准来衡量，赋应归于散文文类，而不属于诗歌。在赋作作家及作品的选译和注释中，虽有少量扬雄介绍及作品翻译，但与扬雄在中国文学史上的地位是极不相称的。历史似乎在等待，这位呼之欲出的集扬雄研究之大成的汉学家终于出现在 20 世纪中叶，活跃于 20 世纪下半叶至今，他就是"当代西方汉学之巨擘，辞赋研究之宗师"——美国汉学家康达维。

（二）扬雄汉赋研究

美国汉学家康达维教授是西方汉学界第一位对扬雄及其赋作进行深入、系统研究的学者，作为汉赋及六朝文学专家，他除了对《昭明文选》③ 的翻译和研究之外，便是对扬雄及其作品的研究。1976 年由英国剑桥大学出版的《扬雄赋研究》（*The Han Rhapsody,A Study of the Fu of Yang Hsiung*），是一部对扬雄辞赋进行全面研究的著作。它抛开作品以外的因素所引发的历史偏见，充分肯定了扬雄赋的文学价值和赋论的理论价值，从赋学史与文学史上做出了恰如其分的定位，从而确立了扬雄在中国文学史上的地位。

---

①Martin Kern. *Western Han Aesthetics and the Genesis of the Fu*, ibid. p387.

②Martin Kern. *Western Han Aesthetics and the Genesis of the Fu*, ibid. p436.

③ 参看苏瑞隆《异域知音：美国汉学家康达维教授的辞赋研究》，《湖北大学学报》2011 年第 1 期。康达维从 20 世纪 80 年代开始着手翻译《昭明文选》，计划将 60 卷《文选》译为八册，现已有美国普林斯顿大学出版社出版了其中的三册。

1968 年，他在完成了博士论文《扬雄：赋与汉代修辞》（*Yang Shuong, the Fuh, and Hann Rhetoric*）之后，三十多年间不停地辛勤耕耘，硕果累累，成为 20 世纪西方学者中赋学研究之集大成者。其代表论著和译著有：《两种汉赋研究：贾谊的〈吊屈原赋〉和扬雄的〈反骚〉》（1968 年）、《汉赋：扬雄赋研究》（1976 年）、《扬雄的汉书本传》（1982 年）、《昭明文选》（三册）。其中，由博士论文修改而成的专著《汉赋：扬雄赋研究》，不仅系统地研究了汉赋的性质和源流，而且对西汉赋家扬雄进行了全面的探讨，本节就此两个方面展开，对此书进行较为细致的文本分析。

1. 关于“赋”的本质属性及其源流

在《扬雄赋研究》[①] 的第二章《扬雄之前的赋》（The Rhapsody before Yang Hsiung）[②] 中，康达维首先解释了为何他在众多的译词中挑选了英文中的“rhapsody”来翻译“赋”，试图为“赋”正名。顺此思路，他梳理了扬雄之前的赋的演变过程。

在康达维之前，西方对赋的翻译持不同的意见。英国汉学家韦利（Arthur Waley, 1888—1966）将其译为“rhapsody（狂想诗）”，美国汉学家卫德明译为“prose poem”（散文诗），奥地利学者赞克译为“poetic description”（诗意描写），英国汉学家大卫·霍克斯翻译为“enumeration”（枚举）。而康达维与韦利一样，选择了同一个词“rhapsody”，他指出：“汉代之前的各个时期，‘赋’几乎完全是当作动词来用的，且通常是指宫廷中的诗歌朗诵。不知从何时起，‘赋’变成了适用于朗诵的一种诗的名字，其特点是散韵兼有，句式稍长（一般为六言或者七言），骈体对偶，描写精细，对话杂陈，名物繁复，语言艰涩。进入汉代，诗人们开始在写作时将‘赋’用在标题中，而这些被称为诗的作品，很显然是用于诵读的，所以我们可以用‘declamation’（朗诵）来翻译。但是，‘declamation’不是文体用词，为此，我选用了‘rhapsody’来翻译‘赋’。‘rhapsody’是由那些被称作‘rhapsode’的古希腊游吟诗人或宫廷诗人诵读或即兴创作的史诗体。当然，虽然‘赋’呈现出一些史诗的特征，但它并不完全是史诗体，不过，其表现形式却与‘rhapsody’很类似：‘赋’作诗人在很多方面就是‘rhapsode’，其诗作常常表现出迷狂、恢宏、以及与‘rhapsody’相似的狂热情绪。”[③]

康达维之所以选择“rhapsody”作为“赋”的翻译，是因为最早且资料最为翔实的刘歆《诗赋略》里说道：“传曰：‘不歌而诵谓之赋，登高能赋可以为大夫。’”[④] 从这个概念出发，他梳理了汉以前至汉代的“赋”的发展史，并区分了文体的“赋”

---

① 康达维《扬雄赋研究》为英文文本，本节引用的有关此论著的所有文字均为该节作者翻译。

②David R. Knechtages, *The Han Rhapsody: A study of the Fu of Yang Hsiung*, New York: Cambridge University Press, 1976, pp. 12-43.

③David R. Knechtages, *The Han Rhapsody: A study of the Fu of Yang Hsiung*, ibid. pp. 13-14.

④David R. Knechtages, *The Han Rhapsody: A study of the Fu of Yang Hsiung*, ibid. p. 12.

和诗意的“赋”在意义上的不同。

首先，他分析了屈原的《离骚》与《九歌》。他认为，《九歌》是和乐而歌的音乐诗，《离骚》是诗人自叙其英雄气节的诗歌，既不是史诗（epic），也不是抒情诗（lyric），按照匈牙利学者杜克义（Ferenc Tökei，1930—）的观点，它是史诗与抒情诗的合成体，这种文体被称作“挽诗”（elegy）。而康达维把它称作 epic-lyric poem①。但是，他又指出：“不可否认的是，《离骚》是含有政治讽喻（political allegory）的诗歌，诗中对朝廷政治态势的影射是清晰可见的。比如：‘惟夫党人之偷乐兮，路幽昧以险隘。岂余身之殚殃兮，恐皇舆之败绩！忽奔走以先后兮，及前王之踵武。’”②从音韵学上看，《离骚》展示出可以反复诵读的特征，每半行都有以非重读的关键词分割的 A 与 B 两项，如下图所示：

A	key word	B
XXX	o	XXX hsi（兮）

（X 代表重读音节，O 代表非重读音节。）③

图 2-2 《离骚》非重读关键词分割图

由此，康达维认为，《离骚》可以被看作是汉代以前的一诵三叹的政治批评诗，从这个意义上来说，它可以被称为“赋”——文体意义上的“赋”，而不是诗意的“赋”。

其次，他阐述了“赋”的另一个源流《荀子・赋篇》。该篇由五首押韵谜语和两首题为《诡诗》和《小歌》的诗歌组成。这是最早以“赋”为名的著作，但“赋”字是原本就有的，还是汉代刘向所加，有待考察。卫德明认为，五首谜语与两首诗歌的架构是一篇完整的“赋”，因为那五首谜语其实是蒙着面纱的“赋”，他们涵盖了社会原则、智慧、机警、勤勉和批评机能等等。从卫德明处得到启发，康达维进一步挖掘出谜语所具备的道德训诫与说教功能。最重要的是他找到了与《离骚》相似的 A—B 诗行的特征。他发现，每一段诗的前半部分，都与《诗经》主要的格式——四言句式相同，后半部分的问答句式与《离骚》如出一辙，如下图所示：

A	key	B	interrogative（提问）
XXX	O	XXX	che yü（者与）

图 2-3 《诗经》非重读关键词分割图

这种繁复的交互问答的口头传统属于宫廷口诵传统。

另外两首诗《诡诗》和《小歌》很容易与“赋”诗传统联系起来，因为两首都是政治批评的诗歌。此外，《赋篇》中的诗代表着反复吟唱、以四言为主的诗歌向萌芽

①David R. Knechtages, *The Han Rhapsody: A study of the Fu of Yang Hsiung*, ibid. pp. 14-15.

②David R. Knechtages, *The Han Rhapsody: A study of the Fu of Yang Hsiung*, ibid. p. 16.

③David R. Knechtages, *The Han Rhapsody: A study of the Fu of Yang Hsiung*, ibid. p. 17.

期的韵律散文的转变，那些押韵的谜语就是汉代长篇描写性的“赋”的前奏，而《诡诗》就是那受挫的“赋”之元祖。通过文本细读分析，康达维认为《荀子·赋篇》中的篇名“赋”是原本就有的，不是刘向所加。

综上所述，“赋”的本质属性不在铺陈之用，而在“不歌而诵”，也不在辞赋之耀，而在讽喻之用。然而，从汉初的刘邦、陆贾、贾谊，再到枚乘、司马相如，再到汉武帝时为宫廷娱乐游戏而创作的枚皋、东方朔等，其夸耀之风盛极一时，一直延续到汉成帝时期。而扬雄便诞生在这样一个辞赋浮夸之风的峰顶之上。

2. 关于扬雄其人其作

从古至今，对扬雄其人其作褒贬不一。对于五四以来因为对古文本强烈的憎恶情绪和因为爱国主义高涨时期而对侍新王莽者扬雄进行批判的学者们，康达维指出，评价扬雄应“以文学成就去衡量，而不应建立在非文学标准基础之上”。[①] 对于扬雄的“模拟”、缺乏思想性与创新性的批评，康达维却认为扬雄是最具传统意识的赋家，同时也是一位深刻的思想家。就此评价，我们可以从康达维对赋家扬雄的三个侧面来考察。

（1）赋之传统中的扬雄

在《导言》中，康达维指出：“在许多方面，扬雄与司马相如在赋的发展中有着同样重要的地位。扬雄生活在前汉末期（公元前 206 年—公元 8 年），是赋之传统已经牢固地建立起来的时期。因为扬雄是一个最具传统意识而又竭尽所能地去坚守传统文类的诗人，所以在他的赋作中可以清晰地辨别出整个前汉时期出现的赋之传统。此外，在写作中，扬雄是第一个将自己的赋学理论用于实践中的诗人，而这是司马相如从未做过的事情。”[②]

在第二章《扬雄之前的赋》中，康达维梳理了自先秦到汉代的有关赋作，并指出扬雄早期的大赋作品都是在吸收了前人所作辞赋的经验基础上而写成的，但他的“模拟”，其实是对传统继承的自觉，而且，他开了新风，开启了汉大赋向抒情小赋的转变。

在第四章的《校猎赋与长杨赋》（The “Barricade Hunt” and “Ch’ang-yang” Rhapsodies）中，康达维将《校猎赋》与扬雄受司马相如影响最大的《上林赋》从多个方面进行了较为细致的比较，从中也可以判断其“模拟”与创新。比如，在叙事结构上，《上林赋》一开始用的是一连串长长的枚举：公园里的山、河、湖、动物、鸟、矿产、石头、树、花和草药。读者要在看完许多诗行之后，才明白这首赋的主题是打猎，而涉及打猎本身的篇章却相对短小，因此，可以说，那不是真正的叙事结构，而只是一系列枚举名物。而扬雄则是完全不同的取向，他是以准备打猎场地开始，经过队伍的集合，国王车队的出现，动物的捕捉和猎杀，水域的壮观景象以及文人的出现，

①David R. Knechtages, *The Han Rhapsody: A study of the Fu of Yang Hsiung*, ibid. p. 2.

②David R. Knechtages, *The Han Rhapsody: A study of the Fu of Yang Hsiung*, ibid. pp.1- 2.

最后以国王观点的改变而结束。两相对比，扬雄的描写充满了难以置信的想象力，在极具动感的活动过程中去感受打猎时的兴奋与激动，而不是去关注周遭的环境。最后，也是最重要的，关乎赋的本质属性之一的要素：以讽喻而完成的政治批评[①]。

（2）赋之创新中的扬雄

在中国文学批评史上，扬雄被认定为司马相如最忠实的模仿者。事实上，司马相如的《上林赋》确实对扬雄的写作有极大的影响，但扬雄无论从语言、叙事结构和赋的功能运用上都极具个人的写作风格。

在语言上，扬雄几乎没有借用司马赋中的词语，而总是独创其奇特的暗喻（strange metaphors）。比如，在《甘泉赋》中，他描写国王车队的行进是这样的："骈罗列布，鳞以杂沓兮，柴虒参差，鱼颉而鸟䀢。"在运用隐喻（kennings，类似古挪威或古日耳曼诗歌中的隐喻）方面，他也有不同于他人的词汇。如"上玄"指天，"神休"指吉兆，"堪舆"指天地，"甘棠"（《诗经》中用于赞扬召公的诗篇篇名）指召公，"东征"（也是《诗经》中用于歌颂周公的诗篇）指周公[②]。需要说明的是，扬雄使用这些神奇的意象，并非为了猎奇，而是为了更好地达到委婉批评的效果。

在叙事结构上，如前所述，他一般会在前人用名词状物的基础上，加上动词，动宾结构使诗句更有活力。

在赋的功能运用上，扬雄《法言》卷二《吾子篇》说道："或曰：'赋可以讽乎？'曰：'讽则已，不已，吾恐不免于劝也。'"对于扬雄而言，赋的写作就是为了讽与劝，而不是专门用来赞扬宫廷之奢华的。他不仅旗帜鲜明地提出这样的观点，而且将其运用在自己的写作实践中。在第五章《赋之批评与变革》（The Rhapsody Criticized and Reformed）中，康达维着力介绍了扬雄的后期作品《解嘲》和《逐贫赋》。学界曾有人指出，这两部作品可能不是扬雄所作，因为它们与前期作品差异太大。但康达维认为，这正是扬雄为着赋的革新而做的尝试，并分析了扬雄为了更加突出"讽谏"的作用，尽可能地将早期的藻饰去掉，走向更为直接、简练的表达方式。这既是对传统的继承，又是对当时浮夸藻饰的改革，使汉大赋转向抒情小赋。

作为引领汉代的赋家，扬雄充分认识到赋所运用的两种修辞手法：劝说与藻饰。前者用作教育和引导，后者试图让人愉悦享乐。"扬雄相信：赋最正当的功能与诗歌一样，是用来影响人们的行为之用的。他不能为当时过度使用语言藻饰的传统开脱，即使他自己在《校猎赋》和《长杨赋》中运用了高超的修饰手法，最终他得出结论：赋这种文体不是有效的教诲工具。"[③]因此，他认为，早期的《甘泉赋》与《校猎赋》

①David R. Knechtages, *The Han Rhapsody: A study of the Fu of Yang Hsiung*, ibid. p.74.

②David R. Knechtages, *The Han Rhapsody: A study of the Fu of Yang Hsiung*, ibid. p.57.

③David R. Knechtages, *The Han Rhapsody: A study of the Fu of Yang Hsiung*, ibid. p.96.

因为藻饰而遮蔽了政治批评，所以是失败的作品。但他将自己的理论付诸实践时，发现这种直接、简单的用词和诚恳的个人表达，得不到关注，也就起不到教诲的作用，最终他将自己的兴趣转向了哲学。

在康达维看来，扬雄才是一个真正的创造性天才，只因司马相如在中国文学史上投射的光影之巨大，以致遮蔽了扬雄的才华。

（3）赋之文质中的扬雄

扬雄在晚年将兴趣从文学转向哲学之后，并没有停止对文学，尤其是对赋的纵深发展研究。孔子之后，扬雄是第一个继续探索文质逻辑关联的哲学家，并把文质作为一对审美概念。

《太玄・文首》曰："阴敛其质，阳散其文，文质班班，万物粲然。"康达维认为，扬雄在《太玄・文首》中讲明了文与质（这一对概念略等于西方的形式与内容）的关系，即内容受制于阴的法则，形式为阳所控制。当阴与阳，或者说形式与内容合理地达到平衡，那么一切处于自然的和谐状态之中[①]。具体而言，形式（文）是从属于内容（质）的，形式应该是物质的自然反映，而不是人为的创造，华美与精致的语言和行为只会导致晦涩难懂[②]。

康达维指出："扬雄的语言观是极其现代的，他意识到了表达终极现实的语言的象征力量。然而，语言也可能是被滥用的危险力量。当语言太过修饰和描写的时候，便牺牲了它的自然简洁，语言就成了无用的工具。这样的语言不是心或情的产物，它也就不能传达出最基本的真理。"[③]

前面谈到扬雄去夸饰而重自然简洁的创新，其实也是扬雄在文与质之间的选择。在《解嘲》中，他虽然没有用赋作为篇名，但却用了许多赋所惯用的法则。他列举了许多不同形势下的文人在不同程度上的成功案例，也有一个文人列表，讲述对统治者的国家的衰落或繁荣的影响。还录有一系列成功文人恰逢其时而其观点为统治者所采纳。在语言上，《解嘲》是他所有赋中修饰用得最少的作品，因而在修辞上也是最有效的，他甚至插入了其他赋中从未用过的幽默和讽刺手法。《解嘲》中有这样一段：

今子乃以鸱枭而笑凤皇，执蝘蜓而嘲龟龙，不亦病乎！子之笑我玄之尚白，吾亦笑子病甚不遇俞跗与扁鹊也，悲夫！

扬雄的玄依然是白的，是别人嘲笑他的《太玄》也没为他带来任何成功或对他的认可，而扬雄则嘲笑他们病入膏肓却没遇到名医俞跗和扁鹊。[④]

①David R. Knechtages, *The Han Rhapsody: A study of the Fu of Yang Hsiung*, ibid. p.90.

②David R. Knechtages, *The Han Rhapsody: A study of the Fu of Yang Hsiung*, ibid. p.93.

③David R. Knechtages, *The Han Rhapsody: A study of the Fu of Yang Hsiung*, ibid. pp.93-94.

④David R. Knechtages, *The Han Rhapsody: A study of the Fu of Yang Hsiung*, ibid. p.103.

在《逐贫赋》中，扬雄采用了《诗经》中的四言格律，并且广泛采用《诗经》的程式，他试图运用古典诗歌的形式去创作一首赋。内容是有关扬子与贫穷这个隐喻的争论。不同于其他赋中的辩论，篇中没有任何隐藏的批评或伪装的劝说，而是直接而个人化的，结论没有丝毫含混。

康达维认为，《逐贫赋》极有可能是扬雄晚年之作，即便不是，那也是一种了不起的尝试，将扬雄的新诗歌理论运用于实践中：用词直接、措辞朴素、个体陈述、具有说教规劝的意义。让我们来读一段《逐贫赋》，以期能感受到上述特点。

贫曰：唯唯。主人见逐，多言益嗤。心有所怀，愿得尽辞。昔我乃祖，宣其明德，克佐帝尧，誓为典则。土阶茅茨，匪雕匪饰。爰及季世，纵其昏惑。饕餮之群，贪富苟得。鄙我先人，乃傲乃骄。

《逐贫赋》像《荀子·赋篇》的前半部分一样，是四言诗，既有向古典回归为抒情小赋的倾向，又有直接的个人陈述（贫曰），还树立典范以教人（昔我乃祖，宣其明德，克佐帝尧，誓为典则），告诫人们要戒骄戒躁（饕餮之群，贪富苟得。鄙我先人，乃傲乃骄）。

在理论上，扬雄曾提出“诗人之赋丽以则，辞人之赋丽以淫”的著名论断，也是文质关系讨论中区分诗意之赋与文体之赋的一个标准。在实践中，他写出语言更简练、更直接表达而少修饰的《解嘲》和《逐贫赋》。由此，康达维认为，扬雄是两汉交替时期，在辞赋理论和创作实践上起着承上启下的关键人物，其在中国文学史上的地位是不容忽视的。

第三章

中西学术对话中的《太玄》与《法言》

第一节 《太玄经》研究

《太玄经》，汉代扬雄编撰，又称《扬子太玄经》，简称《太玄》《玄经》。扬雄撰《太玄经》，将源于老子之道的玄作为最高范畴，并在构筑宇宙生成图式、探索事物发展规律时以玄为中心思想，是汉朝道家思想的继承和发展。《四库全书》为避康熙皇帝玄烨之名讳，改为《太元经》。扬雄把《周易》与《老子》联系了起来。《太玄经》以“玄”为中心思想，糅合儒、道、阴阳三家思想，成为儒家、道家及阴阳家之混合体。扬雄运用阴阳、五行思想及天文历法知识，以占卜之形式，描绘了一个世界图示。提出“夫作者贵其有循而体自然也”“质干在乎自然，华藻在乎人事”等观点。《太玄经》含有一些辩证法观点，对祸福、动静、寒暑、因革等对立统一关系及其相互转化情况均坐了阐述。认为事物皆按九个阶段发展，在每一首“九赞”中，皆力求写出事物由萌芽、发展、旺盛到衰弱以至消亡的演变过程。东汉宋衷及三国吴人陆绩曾为《太玄经》作注。晋人范望又删定二家之注，并自注赞文。另有北宋司马光《太玄经集注》、清人陈本礼《太玄阐秘》等。扬雄之“玄”的揭示既具有作为古代哲学在其起始发展阶段上的特征及其宇宙发生论意义，又具有作为古代哲学向其较高发展阶段的特征及其哲学本体论中的万物本体指向。

《太玄经》是中国古代哲学发展的典范，它对于中国哲学思想体系的创立有着重大影响，并对后世中国哲学的发展具有深远影响。自 20 世纪初以来，英美世界的汉学者对于扬雄及其代表作《太玄经》的翻译与研究日渐深入，其成果不断丰富，其研究视角不断广泛而深入，从而加速了扬雄研究的国际化进程。在英语世界的扬雄译介与研究中，迈克尔·基思·巴尼特著有《作为哲学家的扬雄》，戴梅可翻译有《太玄经》、《法言》，科尔文翻译有《法言》等，他们的扬雄研究卓有成效，应该受到重视。

一、迈克尔·基思·巴尼特：扬雄的哲学思想与《太玄经》

1983 年，美国汉学研究者迈克尔·基思·巴尼特（Michael Keith Barnett）著有《汉代哲学家 扬 雄：动乱时代的统一祈求》（*The Han Philosopher Yang Xiong：An Appeal for Unity in an Age of Disorder*）[①]，并以此获得乔治城大学（George town University）博士学位。全书共有两卷，卷一构成了论文的主体，卷二则为附录部分。论文的主体

①Michael Keith Barnett.*Han Philosopher Yang Xiong*：*An Appeal for Unity in an Age of Discord* [D]. Georgetown University,1983.

分为七章，主要以扬雄的《太玄经》和《法言》为根据，论述了扬雄作为中国古代哲学家的思想观。在巴尼特看来，哲学家扬雄顺应现实社会发展的需要，并以哲学思考的路径探寻了世界和谐统一的最高标准和原则。扬雄“将其一生大部分时间奉献于开创一个哲学的理想世界观，并借此赋予人类一个衡量秩序和稳定的标准。他相信这种世界观最终能成为一个完整的体系，并且能向世人揭示生命与自然的基本法则。通过领悟这些法则并在它们的指导下实践，人们可以更好地在时代变迁中存活，更好地激发自己的潜能以及引发对神圣的向往”①。

（一）巴尼特视角下的再现：作为哲学家的扬雄

在巴尼特看来，扬雄是一位诗人，更是一位哲学家，其哲学思想集中体现在了《太玄经》和《法言》的写作中。扬雄“一生中的大部分时间都倾注在了一种哲学观的发展上，这种哲学观提供给人类一种衡量次序与稳定的标准。他相信这样的哲学观就是一种终极的、完全的综合，所有关于生命与自然的基本原则都将获得展示。理解并遵循这样的基本原则，人们就可以在生命的变化历程中得以保全，就可以发挥自身的潜力，追求圣人之道”②。巴尼特的扬雄哲学思想研究聚焦于《太玄经》与《法言》，而著作本身很少提供作者背景或生平内容，因此，巴尼特研究中的扬雄再现也涉及了大量的其他文献资料，特别是班固的《汉书》，“我们知道的扬雄主要基于了《汉书》的提供”③。

扬雄，字子云，生于公元前 63 年，卒于公元 18 年，成都郫县（今郫都区）人，西汉末年著名的思想家、哲学家和文学家。他致力于文学创作，擅长于辞赋的写作，著有《蜀都赋》《甘泉赋》《羽猎赋》《河东赋》《长杨赋》《核灵赋》《太玄赋》《逐贫赋》《酒赋》，以及《反离骚》《解嘲》《解》等，享有“辞赋之英杰”的美名；他潜心于语言学的研究，著有《训纂》与《方言》，只是《训纂》现已遗失，唯有《方言》流传了下来，成为我们的第一部以方言为内容的工具书。在经学兴盛的扬雄晚年，他专注于哲学的思考，不从主流而讲经，刻意于自身的创造，及“拟经”，力求自身的独立与创新，著有《太玄》与《法言》，对此，巴尼特吸取了汉文化研究中的相关成果，涉及了班固的《汉书本传》、王充的《论衡》、常璩的《华阳国志》，以及《后汉书》《文选》《艺文类聚》等文献资料，如班固对扬雄的评介：“实好古而乐道，其意欲求文章成名于后世，以为经莫大于《易》，故作《太玄》；转莫大于

---

①Ibid.P1.

②Michael Keith Barnett.*Han Philosopher Yang Xiong：An Appeal for Unity in an Age of Discord*.Ibid.p1.

③Ibid.

《论语》，作《法言》……”[①]。基于中文的研究文献，巴尼特辅以“有机哲学”[②]的视角再现了扬雄的宇宙观，扬雄之《太玄》取《易经》之型，以一系列的线性组合统一为基础。例如，扬雄的《太玄》用四重取代了《易经》的六爻，每一条线（重）不仅可以二等分，还可以三等分。于是，在扬雄的《太玄》构建体系中便有了 81 种组合，而不是《易经》的 64 种。扬雄预设宇宙的“有机统一”是被一种“玄”的力量所掌控，它掌管着这一体系的三分法。“玄”位于宇宙的中心，包含了三“方”。每“方”又各分为三，名之曰“州”，共计九“州”。扬雄在《太玄》中设立的“方、州、部、家”所代表的基本宇宙概念不仅要反应宇宙的形成进程，而且也要反应人类社会自身的发展进程，宇宙的统一源于“玄”的存在与统一，寻觅“玄”之所在，乃重回人之根本，重回人之统一，重回世界之统一。扬雄之“玄”既在自然世界，也在我们自身的生命世界，人与自然唯有回到“玄”之所在，方可拥有世界与人类自身的顺序与平和，这样的“顺序与平和”当然要表现为人类社会的和谐与统一，其意对应了巴尼特所持的现代“有机哲学观”。扬雄之“玄”既是充满了整个宇宙的道家之“道”，也是遍布于整个人类社会的儒家之“道”，它是集汉及前汉时期“玄”之概念的继承与升华。显然，在扬雄的哲学范畴领域，“玄”被置于了最高的地位，即“玄者，幽摛万类而不见其形者也，资陶虚无而生乎规，‘关’神明而定摹，通同古今以开类，摛措阴阳而发气”（扬雄：《太玄・玄摛》）。它展示给我们的定义即为，“仰而视之在乎上，俯而窥之在乎下，企而望之在乎前，弃而忘之在乎后，欲违而不能，默则得其所者，玄也”（扬雄：《太玄・玄摛》）。

其玄统一阴阳而知全体，“莹天功明万物之谓阳也，幽无形深不可测之谓阴也，阳知阳而不知阴，阴知阴而不知阳，知阴知阳，知止知行，知晦知明者，其唯玄乎”（扬雄：《太玄・玄摛》）！[③]当然，如此超越阴阳之玄虽极致神秘，但又并非离我们而陌生，在扬雄看来，“夫玄也者，天道也，地道也，人道也，兼三道而天名之”（扬雄：《太玄・图》）。总之，扬雄的“玄”之观念，直接性体现了“和同天人之际，使之无间”的哲学观。扬雄的玄得益于周易和老子的思想而力求发展之，可以说，这样的哲学思想基于道家，而成于对儒家思想的相互结合，前者主要体现玄之源泉，后者主要体现玄之发展。巴尼特指出，扬雄结合儒家社会哲学与道家自然观的思想不仅影响了魏晋时期的儒道融合，而且影响了那些不断寻觅理性基础的后起思想家们。[④]

在我们面对“玄”之存在时，我们自身的存在统一无不遵循着“玄”的法则与规定，

① 班固：《汉书》，北京：中华书局，1962 年，第 3583 页。

②Michael Keith Barnett.*Han Philosopher Yang Xiong*：*An Appeal for Unity in an Age of Discord*.Ibid.abstract.

③ 同上。

④Michael Keith Barnett.*Han Philosopher Yang Xiong*：*An Appeal for Unity in an Age of Discord*.Ibid.p4.

无不拥有这样的"玄"之前提。在扬雄看来，不管我们是否注意到了这样的"法则"或"前提"，它都要作为人类自身存在和发展的根本。正是基于《太玄》及其"玄"观念的贯彻，扬雄才有了对《论语》的模仿，才有了论述人类及社会统一的《法言》问世，并以此极大地丰富了扬雄的哲学思想体系。"如果将扬雄哲学方方面面视为其宇宙观的有意识体现，我们就能很好地理解他的哲学思想。"[①]在扬雄哲学思想的建立中，《太玄》与《法言》都在基于一种宇宙原则的判定与揭示，这样的"原则"对于我们社会而言至关重要，它带给我们人类的是一种至善的平衡，一种决定人类与自然次序与恒定的命令。扬雄认为这样的"原则"并非不可定义，唯有描述并遵守了这样的宇宙原则，人类自身方可拥有次序与稳定之源，显然，不论是《太玄》的写作，还是《法言》的写作，扬雄都在依从这样的目的而行，其终极的归属就是取得圣人之道而永恒。扬雄写作《太玄》就在于明示"玄"之根本，力求于无常人生与动荡社会中的超越，从而获得一种圣人之精神与超然之态。因此，《太玄》《法言》等的写作在作者眼里就被视为了睎圣之作而不与众俗同享。

巴尼特认为，扬雄的哲学体系包含了社会哲学与思辨哲学两大组成部分，两者间存在"张力""对立""统一"[②]。从《太玄》与《法言》的思想构成中，扬雄的哲学观出于了一种社会哲学和思辨哲学的要求，其指向目标既在现实的世界中，也在超越的理想世界中。当然，扬雄哲学的社会因素与思辨因素主要源于其生命历程的艰辛与崇高心灵世界的渴求需要。在班固所著《汉书》中的《扬雄传》中，我们可以读到，扬雄是在四十左右的时候离开家乡到达长安的，汉成帝在位，时因文章才华得以被皇帝召用，作为一名宫廷之内的文学待诏之士。著名辞赋如《甘泉赋》《河东赋》《校猎赋》《长杨赋》便成于这一时期。公元前 11 年正月，扬雄随成帝前往甘泉宫，作《甘泉赋》一文，意在讽刺成帝之铺张，同年十二月又作《羽猎赋》，其意仍以讽刺劝谏为题，公元前 10 年，同样的劝谏主体出现在了《长杨赋》，成帝的铺张奢侈继续收到了作者的关注与批评。在这一时期，扬雄与王莽、刘歆等为同僚，被封黄门郎。扬雄辞赋继承了司马相如传统中的华丽与温雅，其融入自己的思想与散文写作特征，作品内容既宏大而又深厚，深得后世赞赏，影响深远。刘勰在《文心雕龙》中将扬雄辞赋列为深厚雄伟的赋中佳品。因此，后人常把扬雄辞赋与司马相如的辞赋相提并论，并称为我们古代辞赋的并峙双峰，誉为"扬马"。然而，扬雄在辞赋写作方面的成功并未使他在这一文学道路上走得更远，其原因就在于辞赋的写作及影响被扬雄视为了"得浮华而不省真意的宫廷艺术"，乃"童子雕虫篆刻"之小技。因此，这样的辞赋更多是作为一种修身养性之用，而非作为劝谏进言之用。于是，扬雄的辞赋创作便走

①Ibid.P7.

②Ibid.

到了“壮夫不为”的境地。其结果才迎来了扬雄哲学思想发展的重要转折时期，即由辞赋到经世之学研究的变化。

《太玄》及其《法言》便作为经世之学研究的重要成果，尤其是前者，更被桓谭视为“必传后世”之作，认为扬雄“才智开通，能人圣道，卓绝于众”。据《西京杂记》记载，在写作《太玄》时，扬雄曾梦见过凤凰的出现，以后因此而有了“扬雄梦凤作太玄”之说。《太玄》一书的主题多聚焦于多元统一、和谐一体之思想。他用“浑天说”代替了当时的“盖天说”，并做出了相应的系统阐述，宇宙与地球分别被比喻成了鸡蛋和蛋黄。扬雄的“难盖天八事”论据充分，说理清晰，成为我国天文研究史上的重要文献，直接影响了后来的天文研究，如张衡浑天仪的制造。张衡更是亲自研读了《太玄》，将《太玄》与《五经》作比，认为扬雄精通天道术数。在扬雄的哲学思想中，宇宙万物相互作用变化，和谐统一，天地万物无不遵循这样的规律。此外，扬雄还秉持一种发展的哲学观，认为事物是变化发展的，世界中的天地、阴阳、寒暑等并非孤立而存在，相互之间既对立又转化。

在巴尼特的扬雄哲学研究中，有机哲学的统一视角成为其走近扬雄的出发点。通过《太玄》，扬雄为我们展示了一种基于有机统一的宇宙论，从这样的宇宙论出发，我们所拥有的世界既有纯粹的形而上学原则，又有统摄于这种原则之下的万事万物，前者是作为源泉的存在，而后者是作为了面对的自然之在。扬雄认为，在我们对现实中的自然世界进行解释描述时，我们的解释总是可能的和现实的，其原因不在于万事万物的显示或表现，而在于我们所秉承的宇宙原则，基于这样的宇宙原则，我们不仅可以并现实地回归自身的存在统一，而且也同时回归了人与世界的存在统一。从扬雄的思想世界里，巴尼特认为自己已经发现了扬雄的问题，即“人如何联系于宇宙的进程”[①]。因此，在扬雄的眼里，不论是社会还是宇宙的统一，无不立于一种根本或中心之在，即扬雄之“玄”。只要我们立于了“玄”之根本，我们便立于了解释世界的位置之上，拥有“玄”即拥有解释的可能与现实。“玄”是形而上学的思辨对象，也是现实世界的规定者和推动者，从扬雄之“玄”到形而上学之纯粹形式，我们在语言表现形式上并未取得任何进展，不论两者之间可以体现出多大的语言学特征，然而，一旦我们将“玄”作为了显示语义的路径，而将纯粹形式作为了“玄”之本体的存在，那么，“玄”所揭示的就一定要是现象世界中所发生的对于“玄”之本体的召唤，其目标不在现象世界而归于了形而上学的纯粹形式世界。“玄”之世界充满次序与规律，“玄”之世界充满目标与理性，扬雄的宇宙观与形而上学观正是基于了对“玄”的如此建构，并使得自身的哲学思想体系区别于当时的其他思想体系，“玄”的世界不再无序、不再无常、不再离开理性。对此，产生这种思想的动机应该是什么呢？要回答

①Ibid.

这样的问题，扬雄时期的社会现实与思想文化现实应该可以作为巴尼特寻觅答案的分析对象。

西汉末年，作为正统意识形态理论的儒家学说面临了前所未有的危机，扬雄自身的思想主张也因王莽事件而面临严峻考验。王莽利用符命当政后，却要禁止这样的符命之事。刘歆、甄丰位列上公，其子甄寻、刘棻却要继续符命之事。结果，甄丰父子被杀，刘棻遭到流放。当时，扬雄正在天禄阁校书，抓捕者到来，扬雄恐不能脱身，便从阁上跳下，几乎送命。王莽得知后，不相信扬雄参与其中，便暗中调查此事，后得知扬雄在不知情的情况下教授刘棻的奇字书写，于是，扬雄被免于追究。扬雄也因此受到非议，即，有人讽刺扬雄：你不是孤独清净不参与权势之争的吗，为什么要自投楼阁寻死？你不是自以为洁身自爱不逢迎吗，为什么又要写符命文章？以上内容源自《汉书・扬雄传》："时雄校书天禄阁上，治狱使者来，欲收雄，雄恐不能自免，乃从阁上自投下，几死。莽闻之曰：'雄素不与事，何故在此？'间请问其故，乃刘棻尝从雄学作奇字，雄不知情。有诏勿问。然京师为之语曰：'惟寂寞，自投阁；爰清静，作符命。'"[①]《汉书・扬雄传》的结尾真如扬雄本人的晚年一样，字里行间充满着一种困惑、无助而忧伤，这就是巴尼特眼里的"悲哀的描述"[②]。天禄阁事件标志了扬雄人生的重大转折，也成为他心灵世界挥之不去的阴影。扬雄的晚年深受"跳阁"事件的影响，总是希望远离社会现实而将自己隐藏起来，然而，这样的企图在他真正地寻得安身之所前无疑只会带来新的烦恼。作为著名的西汉学者，扬雄本可以依靠自己的思想作品确立自身存在的价值，但这样的希望同样遭遇了严酷的现实，其思想及其著述并未受到重视，扬雄的有生之年注定不可经历那种"圣人"的荣耀，他不得不接受刘歆所说的现实（《汉书・扬雄传》）："空自苦！今学者有禄利，然尚不能明《易》，又如《玄》何？吾恐后人用覆酱瓿也。（没必要白白辛苦！当今学者享受着高的薪水待遇，却不能搞明白《周易》，又怎能把你的《太玄》理解呢？我担心后世的人用你的书来盖酱罐。）"[③]《太玄经》在扬雄身后40余年仍然不被人们所阅读。

事实上，扬雄所处时代已经兴起了中国古代思想史上的重要潮流，其中以围绕孔子儒家思想及其经典认定的哲学辩论尤为著名，形成了中国经学史上的今古文之争。两汉时期的儒家经学分为有今文经学和古文经学：今文经一般指汉初由儒家门徒口传，并使用当时流行的文字隶书加以记载形成的典籍。而古文经则是指那些使用先秦古籀文字写成的经籍，其来源多出自民间收集或孔子故宅壁间的发现。今文经学的学者认为，六经皆为孔子所著，专注阐释经文中传递的"微言大义"，主张通经致用，其代

① 班固：《汉书》，北京：中华书局，1962年，第3584页。

②Michael Keith Barnett.*Han Philosopher Yang Xiong*：*An Appeal for Unity in an Age of Discord* Ibid.p3.

③ 班固：《汉书・扬雄传下（全三册）》，上海：上海古籍出版社，2003年，第256页。

表人物有董仲舒、何休等，《春秋公羊传》无疑作为了今文经学的经典。而古文经学遵从周公，将孔子视为先师，一位“述而不作，信而好古”（只是传承古代优秀文化而不重新创造，相信而且喜好古代的东西）的先师；古文经学强调训诂，挖掘古文经学的本有之意，其代表人物有刘歆、扬雄等，其核心为《周礼》。汉初，《易》《书》《诗》《礼》《春秋》每经只有一家，每经置一博士，各以家法教授，故称五经博士。汉武帝所立五经博士皆为今文经学，今文经学长期垄断汉代官学。后今文经学逐渐陷入了僵化死板，与谶纬结合在一起，于西汉后期走向衰落。在今文经学走向衰落的同时，古文经学却获得了发展，甚至在王莽新政时一度得立学官，取得压倒今文经学之势。经学今古文之争本是汉代开始的一场涉及儒学研究的派系间辩论，但这样的今古文之争却是旷日持久，长达两千余年，一直持续到了清代末年。巴尼特认为，扬雄所经历的经学的今古文之争不仅仅是涉及儒家派系间关于经典的确立之争，更是不同思想观的激烈碰撞，今文经学与古文经学这两种的对立的力量在理想主义者与唯物主义者、神秘主义者和现实主义者，以及保守主义者和改革者之间形成了分水岭。[①] 在此，巴尼特以一位西方学者的视角将扬雄时期的儒家学派之争放在了一个更具普遍性特征的层面，即一般人类思想对立的层面，既归于社会历史的发生现象，也归于思想文化的发生现象。扬雄作为汉代的著名学者，其思想和作品引领了古文经学研究的发展，深刻地影响了古文经学学派的思想体系，为古文经学的形成发展提供了一种理性思辨的哲学基础和方法论，并集中地体现在了《太玄经》《法言》等作品中，成功地奠基了儒家思想体系的形而上学之源，深受后人的推崇与尊敬，如出现在巴尼特研究中的桓谭、王充、韩愈等人的评述。

桓谭在其《新论》里赞曰：“（扬子云）才智开通，能入圣道，卓绝于众，汉兴以来未有此人也。”[②] 桓谭眼里的扬雄才智通达，能入圣人之道，实属超凡脱俗之辈，自汉朝建立以来还不曾有过如此卓越之人。当然，桓谭所言的圣道应归于孔子之道，扬雄也被桓谭视为了孔子一般的圣人，《闵友篇》中有：“张子侯曰：‘扬子云西道孔子也，乃贤如此。’吾应曰：‘子云亦东道孔子也。昔仲尼岂独是鲁孔子？亦齐楚圣人也。’”[③] 显然，扬雄不仅知晓并具备圣人之道，而且他自身就被视为了孔子一样的圣贤，就如孔子被视为鲁国和齐楚的圣人，扬雄则被桓谭视为了西部地区孔子和东部地区孔子，在桓谭看来，扬雄的地位与影响绝不仅限于一个局部的地区，它要体现在整个的国家层面。

在桓谭将扬雄视为孔子外，另一位著名学者王充也给予了扬雄非常高的评价。王

①Michael Keith Barnett.*Han Philosopher Yang Xiong*：*An Appeal for Unity in an Age of Discord* Ibid.p25.

② 桓谭：《新论》，朱谦之，校辑，北京：中华书局，2009 年，第 41 页。

③ 同上，62。

充把扬雄比作了文、武、周公一样的圣人。他说："夫通览者，世间比有；著文者，历世希然。近世刘子政父子、扬子云、桓君山，其犹文、武、周公并出一时也；其余直有，往往而然，譬珠玉不可多得，以其珍也（《论衡 . 超奇篇》）。"[①] 认为能通读的人，世上到处有；能著书写文章的人，历代却少得很。近代的刘子政父子、杨子云、桓君山，他们就像周文王、周武王、周公一样同时出现在一个时代；其余仅有而已，往往如此，譬如珍珠宝玉不可能多得，因为它们珍贵。"身与草木俱朽，声与日月并彰；行与孔子比穷，文与杨雄为双，吾荣之。"[②]《论衡・自纪篇》以孔子、扬雄为楷模，对他们的文才与德行给予了极高的评价。在王充看来，他们的身体虽然和草木一样地腐烂了，但他们的名声却同日月一样光辉灿烂，经历和孔子那样穷困而不得志，文章却能与扬雄比美，我以此为荣。

韩愈《读荀》："孟氏醇乎醇者也。荀与扬，大醇而小疵。"醇者，谓所学纯正不驳杂也；小疵者，美中不足也。唐代韩愈认为儒家圣人之道的传授由来已久，它不同于佛教、道教之道，然而，儒家圣人（如：尧、舜、禹、汤、文、武、周公、孔子）之道传到孟子后就停止了，作为荀子和扬雄这样的圣人之徒，也是"大醇而小疵"，并非完美意义上的圣道之传。"晚得扬雄书，益尊信孟氏。因雄书而孟氏益尊，则雄者亦圣人之徒欤。"当然，韩愈的"大醇小疵"肯定了扬雄作为传播儒家圣人之道的传承者地位，提出了自己的"道统"，从而表明韩愈自己对于孔、孟、扬雄之道的传承。"虽诚有之，抑非好己胜也，好己之道胜也；非好己之道胜也，己之道乃夫子、孟轲、扬雄所传之道也。若不胜，则无所为道。"[③] 在此，扬雄传孔孟之道，其后便是韩愈可以充当这样的圣道传人。韩愈自信可以胜任这样的传道之位，自信不负孔孟之圣道，不负扬雄之传承。如果说韩愈秉持道统而自圣，那么，扬雄就是这种"自圣"之路上的楷模与引路人。

扬雄在汉唐时期具有持久的杰出影响，他在反对今文经学、黄老之说，维护孔孟儒学之纯洁性上，扬雄赢得了桓谭、王充、韩愈等人的推崇，并在后世当之无愧地奠定了与董仲舒、王充、韩愈齐名的历史性地位。刘禹锡的《陋室铭》中就有"南阳诸葛庐，西蜀子云亭，孔子云：何陋之有！"简直就是"圣人之徒"。1983 年，巴尼特在自己的表述中特别地使用了似乎更具有西方哲学意味的"形而上学"概念来凸显扬雄在"传承"中的重要地位，即"宋朝前最伟大的儒家学派的形而上学家（metaphysicians）"。在巴尼特看来，形而上学概念更适合表现那种超越物理学、超越具体之物、有形之物的学问，它应该属于抽象、思辨、概念、逻辑、本质、规律、

① 黄晖：《论衡校释》，北京：中华书局，1990 年，第 606 页。

② 同上，1205。

③ 韩愈：《文集汇校笺注》，刘真伦，岳珍，校注，北京：中华书局，2010 年，第 562 页。

真理之类的东西，基于如此西方哲学的本源性概念，扬雄在儒家思想传承中的地位在巴尼特看来就不仅仅是“传承”之意了，更是对于孔孟思想体系进行哲学化创造的形而上学家[①]。巴尼特认为，扬雄作《太玄经》具有《易经》似的探寻目标，力求建立儒家社会哲学和道家自然哲学的形而上学体系，从而为孔孟思想体系和道家自然主义精神存在提供一种纯粹的形上之源。因此，儒家的社会观和道家的自然观在《太玄经》中的融合统一得到了很好的体现，其影响远非局限于汉唐的儒家学者，它所提供的应该属于儒家思想体系产生的理性基础问题，正如荀子和董仲舒所为，理性宇宙观和道家自然观的融合就是在于为儒家的社会观提供一种宇宙构成意义上的支持[②]。正如上文所言，扬雄的《太玄》始于对《周易》的模仿，但其构成却与《周易》不同。《太玄》的宇宙观主张“天道”或宇宙之道是可以认知的，宇宙中的所有一切的存在都是以阴阳为基础的，他们共同产生了存在世界，而阴阳二气又源自玄，玄在扬雄那里就是宇宙世界存在的最后根源。不论这样的“玄”在扬雄那里是否得以了定义或建立，其对于儒学形而上学体系乃至整体中国文化思想体系的建立无疑起到了非常关键的作用。“扬雄并非可以加以清晰划分为儒家或道家的思想家，他吸收了众多思想流派的影响……尽管他在一般意义上被视为了儒家学者。”[③] 扬雄之“玄”出于儒家思想建构的需要，吸收了道家自然主义天道观，援道释儒，区别于董仲舒的“天人感应说”，从而为古文经学的发展开辟了扬雄自己的道路，从本源上揭示了谶纬神秘学说的荒唐所在，其巨大影响涉及后世中国的方方面面。“援道释儒”不仅是两种思想的交融结合，更是基于发展、完善儒家思想之需要的选择与吸收，在一定意义上，孔孟圣道的理性之源因为扬雄而贯通了道家思想的自然主义之精神，“老子之言道德，吾有取焉耳。及捶提仁义，绝灭礼学，吾无取焉耳（扬子《法言・问道》）。”当然，扬雄的“援道释儒”始终出于了对儒家政治伦理道德标准的极力维护，出于了对道家、墨家、法家等的批判，“庄、杨荡而不法，墨、晏俭而废礼，申、韩险而无化，邹衍迂而不信”（扬子《法言・五百》），其中以对庄子的批判尤为有名，并深深地影响了东晋时期的葛洪。葛洪出身名门，少时便以儒学闻名，传承郑隐之学，集儒、道之学于一体而求永生，作为中国历史上的道教思想家，其思想也并未离开儒学之根本，而是将其道家思想同儒学结合起来。葛洪在《抱朴子内篇・遐览》中说：“郑君本大儒士也，晚而好道，由以《礼记》《尚书》教授不绝。”

再以东汉张衡“浑天说”为例，张氏之宙观形成的直接性原因也同样源于了扬雄的太玄之说。《后汉书》张衡列传第四十九有：“吾观《太玄》，方知子云妙极道教，

①Barnet,Michael.*Han Philosopher Yang Xiong*：*An Appeal for Unity in an Age of Discord* Ibid..pp1-9.

②Ibid

③Ibid.P37

乃与‘五经’相似，非徒传记之属，使人难论阴阳之事，汉家得天下二百岁之书也。复二百岁，殆将终乎？所以作者之数，必显一世，常然之符也。汉四百岁，《玄》其兴矣！”（张衡平常爱扬雄的《太玄经》，对崔瑗说“：我看《太玄》，才知道子云妙极道数，可与《五经》相比，不仅仅是传记一类，使人论辩阴阳之事，汉朝得天下二百年来的书啊。再二百年，《太玄经》就会衰微吗？因为作者的命运必显一世，这是当然之符验。汉朝四百年之际，《玄》学还要兴起来的呢。”）可以说，张衡的宇宙思想，以及《玄图》《太玄经注》等著作都受到了《太玄》的影响，以《太玄》并结合道家思想的世界观成为张衡科学思想的哲学基础。

在宋以前的扬雄评介中，我们看到的主要是对扬雄及其作品的推崇、赞美和欣赏，扬雄也作为了正统孔孟继承与传播的集大成者，正所谓：“扬子云真大儒者邪！孔子既殁，知圣人之道者非子云而谁？孟与荀殆不足拟，况其余乎！”[①]（《读玄》）。“杨雄者，自孟轲以来未有及之者，但后世士大夫多不能深考之尔。孟轲，圣人也。贤人则其行不皆合于圣人，特其智足以知圣人而已。故某以谓深父其知能知轲，其于为雄几可以无悔。”[②]“自汉以来，惟有三人近儒者气象，大毛公、董仲舒、扬雄。”[③]到了宋代，扬雄的地位发生了改变，尽管也得到了如司马光、王安石、程颐等人的肯定，特别是司马光和王安石，司马光将扬雄视为了孟、荀之上的圣道传播之人，王安石则将扬雄与孟子并列。程颐虽持肯定之态，但也因不看好汉唐诸儒而对扬雄提出了批评，他说：“杨子，无自得者也，故其言蔓衍而不断，优游而不决。”[④]“作《太玄》本要明《易》，却尤晦如《易》，其实无益，真屋下架屋，床上叠床。他只是于《易》中得一数为之，于历法虽有合，只是无益。今更于《易》中推出来，做一百般《太玄》亦得，要尤难明亦得，只是不济事。”[⑤]显然，程颐并不欣赏扬雄的《太玄》，其释《易》之衷未能实现，其成书之晦涩难以明理，因此，程颐认为《太玄》对《易》理无所发挥。当然，在宋代批判扬雄的学者里，苏氏父子的评价更为极端，在他们看来，扬雄的学术思想缺少独创性和深刻性，其代表作《法言》《太玄》除去一种对经典的模仿便没有了自身深邃而独到之建树，实为平常之思，平常之作，即心之理远非扬雄呈现之理，苏洵认为：“扬雄之《法言》，辩乎其不足问也，问乎其不足疑也。求闻于后世，而不待其有得，君子无取焉耳。《太玄》者，雄之所以自附于夫子，而无得于心者也。使雄有得于心，吾知《太玄》之不作。”[⑥]在孔孟之道的传承上，苏轼认为扬

① 司马光：《太玄集注》，刘韶军，点校，北京：中华书局，1998 年，第 1 页。

② 同上，第 961 页。

③ 程颢：《河南程氏遗书》，北京：中华书局，1981 年，第 232 页。

④ 同上，第 325 页。

⑤ 同上，第 251 页。

⑥ 赖力行，李清良：《中国文学批评史》，长沙：湖南教育出版社，2003 年，第 177 页。

雄之说并非真正地代表了儒家圣道的精神，而施以了非儒家圣道的添加，尤其是儒之仁义的道家思想影响，其传孔孟之道实乃背离之举，“如扬雄谓老子之言道德，则有取焉尔；至于搥提仁义，绝灭礼乐为无取。若以老子‘剖斗折衡，而民不争，圣人不起，为救时反本’之言为无取，尚可恕；如老子言‘失道而后德，失德而后仁，失仁而后义。失义而后礼’，则不识道已不成言语。却言其言道德则有取。扬子亦自不见此，其与韩愈相去远矣”[①]。正所谓“大凡能发见即是气至，若仲尼在洙、泗之间，修仁义，兴教化，历后千有余年用之不已。今倡此道不知如何，自来元不曾有人说着，如扬雄、王通又皆不见，韩愈又只尚闲言词”[②]。

宋代扬雄地位变化的原因，一方面在于扬雄著述的学术风格，其模仿性被一些宋代学者视为复制而缺乏创造性，即使后起的韩愈也要远远胜过扬雄，即“扬子亦自不见此，其与韩愈相去远矣”。另一方面在于他的政治态度与社会关系，即扬雄同王莽政权的关系，王莽及其新政在儒家正统思想中是不予认可的，甚至在传统中国文化里也被看成了篡权夺国的乱臣贼子，孔孟之道的伦理标准早已将王莽似的人物钉上了历史的耻辱柱，不管这样的人是否推动了人类历史的进步。在新儒家理学兴起的宋代，扬雄思想同样面临了无情批评，其中又以朱熹的批判最具代表，在朱熹看来，不论是扬雄的《法言》还是《太玄》都只能算是模仿，这样的模仿除了儒家经典的形式之外却并未具备儒家圣道的传承，即不能“晓得圣人之旨”（卷一百三十七）或“说得却也好看，只是非圣人之意”[③]（卷一百三十七），或“自孔子以后，得孔子之心者，惟曾子、子思、孟子而已。后来非无能言之士，如扬子云《法言》模仿《论语》，王仲淹《中说》亦模仿《论语》，言愈似而去道愈远。”[④]（卷第九十三）。朱熹进而指出“扬子云不足道”，扬雄无用，就是一腐儒，他到急处，只是投黄老，并让自己的弟子“不要看扬子”[⑤]（卷一百三十七）。朱熹认为，扬雄《太玄》之道源自老子思想，扬子之“清静”和“养生”与老子之言并无二意，扬雄思想的传承离不开汉代黄老道家的影响，当然，朱熹的《太玄》论无非就是要证明扬雄思想的道家渊源，从而削弱扬雄作为儒家学者的历史地位并奠定以二程、朱子为代表的宋代理学的正统儒学地位。显然，在朱熹看来，如果孔孟圣道还有真正的传承和弘扬者，那这样的人不是扬雄而是他们自己。虽朱熹认为扬雄在汉末不入主流、不困于迷信而难能可贵，但朱熹的批评的主旨在于忽略和贬低扬雄对于西汉儒学发展的历史贡献及其对后世的积极影响。

---

① 曾枣庄，刘琳：《全宋文 第 44 册》，成都：巴蜀书社，1994 年，第 841 页。

② 张载：《张载集》，北京：中华书局，1978 年，第 291 页。

③ 黎靖德：《朱子语类》，北京：中华书局，1986 年，第 137 页。

④ 同上。

⑤ 同上。

总之，宋代儒学的发展既是对唐汉儒学的继承，又是对它的突破和发展，其自身作为新儒学思想体系的建立便展示为了一个由接收到批判的发展过程，扬雄的思想自然要出现在这样的过程，经历宋代学者的评价，或为儒学观的评价，或为个人道德的评价，或为学术态度的评价。于是，扬雄在经历了宋代学者的批评后便成为一位从神坛上走下的人，其在宋代新儒学的道统中自然也就失去了它的领导地位，而以张载、二程为代表的新儒学地位逐渐上升，并最终导致了扬雄被儒家道统的完全排斥，此情形直到明清时期出现“汉学复兴”才有所改变。

巴尼特的研究尽管涉及了扬雄思想的各个方面，但他思考的重点还在于扬雄的宇宙论，在于呈现扬雄宇宙论形成、发展的过程与内容，其目的就是要通过这样的“呈现”方式来确立扬雄思想建立的思路和方法，用以明确扬雄宇宙观同其他重要哲学概念的关系，因此，“关于扬雄宇宙论与社会观之间的关系描述，以及关于两者之间的冲突与和谐关系的描述具有极其重要意义”①。扬雄哲学思想世界的宇宙论构成了其思想体系建立的路径和内在模式，但凡卓有成效之历史学者无不进入扬雄的宇宙论构建而做出独到的赞颂或批判。如果说扬雄作为汉代大儒而确立了孔孟之道的崇高目标，那么，这样的孔孟之道在扬雄那里更多是表现为维护、传承和应用，具体表现为对儒家经学经典为目标的模仿与阐释，正如上文所言，这样的工作几乎贯穿了《法言》《太玄》等著作的写作，以及后期的整个生命历程。二程、朱熹等人对这样的工作不以为然，其实质在于这样的工作并非可以标识圣人之位，然而，他们却似乎故意地忽略了扬雄研究的创造性贡献，即通过自身宇宙观的思考与构建来呈现儒学之思想、孔子之圣道。纵观扬雄主要作品的内容，扬雄的经学之道是朝向孔子之圣道的，只是这样经学圣道的朝觐之路不同于传统之径，他创造性地建构了基于儒学要旨为核心的宇宙论体系，为此，巴尼特更是明确地提出，扬雄的宇宙论的“创新性建立”②始于其“儒学核心”③价值观建立的需要。显然，巴尼特在谈到扬雄的经学观和宇宙观时特别凸显了“新”和“心”的特征，“新”就在于扬雄宇宙模式中对于人与宇宙关系的构建与说明，从宇宙到人或从人到宇宙的过程存在一种必然相通的和谐统一，认知宇宙与人类世界的真理在于回到共同的“道”之根本；“心”就在于扬雄所坚持的孔孟之道，在于中国古代人学中所秉持的立德、修身、养性之道。在扬雄的眼里，如此之“心”远非自然生理之“心”，于是，他要取得关于传统孔孟之道的升华，建立其作为圣道的普遍性基础，即作为孔孟精神存在的“道”之所在。在扬雄看来，此“道”纯粹而崇高、无名而存在、神秘而伟大，唯有顺“道”而行，方可近孔孟之“心”与宇宙之源，方可

①Barnet,Michael.*Han Philosopher Yang Xiong*：*An Appeal for Unity in an Age of Discord* Ibid.p7.

②Ibid.

③Ibid.

迎接“道”之显示。显然，扬雄之“心”出于了对孔孟圣道的虔诚，出于对儒家思想精髓的极力维护，一切涉及了“新”的宇宙论创造无不与这样的儒家思想的形而上学建设结合在一起。如果说孔子的儒学确立了一个以人为中心的伦理原则或道德体系，那么，扬雄则要将这样的儒家体系说明于宇宙体系的建构之中，并展示两者之间的联系与统一，其宇宙论建构的形而上学还在于说明儒学建构的形而上学。在巴尼特看来，扬雄所思考的焦点就在于人与宇宙的关系，即：“人与宇宙进程如何联系？”[①]在于探讨建立两者和谐关系的实现路径。因此，在扬雄的哲学体系中，人类世界的进程与内容统一于自然世界的进程与内容，所有人类社会的行为规范与遵从原则都应该顺应自然之道和精神之道，人类自身修养的最后目标便是合于精神之道而永恒于世界。扬雄力求展示这样的“天人合一”世界，力求描绘通往这一世界的图景。在扬雄看来，所有人类社会的个人行为规范无不受制于不同的现实影响，无不受制于满足物质欲望和追求崇高之“道”的不同目标要求，于是，人之存在的现实既是自然的，又是形而上学的。回到扬雄的宇宙论哲学世界就在于重返作者的思想历程，重现其形而上学建构的卓越成就。

在巴尼特看来，扬雄思想体系中儒学“中心”和宇宙学新论体现了其哲学思想世界的有机统一观，它既展示在了《太玄经》中，又展示在了《法言》、汉赋等的写作中，走进扬雄的思想世界，理解扬雄的伦理哲学和社会哲学就在于关注研究扬雄的“有机统一论”，关注人、社会、自然的有“机统一关系”。作为西汉后期的杰出哲学家，扬雄的统一论思想吸收了儒家、道家等的理论成果，创造性、综合性地尝试建立儒家学说的“理性基础”，其过程包含了对儒家思想内容的重新审视，批判了当时盛行的“五行”说、阴阳说、数理说在儒家思想中的阐释表现。扬雄的儒道融合及其《太玄》无不联系于“理性基础”建立的需要，《太玄》之玄就是天道本源探究的最高范畴，就是黄老之道的再现与重释，就是孔子之元的明示与确立。《太玄》集天文、历法、数学之知识于一体，演绎玄之天道，显儒、老之源，尽人伦之极，其“玄”之概念始于黄老之学，而扬雄则将“玄”之概念上升到了哲学的范畴，以“玄”之本体论替代“五行”“阴阳”学说的非理性建构，并最终服务于儒家学说的理性体系建立。显然，扬雄作为古文经学的杰出代表，他清楚地意识到了西汉时期的孔孟之学已经偏离正轨而掺杂了太多的非理性成分，孔孟之“圣学”应该重新回归自身的纯粹与理性，而这样的“回归”就是作为扬雄思想理论建立的重要出发点。尽管这样的“回归”更多地体现了作者的心理意愿而非现实的结果，但作者的思想历程和写作行为都在朝向或表明这样的目标实现。

在扬雄看来，儒学的纯粹与理性离不开儒家正统的理论体系及价值观，儒学的纯

①Ibid.

粹与理性在于孔子之道，在于“五经”之根本；回归正统的儒家思想体系就在于弃诸子百家之说而独尊孔子之道，“舍舟航而济乎渎者，末矣；舍五经而济乎道者，末矣。弃常珍而嗜乎异馔者，恶睹其识味也；委大圣而好乎诸子者，恶睹其识道也”（《法言・吾子》）。舍弃舟楫而渡沟渠，离开“五经”而寻道，这又如何可以实现呢？又如品味，独尝奇特之“异馔”，又何知“常珍”之美，何具品味之正（其中常珍指日常的美食，异馔指奇特的食物），同样，喜爱诸子百家而不读圣道典籍，体认大道又该何以实现呢？在扬雄眼里，此“大道”乃儒家孔子之道，即儒学倡导之圣道，唯有孔子而非他人可以指引，“山径之蹊，不可胜由矣；向墙之户，不可胜入矣。曰：‘恶由入？’曰：‘孔氏。孔氏者，户也。’（《法言・吾子》）”在扬雄看来，入孔子圣道者，须得去除诸子之偏离而显儒家价值观之正统地位，任何取道诸子之学而寻圣道，无异于取“它道”而为圣道，其结果只能背离圣道之学，所有关于儒家经典的误读与曲解就必然地存在了。“适尧舜文王者为正道，非尧舜文王者为它道，君子正而不它（《法言・问道》）。”从维护孔子正道的立场出发，扬雄以正道和它道之分表明了体认大道的必然选择，以及何以实现选择的当下之举。在《法言》中，扬雄面对了自己的圣道体认之现实和困境，“五经”变得神秘而支离破碎，正统的经典在诸子之论和谶纬之说的传播中失去了往日的荣光，“或曰：‘甚矣！传书之不果也。’曰：‘不果则不果矣，又以巫鼓。’（《法言・君子》）”此“传书”乃诸子之书，其意非但偏离五经本意，且附之以谶纬之神学，“或问‘黄帝终始’。曰：‘讬’也。昔者姒氏治水土，而巫步多禹；扁鹊，卢人也，而医多卢。夫欲仇伪者必假真。禹乎！卢乎！终始乎？（《法言・重黎》）”世上流传黄帝之书，以终始为论，实乃巫术、谶纬学者之书，他们假借鬼神，制作神秘之形，以欺他人。又说，夏禹治水积劳成疾，身病偏枯，行走艰难，巫称禹步；卢人扁鹊善医，而医多卢。但凡从谶纬神秘之术者，必以假当真。所以，辨明诸子之学、摒弃谶纬神秘之伪而回归正统，回归儒学思想的大一统，乃扬雄著述所追求之中心。当然，扬雄之学也绝非“不好非圣人之书”，正如王安石所言所作，扬雄对于“墨、晏、邹、庄、申、韩，亦何所不读”，“自百家诸子之书，至于《难经》《素问》《本草》、诸小说，无所不读。农夫女工，无所不问。然后于经为能知其大体而无疑”①。显然，扬雄的“不好非圣人之书”更多地表明了一种追求孔子圣学一统天下的愿望，与其说是在表明作者的读经历程，不如说是在宣示自己的思想主张。扬雄“好圣人之书”基于了自己的选择结果，它既是作者自身思想发展的选择，也是作者所处社会现实需要的反应，“非圣人之书”铺就了作者的选择之路，也铺就了作者大一统思想建立的寻觅之路，这既是作者思想发展历程的自我反应，也是作者所处时代的社会现实反应，其意旨在走出思想的丛林

① 王安石：《临川文集》，《答曾子固书》（卷 73），长春：吉林出版集团，2005 年。

而获得心灵的明晰，走出社会的纷争而朝向和谐的大一统图景。这样的意图直接导致了扬雄对于孔子之学的选择，直接导致了对诸子之学的批判，由此，孔子儒学的正统地位得以进一步的确立。扬雄的“好圣人之书”基于了自身道统思想的需要，其愿望的内在动机无不联系于一种坚定的儒学正统地位确立的信念，无不联系于圣人之道的深刻内涵，“或问道。曰：‘道也者，通也，无不通也。’或曰：‘可以适它与？’曰：‘适尧、舜、文王者为正道，非尧、舜、文王者为它道，君子正而不它。’”[①]“君子正而不它”既有作者信念之正和圣道之“正”，也有批判之“它”，扬雄之“好”在于传承，在于批判，在传承中明心，在批判中坚守，以伏羲、尧、舜、禹、汤、文、武、周公、孔子为榜样，以百家诸子为戒，以至于圣人之道，以至于天地之道。如果说扬雄的天、地、人之道源于圣人而取自五经，那么，他就自然地要将这样的圣道与圣学赋予自身而彰显，从而自列于圣人之序，“后之塞路者有矣，窃自比于孟子”[②]。

总之，在儒家思想及其经学在西汉末年遭遇空前的危机时，扬雄自比于孟子，并以其“正人心，息邪说”为己任，重树先秦时期的儒学核心，即孔孟之道，旨在拒斥以董仲舒为代表的今文经学弊端，以及道家、法家等学派思想的影响，张扬“人道”的儒家学说。扬雄的儒家经学观及其哲学思想在汉代的影响独一无二。可以说，正是因为扬雄的影响，儒学的本质与内涵、“内圣”与自律之道才得以摆脱非理性之发展趋势，才开启了孔孟圣学的发展之路，成就了中国儒家哲学的早期基础。当然，在我们从中国哲学的视角审视扬雄的重要贡献时，我们并非要在宣称一种系统与逻辑意义上的哲学建树，基于时代的限制和早期儒家传播的影响，扬雄的哲学观更多是出于儒学研究和回归孔孟“正统”要求的产物，因此，其哲学思想的核心还在于儒学的人性伦理，还在于“内圣”“外王”的人格完善与统一，即统一于“玄”之本体的“人道”“天道”和“地道”的和谐。扬雄的哲学思想与其说是遵从正统儒家学说的结果，不如说是他自身综合和选择的结果，其产生之源既在正统的孔孟经学，又不全在这样的“正统”世界里。显然，在扬雄的哲学世界里，以《太玄经》和《法言》为中心，崇尚孔孟经典、奠基儒学理性成为他走向综合与统一的出发点与归属，巴尼特的扬雄研究更是将“有机”（organism）和“综合”（sythetic）定义主要特征，其“有机”之意在于世界的统一，在于拥有共同形而上学原则下的世界统一，扬雄之“玄”便是这样的最高原则，万物之和谐无不统摄于这样的“玄”之下，生命之存在历程无不遵循于这样的“玄”之原则，所有关涉世界、社会和人类自身问题的解决无不体现“玄”之应用；其“综合”之意在于儒—道融合，在于建立儒家学说的理性基础，由此出发，在崇尚孔孟儒学思想上的“正本清源”就是要将那些影响了儒学发展的阴阳说、五行

① 汪荣宝：《法言义疏》，北京：中华书局，1987 年，第 109 页。

② 同上，第 81 页。

说和各种神秘术数从儒家经典中加以清除，反对以汉代通行文字写成的儒家经典，尤其以董仲舒为代表的“天命说”，作为古文学派的杰出代表，扬雄哲学的“综合”集道家的自然观与儒学的现实观于一体，秉承“玄”“道”原则而起始往复，往来于儒、道间而独尊孔孟，“反者道之动”源于道家而用于《太玄》或儒家之理，这便成为扬雄学说的重要思想。不论扬雄在儒家思想之理性基础的建立上是否取得了完全的成功，也不论他的“正本清源”是否寻回了孔孟经典的“正宗”，扬雄及其哲学思想体系中的理性主义和现实主义对于汉代及其后世产生了非常重要的影响，可以说，他是在先秦哲学之后第一位系统提出理性主义宇宙论的人，对于孔孟儒学的理性基础建立具有开创性的贡献，儒学思想发展的纯粹化道路得以开启和拓展，特别是在西汉末年的社会动荡中，扬雄之思与行为更体现了重大的社会意义，儒家经典的“正本清源”与宇宙理性的探索合于天地之理、合于社会和谐之理、合于人本之理。

（二）巴尼特研究中的《太玄经》与《易经》

“基于扬雄的玄学著作（太玄经），他应该被视为宋朝之前最伟大的形而上学家”[①]，“写作《太玄经》的整个目的也许就在于逃避当时的现实问题”[②]。扬雄的哲学思想及其代表作《太玄经》展示了一个重要观点，即宇宙世界作为了现象与本质有机统一的存在。现象即扬雄眼里的宇宙万物，本质即形而上学之“玄”，现象世界的存在与变化依据这样的“玄”之原则，“玄”为本、为源、为中，“物”为果、为表、为外，宇宙世界的有机统一体现为这样的“玄”“物”统一。进入扬雄的哲学思想世界，对于“物”的理解和“玄”的领悟总是要在一种相互关联的有机统一中加以完成，这样的“完成”过程或内容可以体现在《太玄经》《法言》等著作的研究中，同时，“完成”的过程和内容又要基于扬雄思想的整体性研究，其哲学思想的“物”“玄”统一反映了作者形而上学之思与社会现实之思的统一，任何离开社会现实的纯粹之“玄”，或任何离开形而上学基础的社会现实之“物”都无法真正地体现扬雄哲学思想的真实。

因此，走进扬雄哲学思想作品的现代译介与研究，“玄”之原则与“物”之现象的统一论与系统观不仅属于中国文化视野下的扬雄作品研究中心，而且属于英美汉学中的译介与研究中心。今天的英美汉学界已经开启了扬雄作品及其思想体系的翻译与研究，扬雄哲学思想在英语文化背景下的再现正在经历一个由“中”到“西”、由个例到系统的全面发展过程。就扬雄的哲学思想及其“玄”“物”统一的研究而言，英美汉学学者基于西方文化的视野而力求体现中西哲学研究方法、研究范围和研究过程的融合与统一。富兰克林·德林格著有博士论文《扬雄及其古典主义的形成》，其研

①Alfred Forke.*The Philosopher Yang Xiong*.Journal of the North China Branch of the Royal Asiatic Society.61（1930）. P110.

②Barnet,Michael.*Han Philosopher Yang Xiong*：*An Appeal for Unity in an Age of Discord* Ibid.115.

究主要聚焦了扬雄哲学思想中的“古文经学”观，以时间为主线，比较详细地梳理了扬雄哲学思想及其重要古文经学观念的形成过程。在巴尼特看来，德林格的研究对于扬雄哲学思想在英语世界的一般性和系统性再现产生了积极的推动作用，只有德林格才真正“历时地记录了扬雄哲学思想的发展”①。同时，巴尼特也在自己的扬雄研究中也选取了哲学的视角，重点以扬雄的《太玄经》和《法言》为研究对象，呈现了一个作为中国古典理性主义哲学家的扬雄。不论是德林格的扬雄古典主义思想研究，还是巴尼特的扬雄哲学典籍研究，他们的工作对于扬雄思想的英语世界传播与接受无疑具有开拓性的贡献，尤其是在缺少扬雄著作系统英译的情况下。20 世纪 80 年代初期，在巴尼特开始自己的扬雄哲学思想研究时，可供使用的英语文献极其有限，没有关于扬雄主要作品（如《太玄经》和《法言》）的英文译本，更没有关于扬雄思想研究的系统成果，其中，《法言》只有日文、德文和法文译本，《太玄经》只有日文译本，对于扬雄的主要哲学思想典籍，英语世界的读者知之甚少，走入英美学者研究视野的扬雄思想研究更是有待开启。为此，巴尼特选取了一条通向汉学研究中未知领域的新路，一条关于中国古典哲学家扬雄研究的新路。

对于巴尼特而言，英美汉学中的扬雄研究，尤其是扬雄作为中国古典哲学家的地位确立还远远没有开启。为从事这样的“未知领域”的研究，巴尼特对代表扬雄哲学成就的《太玄经》和《法言》等经典著作进行了全方位的介绍和阅读，他以一位西方汉学研究者的独特视角对相关的思想著作进行了重新阐释，从而使得作为中华文化经典的扬雄思想在其形式、内容、主题和背景历史等方面取得了不同文化背景下的成功再现。巴尼特的研究是一种吸收和释放，也是一种文化的认同和融合，它基于了扬雄经典的原貌而又展示了西方文化的理解逻辑，主要体现为对于扬雄经典的重新阐释并没有离开中华文化中的原文、历史、研究等的事实，也没有离开西方文化影响下的理性统一思维。就《太玄经》而言，巴尼特的看法基本切合了中国文化的传统观点，从中国文化下的扬雄世界到巴尼特的西方文化再现世界，不同文化视野中的呈现方式指向了共同的思想与人物事实。例如，在《太玄经》和《法言》的地位评价问题上，巴尼特的译介与研究呈现同样能让读者回到中华文化视野下的相关事实，即，中国学者的看法主要地分为了两个阵营，历史上以桓谭、班固、王充、张衡等为代表的学者极力推崇或赞赏扬雄的《太玄经》，而以刘歆、张伯松、司马光、朱熹等为代表的学者却持有否定或责难态度，特别是扬雄时代的张伯松更是视《太玄经》为鼠窝、牛栏中的粪土，被用则可生长五谷，滋养人民，不用则形同粪土，被弃道边，尽管他对扬雄《方言》十分赞赏并称之为“悬诸日月不刊之书”。对于《太玄经》的贬低与责难到了宋朝更是达到了极点，司马光、朱熹等人出于儒家理性体系的形而上学建树和封建政治、

①Barnet,Michael.*Han Philosopher Yang Xiong*：*An Appeal for Unity in an Age of Discord* Ibid.101.

伦理体系的建构，扬雄思想近乎被置于了儒家正统理学的对立面而遭遇了空前的摒弃，这样的情形一直持续到清朝才得以改观，扬雄思想及其作品才重新拥有了自己的崇高地位和研究发展的现代视野。20世纪的中国著名学者汤用彤先生认为，《太玄经》的地位在汉灭亡时并不亚于《易经》；汉学家佛尔克的《哲学家扬雄》也认为，宋朝之前，扬雄的思想及其作品奠定了其作为中国最杰出形而上学家的地位，当然，佛尔克对扬雄的评价与其说是出于中国学者的研究结论，不如说是出于他自身阅读和研究扬雄作品的结论，特别是对于《太玄经》的研究。

在《太玄经》的研读中，巴尼特首先面对的就是"玄"之中心或概念，显然，这样的中心概念不仅作为了扬雄哲学思想的中心，而且也应该作为中国哲学思想的中心。在英文的译介中，巴尼特列举了一些"玄"与英文词汇的对照，如 mystery，darkness，principle，等等，意在表明中西两种文化中关于共同性最高哲学范畴的目标，以及到达这种的目标的不同路径。实际上，中国文化中的"玄"在表现最高哲学范畴时也与"道""元"等语言表现单位并列，其本质并指向不同文化下的共同目标，一种形而上学的目标。因此，"玄"作为中国学的最高范畴在巴尼特那里并不陌生，只是中国文化为进入"玄"之世界而铺就了一条不同于西方文化的路径。巴尼特的译介主要就是要重走中国之路，并以西方文化背景创新中国文化之外的扬雄研究。

在巴尼特看来，《太玄经》的写作标志着扬雄生活方式与思想世界的转变，逐渐离开公众视野而独处思"玄"，以此远离宫廷生活的烦扰和官场政治的失意，"雄之自序云尔。初，雄年四十余，自蜀来至游京师，大司马车骑将军王音奇其文雅，召以为门下史，荐雄待诏，岁余，奏《羽猎赋》，除为郎，给事黄门，与王莽、刘歆并。哀帝之初，又与董贤同官。当成、哀、平间，莽、贤皆为三公，权倾人主，所荐莫不拔擢，而雄三世不徙官"（汉书·扬雄传）。又加之目睹了桓谭、刘歆等人的沉沦遭遇，扬雄应该更加坚定了自己的远离宫廷这种是非之地的决心，也正是这样的官场失意才提供了扬雄思"玄"写"玄"的学术之路，不管扬雄如何自评这样的结果，作为官场上的扬雄一定不会如此成功地留名后世，就如西汉之成、哀、平三帝之不可扬名一般。显然，扬雄之"玄"已经不再属于宫廷纷争的范畴，也不再属于社会纷争的范畴，它超越现实世界而回归了本源的世界。如果我们将扬雄的"失意"看成其人生的"失败"，而将其回归精神本源之玄看其成人生的"寄托"，那么，这样的"失败"与"寄托"就是人生价值体现之必然的缩影，只是"寄托"前的"失败"总是要把我们带离得那么远，似乎越远的地方越可以提供一个清晰观察"玄"世界的视角。在谈到为何思"玄"写"玄"时，扬雄有这样的说法，"或曰：《玄》何为？曰：为仁义。曰：孰不为仁？孰不为义？曰：勿杂也而已矣"（扬子法言·卷五 问神）。此处之仁义乃孔孟之仁义，扬雄的《太玄经》写作也是在服务于"回归正统儒学"的目标，也是在对抗西汉时期社会体制中盛行的“今文经学”之烦琐，倡导儒学的纯粹，即“勿杂”。不管扬雄之言是否很好地切合了自己的形而上学哲学观点，“玄”之及无不联系于“仁义”的纯粹基础论述，无不联系于那种赋予了人类社会、宇宙世界之纯粹基础的原因存在。在扬雄那里，作为纯粹性基础的原因就在于“玄”的存在，由此为我们人类自身以及整个宇宙寻得了一个真正的存在源泉。正如上文所言，扬雄眼里的人类社会和宇宙世界总是一个有机统一的系统，人类自身的行为方式与存在次序并非独立于这个宇宙世界，赋予人类的次序必然存在于这个世界的统一之中，《太玄经》就是在于为我们呈现一幅关于天、地、人之最高原则的“玄图”，以此表明宇宙存在之道、自然存在之道、人类自身存在之道。遵从“玄”之根本，则是顺应天、地、人之存在必然，则是远离纷争与不幸的根本保证。在中国哲学的思想世界，不论扬雄的“玄”，还是儒家、道家的“道”都具有普遍性、必然性和绝对性的存在特征，任何具体化、个体化与直观化的谈论则意味着我们已经离开了这样“玄”“道”之境而置身于了人类社会的现实之中。在谈及《太玄经》的写作目的时，德国学者 Wolfram Eberhard 的观点并未得到巴尼特的认可，前者认为，扬雄的《太玄经》是服务于王莽新政的，在 Eberhard 眼里，《太玄经》对于王莽新政的作用就相当于《易经》对于周朝的作用，《太玄经》的写作主要出于一种迎合政治势力的需要，而在巴尼特看来，Eberhard 的观点缺少历史资料的佐证，也与该书中具体描述的内容不一致，这样的判定更多地带有了一种作者自身的主观色彩。显然，扬雄《太玄经》的写作具有特定的社会背景，联系了个人的不同方面的现实经历，特别是政治生命中的起伏变化，但是，仅仅从现实政治的功用来看待扬雄的《太玄经》写作，其结果就会大不一样了，《太玄经》作为中国古代哲学思想上的经典存在之地位就是不可能的，扬雄作为杰出思想家的地位也就无从谈起。所以，同 Eberhard 的政治功用说相比较，巴尼特的观点具备更为广阔、更为高远的视角。扬雄《太玄经》写成于离开宫廷之后，如果说“离开”是一种个人仕途上的失败结果（对于“官本位”思想文化根深蒂固的中国读者尤其如此），那这样的“离开”对于巴尼特而言又应该作为扬雄人生转变或成功的原因。扬雄写作《太玄经》在于引导人们走向真理，而非仅仅在于迎合朝中代表了兴起政治势力之人的野心。事实上，扬雄的晚年豁然而独处，宁静而致远，从“玄”而轮回，其“玄”心又何碍于官场的“失意”，《太玄经》成书之后，“人希至其门，时有好事者载酒从游学，而钜鹿侯芭常从雄居”（《汉书·扬雄传》）。

在西汉晚期的今文经学和古文经学纷争中，扬雄的思想观既表现为与今文经学的对立，也表现为对今文经学体系的吸收与批判，《太玄经》从《易》而作，正是其经学观的最佳体现，“既批判今文经学又吸取其知识资源、既偏重古文经学又与其为学目的不同的特点，他与汉代经学的复杂关系也由此展开。扬雄提出要合五经的经学立场、《易》为经首的经典次序、约卓艰深的释经原则；他综参古《易》，建构了与汉易主流不同的易学体系；他仿《论语》作《法言》，从儒道互补转向醇儒。扬雄的恶虚妄与西汉孟京象数易学、董仲舒今文春秋学、谶纬学说的好灾异形成鲜明对比；而扬雄的学为道与刘歆、王莽的学为术也完全不同；他承传了汉代费直古文《易》学义理释经的传统，影响了汉末魏初《易》义理学的兴起"[①]。"他在批判今文经学'固守一经''烦琐解释'的基础上，在创作《太玄》《法言》时提出了代表古文经学的解经观念，主要包括'要合《五经》'的经学立场、'《易》为经首'的经典认知、'约卓艰深'的释经原则。"[②]对比《易经》的形式结构，《太玄经》的"同"或"似"表现在诸多方面。巴尼特特别提及了《太玄经》之"首"，它分属于"经"文部分，共八十一首，每首都包含了卦画和赞词；《太玄经》之"经"源于《易》之"经"，《易》的"经"文部分共六十四卦，每卦也是由卦画和卦爻辞构成；同样，《太玄经》的"传"文部分有《首》《测》《文》《摛》《莹》《挽》《图》《告》《数》《冲》《错》，它对应了《易》的"传"文部分，对应了《彖》《象》《文言》《系辞》《说卦》《序卦》《杂卦》等内容。在《太玄经》里，九赞解释为《象》，《中首》九赞说明为《文》，"玄"之德性为五，即周、直、蒙、酋、冥，"玄"之原理归于《告》，九赞功用说明之事归于《数》，同样，我们在《易经》中也能找到对应的结构。此外，两者在写作的语言使用上也表现出了诸多的相似性，从中看出扬雄对《易经》的行文的模仿，如八十一首之首名与六十卦的卦名在意义上相似，《易经》语言有"中孚""颐""益""损"等，《太玄经》的对应用词有"中""养""增""减"等，其语意相近或相通。在句型结构上，大量源自《易经》卦、爻辞中的三字句、四字句、"也"字句出现在了《太玄经》中，如：《易经》有《睽》"见舆曳，其牛掣，其人天且刻，无初有终"。"初六：履霜，坚冰至。《象》曰：履霜坚冰，阴始凝也；驯致其道，至坚冰也。""初九日，潜龙勿用，何谓也？子曰：龙德而隐者也。不易乎世，不成乎名，遁世而无闷，乐则行之，忧则违之，确乎其不可拔，潜龙也。……九五曰飞龙在天，利见大人，何谓也？子曰：同声相应，同气相求，水流湿，火就燥，云从龙，风从虎，圣人作而万物睹。本乎天者亲上，本乎地者亲下，则各从其类也。……"等等，对此，《太玄经》之"首""赞辞"也采用了一样的句式，如"蛇伏于泥，无雄有雌，终莫受施"，"初一，冥交于神，齐不以其贞。测曰：冥交不以，怀非含惭也。次二，冥交有孚，明如。测日，冥交之孚，信接神明也"，"昆诸中未形乎外，独居而乐，独思而忧，乐不可堪，忧不可胜，故曰幽"，等等。

《太玄经》的构成从总体上讲有经、传两大部分，它是模仿了《易经》经、传两

① 解丽霞：《扬雄与汉代经学》，广州：广东人民出版社，2011 年，摘要。

② 解丽霞：《今古转型中的扬雄经学观》，《中华文化论坛》，2007 年第 3 期，第 130 页。

个部分的构成模式。当然，这样的模仿过程是体现了一种创新的模仿。首先，两者在经部的数量安排上就没有体现一一对应的做法，《太玄经》的经部有 81 首，“分为三卷，曰一、二、三”（《汉书·扬雄传》）。而《易经》的经部则为 64 卦，分上、下两篇。《易经》的经部以卦为基本单位，《太玄经》经部以首为基本单位，两者体现出编排类别上的相似性。

《太玄经》对于《易经》的模仿还应该主要体现在首画及其符号的组合上，《太玄经》共有八十一个卦象，使用了三个基本符号，即一长横画“—”、两短横画“--”、三短横画“- - -”，分别为数“1”，数“2”，数“3”，并按三进位制加爻画方式，四个爻位组成了《太玄经》八十一个卦（首），正如朱熹所言：“《太玄》拟易，方、州、部、家，皆自三数推之。玄为之首，一以生三为三方，三生九为九州，九生二十七为二十七部，九九乘之，斯为八十一家。首之以八十一，所以准六十四卦；赞之以七百二十有九，所以准三百八十四爻，无非以三数推之。康节之数，则是加倍之法。”[①]《太玄经》对于《易经》的卦画也有模仿，巴尼特认为，扬雄的八十一首及其七百二十九赞所对应的就是《易经》的六十四卦及其三百八十四爻（64×6 爻 =384 爻），它们所代表的就是一种宇宙存在次序的表现，就是一种宇宙平衡的和谐反应。从这样的“对应”模式出发，巴尼特进一步进行了两者的比较：首先是对于历法的应用，在《易经》的六十四里，坎离震兑四卦对应的是一年四季，剩下的六十卦平分到一年中，每一卦所代表的时间就是六天零七分，四正卦的每一爻代表了一年中的二十四个节气。《太玄经》共八十一首七百二十九赞，九日当两卦，即每两赞时间为一昼夜，一卦就有四天半，共 364.5 日，外加崎赢两赞的时间就有 365 天又 1/4。[②] 对于历法原理，扬雄在《易经》之外重构了属于自己的对应历法体系，对此，国内学者刘保贞的研究更为详尽，“《太玄》采用的是扬雄独创的‘三、九’系统，即将一年首先分为三部分‘天玄、地玄、人玄’；每玄又分三部分，称为‘天’三玄共‘九天’：‘中羡从、更睟廓、减沈成’，用以描述一年内阴阳二气相互消长的九个阶段，如‘诚有内者存乎中，宣而出者存乎羡，云行雨施存乎从，变节易度存乎更’（《太玄图》）等，每‘天’代表四十日多一点，省称四十日；每‘天’又分九‘首’，共八十一‘首’，每‘首’当四日半；每‘首’又分九‘赞’，八十一首共七百二十九赞，每两赞当一日，一赞为阳，相当于昼，一赞为阴，相当于夜，七百二十九赞相当于三百六十四日半，尚不足一年的日数，于是又加踦赢两赞，以凑足一年的日数”[③]。其次，在两书与占卜应用的关系上，《易经》更易让人们联想到占卜，而《易经》则几乎不用于占

① 黎靖德：《朱子语类》，北京：中华书局，1986 年，卷一百。

②Barnet，Michael.*Han Philosopher Yang Xiong*：*An Appeal for Unity in an Age of Discord* Ibid.110.

③ 刘保贞：《论〈太玄〉对〈周易〉模仿与改造》，《周易研究》，2001 年第 2 期，第 55 页。

卜，从扬雄的《太玄经》写作中，我们无法寻找到任何相关的意图或叙说，“《太玄》是西汉扬雄精意写成的一部重要的哲学著作。全书结构形式处处模仿《周易》，‘以家准卦，以首准象，以赞准爻，以测准象，以文准文言，以摛、莹、倪、图、告准系辞，以数准说卦，以冲准序卦，以错准杂卦。（《四库全书总目提要》）’它表面上可用于占卜，其实却不是简单的筮书，而是一部体系庞大、思虑精深之作，其中相当充分地显示了作者对于宇宙自然和社会人事种种现象的系统说明和独特理解；它在我国文化发展史上占有不容忽视的地位”[①]。巴尼特认为，《太玄经》的写作目的主要在于作者形而上学思想及其哲学观的传播，而非那种被广泛用于占卜的传播，尽管占卜在扬雄那里还是作为了科学而加以肯定，同时，扬雄也并不排斥其书可以用于占卜。“赞辞是扬雄用来讲‘修身、治国’的大道理的，其宗旨不外乎‘扶正祛邪、弃恶从善’这一套，它虽然也讲吉凶，但这吉凶是据一定的道理来定的，即行正则吉、为恶则凶，因而它和当时术士们所用的《日书》这一类卜筮书的断辞截然不同，《日书》断辞是不管你是谁，也不管你是行善还是作恶，你碰着这条就是吉，碰着那条就是凶，没一点道理好讲。”[②]最后，巴尼特特别指出了《太玄》之“传”与《周易》之“传”的相似性，《周易》有“十翼”，如：《彖传》《象传》等，其功用在于对正文进行补充说明，相应地，扬雄《太玄经》也有对正文进行补充说明的《玄冲》《玄摛》等十篇，即，“《易》有《象》，《玄》有《测》；《易》有《文言》，《玄》有《文》；《易》有《系辞》，《玄》有《摛》《莹》《拟》《图》《告》；《易》有《说卦》，《玄》有《数》；《易》有《序卦》，《玄》有《冲》；《易》有《杂卦》，《玄》有《错》”[③]。具体而言，玄传“皆以解剥《玄》体，离散其文”（《扬雄传》），《首》对应于《彖》；《测》相当于《象》，说明九赞之辞；《文》对应于《文言》，说明《中首》九赞之辞，对应于《文言》的元、亨、利、贞作为《易》之四德，扬雄的罔、直、蒙、酋、冥则成为《玄》之五德；对应于《系辞》，《摛》《莹》《挩》《图》《告》则被扬雄用以说明《太玄》之原理、用法；对应于《说卦》，扬雄之《数》用以说明九赞所当之事。在巴尼特看来，同《周易》“十翼”一样，《太玄》之“传”部分构成了扬雄重要观点的表现之处，如扬雄的宇宙生成观、哲学本体论等。这样的“表现”在前面的正文中难以取得清晰、明确、完整的出现。

当然，卦与首的具体构成却不一致，卦有卦形、卦名、卦辞，如蒙。蒙，亨。匪我求童蒙，童蒙求我。初筮告，再三渎，渎则不告。利贞。

巴尼特的比较研究主要地依据了司马光的看法，“《易》与《太玄》，大抵道同

① 高亨，董治安：《〈太玄经〉释义》，《山东大学学报》，1989 年第 4 期，第 1 页。

② 刘保贞：《论〈太玄〉对〈周易〉模仿与改造》，《周易研究》，2001 年第 2 期，第 55 页。

③ 司马光：《太玄集注》，北京：《中华书局》，1998 年，第 4 页。

而法异。易画有二，曰阳曰阴；玄画有三，曰一曰二曰三。易有六位，玄有四重。易以八卦相重为六十四卦，玄以一二三错于方州部家为八十一首。易每卦交爻，合为三百八十四爻；玄每首九赞，合为七百二十九赞。皆当以日。易有元亨利贞，玄有罔直蒙酋冥。易大衍之数五十，其用四十有九；玄天地之策各十有八，合为三十六策，地则虚三，用三十三策。易操之以四，玄揲之以三。易有七九八六，谓之四象；玄有一二三，谓之三摹。易有彖，玄有首。易有爻，玄有赞。易有象，玄有测。易有文言，玄有文。《易》有系辞，《玄》有摛、莹、掜、图、告。易有说卦，玄有数。易有序卦，玄有冲。易有杂卦，玄有错。殊途而同归，百虑而一致"[①]。为此，巴尼特从几个方面比较详细地讨论了《易经》《太玄》两书的形式和独特之处。第一，关于《彖传》，《彖传》分列于卦画之后，属于"十翼"中的第一和第二翼，对周文王之《易》进行解读说明，阐明文王和他儿子得自数字和易爻的教诲。其说法同中国易学研究中的通行说法基本一致，只是"第一和第二翼"之说存在差异，即，《彖传》为《易传》中的一部分，是解释六十四卦卦辞的。分《上彖》《下彖》两篇，内容为论断六十四卦卦名、卦辞的意义。原本独立成篇，列于经后，今通行注疏本分列于六十四卦，凡卦内"《彖》曰"即是。与《象》《文言》《系辞》《说卦》《序卦》《杂卦》统称为《易》之十翼。旧说为孔子撰述。今人考定谓非一人所作。显然，这样的说法与理雅各（James Legge）的《易经》研究的影响分不开，巴尼特在自己的研究多次提及了这位汉学家的观点。在《易经》的英译研究史上，理雅各的《易经》英译及其研究对于《易经》在英语世界及其整个西方文化中的传播起到了重要的作用，尤其是对中国古代典籍的翻译研究提供了重要的启示，"攀登汉学中喜马拉雅山的巨擘"。对应于《易经》之《彖》，扬雄的《玄首》也被放置在了每个卦画之后，对相应的卦画进行说明，只是内容要比《彖传》少了一些。为了展示《易经》与《太玄经》的对比，巴尼特选取了南森·席文的译文：

表 3-1　《易经》与《太玄经》的对比

易经	太玄经
24 复：《彖》曰：复亨，刚反，动而以顺行，是以出入无疾，朋来无咎。反复其道，七日来复，天行也。利有攸往，刚长也。复，其见天地之心乎？〔彖传〕	2 周：阳气周神而反乎始，物继其汇。

① 同上。

（续表）

易经	太玄经
38 睽：睽，火动而上，泽动而下。二女同居，其志不同行。说而丽乎明，柔进而上行，得中而应乎刚，是以小事吉。天地睽而其事同也，男女睽而其志通也，万物睽而其事类也。睽之时用大矣哉。	26 戾：阳气孚微，物各乖离，而触其类。
19 临：《象》曰：临，刚浸而长，说而顺，刚中而应，大亨以正，天之道也。至于八月有凶，消不久也。	29 狩：阳气强内而弱外，物咸扶而进乎大。

同时，巴氏指出了《玄首》写作同《彖》《彖传》的相似度问题，认为《玄首》的安排更接近于《彖》而非《彖传》。《彖》是关于卦画（象）的吉凶断定，而《彖传》则应该是为彖辞作的“传”，也就是对彖辞的解释。但实际上它也直接解释卦义：“统论一卦之义：或说其卦之德，或说其卦之文，或说其卦之名。（孔颖达《周易正义》）”试以需卦为例：彖辞为：“需：有孚，光亨贞吉，利涉大川。”彖传为：“需，须也（解释卦名），险在前也（解释卦象：下坎）。刚健而不陷，其义不困穷矣（根据卦象乾下坎上解释卦德）。‘需，有孚光亨贞吉’，位乎天位，以正中也（解释彖辞亦即卦文）；‘利涉大川’，往有功也（解释彖辞）。”但要注意的是，这些解释未必是彖辞本来的意思。作为筮书的《周易》古经本是吉凶占断，《彖传》把它们政治化、伦理化、哲理化了。不仅《彖传》，整个《易传》都是如此。对比于《彖传》对卦爻的揭示，《玄首》对于《太玄经》卦画的揭示更加神秘而隐晦，烦琐而多注解，为此，司马光写《太玄集注》，意在解决扬雄《太玄经》的阅读困难。当然，在巴尼特关注司马光时，他应该还要提及另一位中国学者，那就是邵雍，邵雍对玄学的了解非常深刻，其学问好，修养高，易学象数研究中的集大成者。邵雍崇拜扬雄，喜爱《太玄》，为此专门画有《太玄准易图》，还写了《正玄》一书，司马光正是受了邵雍影响才开始给太玄注解，并为此倾注大量的精力，潜心研究《太玄经》三十余载，力求将《玄首》之含义及其所指背景知识清晰地加以展现，著有《说玄》《读玄》，最终形成《太玄集注》，成为宋及其以后《太玄经》研究的重要文献。

“《象传》分《大象传》《小象传》。《大象传》解释卦辞，主要从卦象来阐释社会伦理道德意义。《小象传》解释爻辞，说明爻象或爻辞的意义《彖传》和《象传》二者的共同点是：通过阐释卦象、爻象所蕴含的道理，告知人们如何正确决定自己的行动。”[①] 巴尼特的比较研究同样选取了司马光的说法，“玄有首，象者卦辞也，首者亦统论一首之义，易有爻，玄有赞，易有象，玄有测”。爻就是组成卦画的线条，分阳爻和阴爻，每爻都有自己的爻辞。从《易经》到《太玄经》，爻与赞，象与测形成对应关系，为此，巴尼特详细地引用了司马光的解读：

《易》每卦六爻，合为三百八十四爻。《玄》每首九赞，合为七百二十九赞。《图》曰：《玄》有二道，一以三起，一以三生。以三起者，方、州、部、家也。以三生者，叁分阳气，以为三重，极为九营。是为同本离生，天地之经也。《本传》曰雄潭思浑天，叁摹而四分之，极于八十一者，谓《玄》首也。又曰旁则三摹九据，极于七百二十九赞者，谓《玄》赞也。首犹卦也，赞犹爻也。又曰：观《易》者，见其卦而名之；观《玄》者，数其画而定之。《玄》首四重者，非卦也，数也。故《易》卦六爻，爻皆有辞；《玄》首四重，而别为九赞，以系其下。然则首与赞分道而行，不相因者也。皆当期以日。[②]

对此，司徒戎生做了更进一步的说明：“一玄分而为三，曰一方、二方、三方，也称天玄、地玄、人玄；三方又各分为三，合为九州，每州又各分为三，合为二十七部，每部又各分为三，合为八十一家。于是一玄、三方、九州、二十七部、八十一家及其描述的八十一首七百二十九赞构成‘太玄经’的宇宙生成模式。”即所谓“一玄都复三方，方同九州，技载庶部，分正群家，盖极一为三，极三为九，极九为二十七，极二十七为八十一也。”[③] 在《太玄经》里，赞出现的位置同《易经》之爻的位置一样，排于卦画之后，就卦画的特征进行相应的定义和描述，爻与象、赞与测形成了属于各自的对应体系。当然，在《太玄经》中，我们看不到《易经》中那种爻与爻辞之间的整齐对应，因为《太玄经》的卦画只有四层，而它联系的赞数是 9 而非 4。在此，巴尼特使用前文的内容加以说明。

表 3-2 《易经》与《太玄经》的对比

易经	太玄经
24 复：第一爻为阳爻，即初九，不远复，无祇悔，元吉。 象曰：不远之复，以修身也。	2 周：次二：植中枢，周无隅。 测曰：植中枢。立督虑也。
38 睽：第二爻为阳，遇主于巷，无咎，即在小巷中遇到主人，无所怪罪。	6 戾：初一：虚既邪，心有倾。 测曰：虚邪心，倾怀不正也。

① 金永：《金永译解〈周易〉》，重庆：重庆出版社，2006 年，第 5 页。

② 司马光：《太玄集注 • 说玄》，《四部备要》，北京：中华书局，1966 年。

③ 司徒戎生：《太玄经与三进制》，第十一届易与现代化国际研讨会，2000 年。

在巴尼特看来，以上的对比可以展示出扬雄的玄卦与〈易经〉易卦之间在表意方面的相似性，但在“象”与“测”各自的位置关系上却并非如此，〈易经〉之“象”只是基于了易卦的六爻，而玄测在基于玄爻时却要关联九个涉及升降关系的位置，测与玄卦之间的关系就并非那样紧密，推而广之，玄传部分更多地具有作者的“自为”内容，“雄自为一书，谁敢轻议，凡其抵牾者，皆雄自为，拙也。请试言之，《说卦》《杂卦》乃圣人紬绎其所未尽者，《玄》何必仿乎？则《冲》可去也，《错》亦可去也。《文言》大传乃当时议论之所及者，《玄》何必仿乎？则《摛》可去也，《莹》亦可去也，《玄文》亦可去也”[①]。由此对比《易经》之“象”，“测”在《太玄经》一书中地位具有更大的独立性。[②]就“象”的位置而言，它并非直接地排在了易卦的后面或直接地揭示易卦之意，在它和卦画之间总是隔着一些文字或说明，意在传达《易经》卦画与圣人行为及其时间之间的某种内在联系，或指向一种先在性的存在，“某种意义上可以说，这些原型跨越了其先验性而进入现实世界，并导致了发展变化。这一过程就是发展变化借以实现的门径，即孔子所说的‘乾坤，其《易》之门也’（《易经·系辞下》）”[③]。理雅各称之为“伟大的象征”[④]，理雅各的《易经》译本是最早的英文版本，对于如何成功地介绍《易经》到西方社会，理雅各也感觉有点力不从心，就连理雅各本人也感叹“《易经》的艰涩是难以理喻的”。在玄卦与玄测之间，扬雄没有使用《易经》那样的卦爻内容揭示，玄卦之后的简短说明文字并非直接关联玄卦之爻，更像是对“测”的总括。

《易》有系辞，《玄》有摛、莹、挩、图、告，这里的“摛、莹、挩、图、告”五章与“系辞”的对应联系在巴尼特看来也主要取决于它似乎是作为了玄“赞”的扩展，事实上，这样的对应联系更多地产生于“模仿”定势下的思考延展。只要我们对摛、莹、挩、图、告加以细读，我们就会发现，它们并非在真正意义上体现如“测”那样的作用，即对玄赞进行扩展或延伸。“雄自为一书，谁敢轻议，凡其抵牾者，皆雄自为，拙也。请试言之，《说卦》《杂卦》乃圣人紬绎其所未尽者，《玄》何必仿乎？则《冲》可去也，《错》亦可去也。《文言》大传乃当时议论之所及者，《玄》何必仿乎？则《摛》可去也，《莹》亦可去也，《玄文》亦可去也。”[⑤]《太玄经》的“摛、莹、挩、图、告”五章在巴尼特看来，它们的作用与其说是作为“赞”的补充揭示，不如说是作为“玄”的方方面面的解释说明。具体而言，“摛”说明“玄”的性质，“莹”说明“玄”的显现，“挩”说明“玄”的价值，“图”说明构建“玄”世界的内在辅助体系，“告”

① 朱彝尊：《经义考》，北京：中华书局，1998 年，第 1357 页。

②Michael K.Barnett. *The Philosopher Yang Xiong*：*An Appeal for Unity in An Age of Discord*，Ibid.p.117.

③Richard Wilhelm，Kung Tse．Leben und Werk，Stuttgart 1925，S．115ff.

④James Legge. *The I Ching*.New York：Dover Publications Inc.，1963.p.36.

⑤ 朱彝尊《经义考》，北京：中华书局，1998 年，第 1357 页。

说明“玄”作为第一因的作用结果[①]。在此，巴尼特的解读依据了司马光的观点，将“摛、莹、挩、图、告”在《太玄经》中的位置和作用进行了详细的分析说明。

“易有文言，玄有文，文解五德并中首九赞，文言之类也”，《易经》之“文言”，为其“十翼”中的一文。主要对乾、坤两卦进行解释。乾坤二卦在易经六十四卦体系中具有中心意义；其中，我们又相应地区分为“乾文言”和“坤文言”。《周易正义》引庄氏云：“文谓文饰，以乾坤德大，故特文饰以为文言。”[②]《易经》的解释说明都体现在了“传”的写作中，构成了“传”的“十翼”，即《彖》上下篇、《象》上下篇、《系辞》上下篇、《文言》《说卦》《序卦》《杂卦》。“文言”是《周易大传》七种之一，也是周易“十翼”中的一部，是专门解释乾、坤两卦的一部文笔优美的哲学散文。“文言”中蕴含着深刻的人生哲理，将宇宙人生奥秘的“元、亨、利、贞”与世俗的仁、义、礼、智、信进行了融合与揭示。从司马光的论述中，巴尼特肯定了“玄赞”写作同“文言”写作风格的高度相似，“只要我们不去考虑‘文言’引言中所包含《太玄经》的某些形而上学原则”[③]。巴尼特认为，“文言”的解释对象是乾卦和一部分坤卦，这样的看法有别于国内《易经》研究的共识，其因可能始于了英译研究中的误读，特别受到了卫礼贤、理雅各等人的影响。在巴尼特的扬雄哲学思想研究中，大量的研究文献都出自了卫礼贤、理雅各等人之手。卫礼贤认为，“文言”的解释对象包括了所有的易卦，而现在尚存的只有关于乾卦和部分坤卦的解释。与此相对，理雅各则认为，“文言”局限于乾卦和坤卦不在于文献的是否尚存，而在于孔子生命的有限，“在一些易学家看来，孔子应该使用同样的方式对所有的卦画进行解释，只是孔子的有生之年未能如愿而已”[④]。《太玄经》之“文”在于，反复说明“中首”的九赞之辞，仿“文言”之“元、亨、利、贞”为《易》之四德，立“罔、直、蒙、酋、冥”为“玄”之五德。“文”在巴尼特的评价中，“确定性地只作为了第一卦的解释”。

《易经》有“说卦”，以八卦取象之法对六十四卦进行解释；《太玄经》则有“数”，论述九赞象征之事。“说卦”与“数”均涉及世界的起源和构成，涉及世界进程的数理原则，它们聚焦于卦画本质的揭示或数的体现，探寻卦画与数中的世界本身。如《易经》“说卦”有：坤为地，为母，为布，为釜，为吝啬，为均，为子母牛，为大舆，为文，为众，为柄，其于地也为黑（坤充当地、母亲、布匹、锅、吝啬、平均、被人们以子相待的母牛、大车、文章、众多、把柄、如果在土地方面是充当黑土[⑤]）。与“说卦”比较，《太玄经》的“数”表现得更为系统而完备，以“数”示玄、以“数”解

①Michael K.Barnett. *The Philosopher Yang Xiong*：*An Appeal for Unity in An Age of Discord*， Ibid.p.118.

② 王弼注，孔颖达疏：《周易正义》，北京：北京大学出版社，1999 年，第 12 页。

③ 同上，第 39 页。

④James Legge. *The I Ching*.Ibid.p.46.

⑤Ibid.p430.

玄作为了扬雄《太玄经》写作的主要目标与兴趣所在。故数之原则的系统而完整体现更在于《太玄经》而非《易经》。

“易有序卦，玄有冲。易有杂卦，玄有错”，“序卦”与“冲”，“杂卦”与“错”，两两相对，风格相连；“序卦”所著严格依照阴阳之间的对立统一规律，用卦理推演宇宙、人事间事物发展变化规律。推演中对卦名的处理有两种方式：如卦名直白容易理解、其所反映的“卦时”与其推衍在逻辑上无矛盾的，就不予释义；否则，便加以释义。同样，“冲”对八十一“首”进行排列说明，揭示阴阳之间的相依相对关系。“杂卦”内容说明《易经》六十四卦卦名的含义和特点，将意义相对或相关的两卦放在一起解释。因为在顺序上交杂，故称“杂卦”与此相对，《太玄经》有“错”，以“任意”方式揭示八十一首，即“错者，杂八十一首而说之”[①]。在《太玄经》里，“冲”以数的展开表现变化的过程和对立，以数的标记表现不同内容与统一，起于1而至于81，其中，1与41、2与42、3于43等等相对。同时，我们可以发现，《易经》之“杂卦”与《太玄经》之“错”并非具有相同的排列组合模式，它们的相同之处只是在二元对立的原则上进行了“数”的应用安排。

巴尼特的比较研究表明，《太玄经》在其写作风格、技巧、形式、内容和精神上模仿了《易经》，但这样的模式远非严格意义上的贯彻。从《太玄经》写作的“经”“传”区分中，我们可以发现，扬雄的模仿更多地体现在了“玄经”里，至于说“玄传”，与其说“模仿”，不如说“自为一书”。“雄自为一书，谁敢轻议，凡其抵牾者，皆雄自为，拙也。请试言之，《说卦》《杂卦》乃圣人细绎其所未尽者，《玄》何必仿乎？则《冲》可去也，《错》亦可去也。《文言》大传乃当时议论之所及者，《玄》何必仿乎？则《摛》可去也，《莹》亦可去也，《玄文》亦可去也。”[②]对于“玄传”而言，我们所看到的并非那种一一对应的结果，而是以一对五，如对《系辞》的模仿产生了《摛》《莹》《拟》《图》《告》五篇，这就是林希逸所强调的“雄自为一书”。显然，“雄自为一书”并非要否定“玄传”与“易传”的传承关系，其意在于指出扬雄“玄传”思想的独立性地位。扬雄的成就始于汉赋的创作与成功，但这样的起点并未带给作者仕途的理想之路，一系列的变故使得作者转向了“思玄”“写玄”的哲学之路，以至于要凭“玄”留名于后世而非凭借文学之“赋”，这样的留名之作，又岂非单单模仿可以成就。“扬雄读书。有人语之曰无为自苦。元故难传。忽然不见。雄著太玄经。梦吐凤凰集玄之上。顷而灭。”[③]当然，扬雄吐凤只是一个传说，但《太玄经》却不失为一部耗尽作者毕生心血的杰出之作，“其意欲求文章成名于后世，以为经莫

---

① 司马光：《太玄集注·说玄》，《四部备要》，北京：中华书局，1966年。

② 朱彝尊：《经义考》，北京：中华书局，1998年，第1357页。

③ 刘歆：《西京杂记》，上海：商务印书馆，1921年，第二卷。

大于《易》，故作《太玄》”[①]。除了“扬雄吐凤”的传说之外，扬雄自己也在《法言》中提及了“玄”的思考与创作。《法言·问神》中特别记载了他与九岁儿子一起讨论《太玄》的情形，“育而不苗者，吾家之童乌乎。九龄而与我《玄》文”[②]。与此相关，《太平御览》卷叁八五引《刘向别传》：“杨信字子乌，雄第二子，幼而明慧。”扬雄写《太玄经》一书，杨信提供了很多帮助。《华阳国志·先贤士女总赞论》关于扬雄的赞颂之辞中，有这样的文句：“雄子神童乌，七岁预雄《玄》文。年九岁而卒。”《华阳国志·后贤志》附《益梁宁叁州先汉以来士女目录》列有“文学神童杨乌”。书中的注解写道：扬雄的儿子杨信，字子乌，七岁的时候就对扬雄着《太玄》有所助益。不管是九岁，还是七岁，也不管扬雄之子的“玄文”是否足够高明，《太玄经》创作与传播过程由此得以印证。

在《汉书·扬雄传》中，扬雄提到了扬雄的学生侯芭。巴尼特认为，侯芭应该是同扬雄一起研究讨论《太玄经》的第一人。巴尼特的观点同样来自班固的《汉书·扬雄传》。扬雄一生贫困，晚年“人希至其门，时有好事者载酒从游学，而钜鹿侯芭常从雄居”（《汉书·扬雄传》）。从班固的描述文字里，我们可以发现扬雄的晚年生活、以及他与学生侯芭的关系。为了研习古文字，古文经学派的核心学者刘歆之子刘棻曾拜扬雄为师，其父刘歆也去扬雄处探望，其间扬雄弟子侯芭食、宿于扬雄家，专注于扬雄的《太玄经》《法言》等的研究，深得扬雄器重，“拒鹿侯芭常以雄居，受其《太玄》《法言》”。《汉书·扬雄传》在看到侯芭钻研《太玄》《法言》时，刘歆便对扬雄说：“空自苦！今学者有禄利，然尚不能明《易》，又如《玄》何？吾恐后人用覆酱瓿也。（《汉书·扬雄传》）”扬雄听后笑而不答，他相信自己学生的毅力和能力。他和侯芭相交，既是师生，又是知己。扬雄逝世后，“侯芭为起坟，丧之三年”（《汉书·扬雄传》）。事实上，《太玄经》的研读、保存与传播都与侯芭的勤奋与忠诚联系在一起。“《扬氏家牒》散亡亦早，刘歆《七略》最先引之，后世因知子云以甘露二年生。唐时《艺文类聚》礼部犹得转录引其文曰：‘子云以天凤五年卒，弟子侯芭负土作坟号曰元塚’。”[③]“元塚”就是巴尼特英译中的“mysterious mound”。同时，巴尼特还提及了王充《论衡》中的记载：“当今未显，使在百世之后，则子政、子云党也。韩非著书，李斯采以言事；扬子云作《太玄》，侯铺子随而宣之。非斯共世，云辅同朝，睹奇见益，不为古今变心易意。实事贪善，不为并肩以迹相轻，好奇无已，故奇名无穷。”[④]这里的侯铺子，就是侯芭。从扬雄写成《太玄经》到班固，

---

① 班固：《汉书》，北京：中华书局，1962 年，第 3583 页。

② 韩敬：《法言注》，北京：中华书局，1992 年，第 114 页。

③ 仓修良：《两汉时期谱牒学概论》，《古籍整理研究学刊》，2008 年第 1 期，第 1—6 页。

④Alfred Forke, *Lun Heng*：*philosophical Essays of Wang Chung*.London：Luzac, 1907.p.469.

其间《太玄经》一书并未得以接受而广泛流传，《太玄经》一书得以保存而为后世经典，侯芭的传承功不可没。

据《汉书·艺文志》记载，在扬雄所著作品三十八篇中，涉及最早的《太玄经》十九篇。当然，《艺文志》的"十九篇"之说存在争议，《太玄经》本传有三方、九州、二十七部、八十一家、二百四十三表、七百二十九赞，分为三卷，曰一、二、三与太初历相应，还有十一篇：首、冲、错、测、摛、莹、数、文、掜、图、告，其意在解剥元体，离散其文，知识相关章句已无法考证。在《新论》中，桓谭指出，《太玄经》有三篇，传有十二篇，一共十五篇，其传部分同本传相比又多了一篇。"案阮孝绪称《太玄经》九卷，雄自作《章句》，《隋志》亦载雄《太玄经章句》九卷，疑《汉志》所云十九篇，乃合其章句言之。今章句已佚，故篇数有异。至桓谭《新论》则世无传本，惟诸书递相援引，或讹十一为十二耳。以今本校之，其篇名、篇数一一与本传皆合，固未尝有脱佚也。注其书者，自汉以来，惟宋衷、陆绩最著。"[①]晋代范望选用了19篇并对其进行了重新编排，同时，范望也参阅了东汉宋衷及三国吴人陆绩等人的《太玄经》注释，并对两人的注释更改、添加，范望更改了自以为不适当的注释，添加了自以为正确的观点，《四库全书要目提要》对此也有介绍，"雄书本拟《易》而作，以家准卦，以首准彖；以赞准爻，以测准象，以文准文言，以摛、莹、掜、图、告准系词，以数准说卦，以冲准序卦，以错准杂卦，全仿《周易》。古本经传各自为篇，望作注时，析玄首一篇分冠八十一家之前，析玄测一篇分系七百二十九赞之下，始变其旧，至今仍之。其书《唐·艺文志》作十二卷，《文献通考》则作十卷，均名曰《太玄经注》。此本十卷，与《通考》合，而卷端标题则称晋范望字叔明解赞。考玄测第一条下有附注曰：此是宋、陆二家所注，即非范望注也。盖范望采此注意，自经解赞，儒有近习，罔知本末，妄将此注升于测曰之上，以杂范注，混乱义训。今依范望正本，移于测曰之下，免误学者。已下七百二十九测注并同云云。考望自序，亦称因陆君为本，录宋所长，捐其所短，并首一卷本经之上，散测一卷注文之中，训理其义，以测为据。然则望所自注，特其赞词。其他文则酌取二家之旧，故独以解赞为文"[②]。巴尼特的研究同样选取了《四库全书要目提要》提供的材料，将范望的"注释"与宋、陆二人的"注释"进行了全面的比较解读。在"解赞"里，范望认为，宋衷和陆绩是在公元208年得到《太玄经》一书，他们手中的版本就是侯芭所传承下来的。宋、陆二人的《太玄经》在经过范望的重新注解和编排后，81卦画分别被放置在了相应的"赞"之上，而"测"被编排在"赞"之下，形成了《太玄经》的"卦画、赞、测"的三层次结构，由此便出现了"玄首""玄测"的标题而无具体说明内容的情形。总之，范

① 纪昀：《钦定四库全书要目》（子部·术数类），北京：中华书局，1997年。

② 同上。

望的注解具有重要影响，它成功地改变了扬雄《太玄经》的编排结构，使得现存的版本具有了新的行文结构，更加便于读者使用相应的文本内容。巴尼特指出，范望“注解”《太玄经》的手法显然受到了王弼注解《易经》的影响，将“彖辞”和“象辞”插入《易经》文本的第一人就是王弼。[①] 范望对《太玄经》的重新注解和编排对后世研究者产生重要影响，不同版本的《太玄经》便出现在了读者面前（大约有 40 种版本之多，其中尤为成功的版本有：司马光的《太玄经集注》和陈本礼的《太玄阐秘》，当代的有郑万耕的《太玄校释》）。在范望之后的《太玄经》版本变化里，《易经》的形式构成特征总是会体现在其重排、注解与补充的过程中，其主要的研究与解读模式无疑来自范望版本的影响。

在《太玄经》与《易经》的比较研究中，巴尼特大量使用了西方学者的文献资料，以及中文文献资料，其研究成果既阐释了两书形成与研究的共同性特征，又指出两书存在的本质性区分。就两书的形成而言，巴尼特观点同其他学者一样，认为《易经》（特别“易传”部分）的形成时间远远长于《太玄经》。如果我们将《易经》具体到“经”与“传”的区分，《太玄经》同样具有这样的区分。不论是作为“经”的部分，还是作为“传”的部分，《易经》的成书都是经过了无数作者之手才得以完成，并形成了较为完整的“易学”体系。我们今天所看到的《易经》，特别是作为“易传”的内容，更是经过无数后人的参与，更是掺杂了感性直观的内容，体系较为散漫而混杂，虽贯穿了中国古典哲学思想精神，但仍然有失严谨而系统。比较而言，《太玄经》的情形则大不一样，它是扬雄个人写作的哲学著作，它是在仿《易经》，同时，它也是在借《易经》之形式而表达自己的哲学。

正如韩敬先生所言：“虽然由于它是模拟《周易》写的，因而带着占盆之书的形式，但在扬雄当时，这种形式并不具有《周易》在古代确实曾经有过的那种占篮的作用和意义。它不过是扬雄借以表现思想的工具罢了。这就是说，《周易》是从占盆之书经过逐渐发展到具有了某种哲学意义，扬雄的《太玄》则是借用占篮的形式来表现他的哲学思想。《太玄》虽然是模拟《周易》的，但在这一点上，《太玄》与《周易》倒可以说是正好相反的。……扬雄的《太玄》正是从两汉哲学向魏晋玄学转变的一个中间环节。在这一点上，整个东汉哲学，甚至包括王充在内，都没有达到如此水平，都没有起到这个作用。扬雄在中国哲学史上的地位和贡献，主要的也就在于此。而他之所以能做到这一点，就在于他能把《周易》和《老子》加以糅合，综合地给以继承，同时又有所发展，否则是不可能的。”[②] 同时，巴尼特的对比研究强调了两书在“经”“传”分离及其对应，这样的内容和方法基本对应了国内的研究，即“扬

①T' ang Yung-t' ung, *Wang Pi's New Interpretation of the I Ching and Lun-yu*, HJAS, 10（1947）, P.137.

② 韩敬：《〈太玄〉与〈周易〉之比较研究》，《思想战线》，1987 年第 5 期，第 11—18 页。

雄认为，对《易经》字词的解释，钩稽《易经》各卦爻辞的源流，只是在演绎经典，离经典本义愈来愈远，最有效的方式应以经解经，这样才能回归经典。《玄传》和《易传》一样，是《玄》经的羽翼，在让时人明晓《玄》经的基础上，帮助《玄经更好地阐明《易》理，它的写作各自独立成篇，分别从不同的角度通说《玄》经，也是一种简易的解释方式。《太玄》经、传分立的重要作用就是'简而要'地追寻经典本义。扬雄拟《易》作《玄》，其解释式可以说是经学史上的一大变革。"[①]

二、戴梅可的《太玄经》英译研究

20 世纪以来英美学者的扬雄翻译研究在深度与广度上不断向前推进，取得了许多引人注目的成果。就前面发展而言，20 世纪以来英美《太玄经》研究先以文本译注为主，系统翻译与研究为辅。通常的情形就作者会翻译《太玄经》中的部分内容，同时提供一种导言性的介绍或研究论文。随着英美学界对扬雄及其《太玄经》研究的不断深入，有关《太玄经》系统翻译、版本考证、专题研究、编撰成就以及关于扬雄的生平方面的论著不断问世。在《太玄经》《易经》的比较翻译研究方面，其成果值得关注。戴梅可（Michael Nylan）的《太玄经》翻译不仅体现了对原文的直译，而且体现英语文化接受视角下的意译。

戴梅可的翻译是关于扬雄《太玄经》完整文本，其英文通俗易懂，其译本作为了战国后期和汉代思想的重要翻译和研究之一，出现在了纽约州立大学出版社的、由 David L.Hall 和 Roger T.Ames 所编辑的《中国哲学和文化》系列丛书中。戴梅可认为自己的翻译目的是为了更广泛地激发人们对扬雄和汉代哲学的兴趣，她同时呼吁现代读者在研究《太玄经》时探索对《易经》的系统对应，《易经》体现了"早期试图将个人置于家庭、国家和宇宙中的唯一最好的线索"，并提供了重构"与其他经典相关的圣典的原始意象、结构和意义"的材料。

这里的"引言"源自戴梅可与内森·西文合著的一篇早期文章 *The First Neo-Confucianism: an Introduction to Yang Hsiung's "Canon of Supreme Mystery"*（中国的自然和社会观念：纪念汉学家卜德文集，香港大学出版社，1987），"引言"给文本提供了有用的背景信息。戴梅可在简要介绍了扬雄的生平之后，将《太玄经》的文本结构和占卜方法同《易经》进行了比较，强调了扬雄模仿和提高其原文连贯性的方法。戴梅可也总结了扬雄《太玄经》命名的条件，讨论了其作为占卜性作品的意义，分析了扬雄写作《太玄经》的主要原因。

戴梅可认为，扬雄在写作《太玄经》时遵循了汉代思想家中盛行的新的信仰模式，这种信仰模式借鉴了当时的思想潮流，并且看到了一个单一的统一模式，这种模式支

① 解丽霞：《经传一体还是经传分离？》，《周易研究》，2012 年第 5 期，第 51—55 页。

配者自然、社会和政治关系、个人经验领域的有序变化。但是，扬雄写《太玄经》是“为了通过扩展来捍卫《易经》的深奥含义，整个被表达出来的儒学传统是为了反对主要的批评者——那些认为天神对人的事务漠不关心的人，那些认为遵守仪式是没有实际价值的人，以及那些坚持一种道德相对主义的人”[①]。扬雄对儒学传统的捍卫主要体现在他对“命”的讨论中，“命”是《太玄经》的中心关注点。在戴梅可看来，虽然扬雄是一个折中主义者，但是他试图将人类的努力重新集中在保留仪式和文化模式上，从成功中分解道德，并通过仪式来重建天地人一体的王国，揭示了他对儒家学说的忠诚[②]。引言部分以对一些概念的解释为结尾，这些概念包括一般读者所熟悉的关键术语，如“气”和“阴阳五行理论”等等。

戴梅可的翻译是按照《太玄经》结构来安排的，主要由八十一卦组成，每一卦都是以“首”（《太玄》有一篇名《首》，是模仿《周易》的《彖传》，解释八十一卦的卦名，扬雄将一年三百六十五天分为八十一个气节，每个气节占四日半，用八十一卦来代表它们），《首》中有八十二条，第一条是小序，说明用八十一卦代表八十一个气节的意义。以下八十一条，分别说明八十一个气节阴阳二气消长的情况，并以此解释各卦卦名。所以《首》相当于全年的气候节。再加上额外的评论，即九“赞”和九“测”，扬雄余下的九段评论放在文章的最后。戴梅可将传统评论的概要翻译放在每一段之后，并经常将原文内容与自己的解释结合起来。虽然读者很难分清戴梅可的主要评论在哪儿结束，她的另一个评论又在哪里开始，但戴梅可的补充性讨论反映了相关的文学典故、历史事实和相关的更大哲学和宗教问题，使《太玄经》充满了神秘色彩，这对当代读者来说是可以理解和有意义的。学者们可能会对戴梅可的专业术语翻译争论不休，或者希望她所给的评论人信息能更清楚地被识别出来。但是，戴梅可的翻译不仅显示了她对文本及其主要评注的深刻理解，而且显示了她对中国思想的更为广泛理解。

戴梅可的《太玄经》，作为对威廉《易经》翻译的延伸，将成为长时间代表《太玄经》的不可更改的翻译，它代表了对一个研究领域的重大贡献。这样的工作必然涉及将汉代幸存下来的主要文本翻译成英文。毫无疑问，这项工作应该是对汉代中国思想概论或特定路线翻译成果的重要补充。

戴梅可确定地将扬雄描绘成了这一时期中国思想和文学的中心人物。扬雄的《太玄经》，虽然不是世界最伟大的哲学史诗之一，但其存在意义重大，其体现主要有两个方面：首先，它是少数的由汉代流传下来的连贯的、可追溯源头的作品之一。其次，

①Michael Nylan, Nathan Sivin.*The First Neo-Confucianism*：*an Introduction to Yang Hsiung's“Canon of Supreme Mystery”*.Hong Kong：Hong Kong University, 1987.p9.

②Ibid.Pp54-55.

它在写作体裁上占有重要地位，这种风格源于对《易经》的模仿和研究，正因如此，它不仅为我们提供了了解汉和先秦时期宗教传统和占卜习俗的窗口，而且对汉、魏晋的各种神秘玄学思想产生了巨大的影响。例如，除了《易经》所占据的中心位置外，《太玄经》在魏晋的玄学运动中的重要也在当下获得了认可。

戴梅可翻译的《太玄经》，是第一部以英语呈现的译著经典。可分为三个部分：前八十页是引言，紧接着是对正文的翻译，分为八十一个小节（每一节代表一年中的四天半），紧接着是一系列扬雄自己的评论；第三部分是戴梅可自己的评论，在每一部分的开头出现，接下来是每一部分的节（以赞和测成对出现）。作为一个整体，这本书包含 680 页，惊奇的是很少一部分是不重要的。

引言材料是由一些旨在解释主题的短篇文章组成的，是一个主要内容的缩影，用以解释其结构，更长的篇章是关于“运气和占卜”的，还有一些关键术语的列表。当然，这些材料，除了长的篇章，都是不清晰的，至少，关于文本与《易经》传统的关系及其实际使用程度的问题值得更充分的对待，然而，戴梅可的计划是用一个令人信服的方式来介绍一个重要的文本。这个计划的核心是翻译和评论。像“在哲学语言中，它满足了深刻的身体和心理渴望，以实现自己作为人的潜力，并和后来的人结合起来”①。感受类似的状态或原始的一体，我们可以称之为道德心理学体验，它是人类内在的初心，可引起有意识的、负责任的行为，这可能和戴梅可要体验并渲染扬雄最神秘模糊作品的艰巨任务的能力形成了鲜明的对比。

将扬雄的《太玄经》翻译成英语，是很少有人会考虑的勇敢的实践。的确，由于扬雄本人对自己的文章做出了许多形而上学的艰深评论，以及郑万耕和铃木由次郎等人的众多注释，就使得翻译难度增加不少。戴梅可的现代翻译避免了将这些古老的东西变成中世纪英语的常见陷阱。戴梅可在严格的汉学精度要求和作为文学翻译要求的流体可读性之间实现了巧妙的妥协。

当然，这就意味着：那些正在寻找一部完全汉学作品的读者，或者那些只寻找“伟大哲学史诗”的作者，可能会在翻译呈现中发现其缺点。汉学家可能会感到不安的是，研究对象通常没有括号，或者相同系列的字符文字被翻译在“赞”和“测”的部分中是不一样的。虽然有关于这一个问题的几个严重的例子（例如，“熏熏”被翻译为“芳香的烟雾上升”，然后作为“和谐”），一般来说译者保持在许可的范围内，除了被允许的技术翻译，“贞”是以至少十几种不同的方式翻译（通常是“好兆头”“尝试和真实”，而不那么令人信服的是，“得体”）。在介绍关键术语一节中对“贞”的含义和内涵范围进行了明智的讨论后，显然最好将这一术语和其他关键术语浪漫化，重要的是要记住，戴梅可的计划并不是要保持真正的逐字等价性，这是许多汉学翻译

①Ibid.P49.

的特点。这种方法的优点是，戴梅可提出了优雅和习语的原物渲染。听起来很流利的短语如“危言耸听”和“以貌取人”也是非常好的翻译，当戴梅可的英语和直译之间的差距越来越大，脚注有时会提供更精确的版本。在汉代文学的翻译中，这种可读性是例外的。

戴梅可试图通过评论从扬雄的文本抽象中挑选出具体含义，有些人可能觉得太具有猜测性，或者发现她对文本读得太深入，但它起到了提醒读者注意的重要作用。要让读者记得复杂的第一套关联，这套关联必须关于扬雄周期说的每个阶段，因此，它是翻译的重要补充。同样，汉学家们偶尔也会对某些权宜之计表示不满，例如，将“识”译为“辨别”，将“明”译为“辨明”，这些在段落中是没有与中文对等的。相反，在评论传统和文本细微差别的问题上，翻译和评注一般都服从于一套普遍的核心观点或结论。这些标注是我想在书中看到的唯一的一节。因为这些注释是有选择的处理评论和变体，“翻译的试探性”不能代替戴梅可的优秀总结，第二，在没有明显引用的情况下使用的无处不在的“见下文”简直令人沮丧。

戴梅可做出的一个有趣的选择是，她主要参照春秋战国时期的文本来定位扬雄的思想，当人们想到扬雄对早期儒家思想和制度的认同高于对他自己的社会认同时，这似乎并不那么奇怪。正因为如此，戴梅可将扬雄解读为诸子百家的一员，只是出生在了错误的时代，这大多是有道理的。但是，创作《太玄经》的历史现实是，秦汉思想潮流和关注也一定有很大影响。尽管扬雄将其影响也归功于荀子，但很难想象荀子会用这种方式写作。郑万耕曾试图表明黄老思想对扬雄思想的影响，但并不成功。陈本礼把这部作品看作是对王莽的含蓄批评，戴梅可认为这一理论可能是正确的。显然，扬雄在汉代思想对话中的作用仍有待进一步研究。

我们撇开这几个小争议不谈，这部作品是对扬雄作品的出色而平衡的处理。戴梅可有效地揭示了扬雄日历循环的起起伏伏，阳的缓慢萌发和最终优势，接着是相应的阴的雕琢和胜利，戴梅可提供了获得一部象征汉族融合的作品的机会，从而为汉学的新兴领域发展做了很大的贡献。当然，在文本历史和天文方面仍有工作要做，和探究有趣的问题一样，为什么在这一时期用古典文学的风格来写新书不被认为是不道德的。但是在这个问题上，戴梅可还有更多的工作要做。

在戴梅可的眼里，扬雄是一位相当有才华并且在多方面都颇有成就的哲学家、文学家和语言学家。他的《方言》可谓是中国词典学历史上的一座里程碑，同时也是世界历史上第一本方言字典（这一作品的索引可见周祖谟的《方言校笺》北京：中华 1993）。他的法言是开创性的模仿孔子的《论语》所著。（见韩敬的《法言注》，北京：中华 1992）。他的很多赋作（韵律散文）是在对屈原著作的开创性模仿中创作出来的。《扬雄集校注》（上海：古籍出版社，1993）包含了十赋，七文，四书，一颂，一诔，两副箴分别为十二箴与二十一箴，还有一篇自序。

扬雄的《太玄经》受到了《易经》的启发，并基于此所作的。根据《太玄经》，戴梅可提到了一个非常有价值的著作，吴汝纶的《诸子集评》（1840—1903），她同时也用了郑万耕的《太玄校释》（北京：北京师范大学出版社，1989）。戴梅可大量的注评可谓是一座里程碑式的成就，每个汉学家都应该对此无比感激。戴梅可的译著详细地介绍了注释与脚注，在相关语言学知识方面的许多方面和细节上都十分的丰富和有条理。多年来，《太玄经》对于大多数修习中国思想史的英美读者而言依旧还显得陌生。戴梅可和 N.Sivin 所著的"*The First Neo-Confucianism：an Introduction to Yang Hsiung's "Canon of Supreme Mystery*"无疑提供阅读理解的最佳指导，（香港：香港大学出版社，1987）是最受欢迎且最有用的第一次介绍《太玄经》。

尽管研究的规模不断发展，《太玄经》已经在英语国家有了一席之地，《太玄经》的英译本也出现了，然而，译本却依然是令人生畏，难以理解。特别是一些相当难以理解的翻译注释。因为它是原始的经典中国古文，依据中文原文的直译是不够的。

在《太玄经》中，扬雄创造了一个书面的对象，它的目的不仅为了传达意义，而且在于保持求知欲，去激起理智的愤怒，且怜悯的反思，激发感同身受的猜想以及哲学的想象。在一定程度上，《太玄经》是一部具有现代感的作品，但这并非意味着形式内容的简单与直接，因为它的形成主要深深地被《易经》的传统思想所影响。扬雄使用并利用人类的"玄"之传统，希望提出他自己的反思，去掌握这一深不可测的传统。他的观点不是读者通过阅读就能接受和进行判断的，它代表了一种知识世界的原则，需要通过非常人般的努力方可达到理解。

《易经》介绍了我们熟悉的八八六十四卦，画有虚线（阴）和实线（阳），每卦是六画六爻。而《太玄经》具有的是四画，且有实线（代表天），两段虚线（代表地），三段虚线（代表人）。这使得扬雄得出了九九八十一个节气，也是八十一卦，其中每一个节气对应四天半，从12月22号这日冬至算起，八十一节气便是一年的时间。在书中，扬雄列出的每一卦都是相互关联的，1. 天地人三本源；2. 阴阳；3. 五行金木水火土；4.《易经》中的一卦；5. 星辰运行。通过明确这些相关的东西，戴梅可的译著极大地帮助了我们在这种概念背景下去判断这些具有深刻意义的卦。在《太玄经》中，八十一卦中每一卦都附有一个"首"和九个文辞，名曰"赞"，九"赞"对应的是四天半，那么每两个赞对应的就是十二个时辰一天，所以一共有七百二十九赞。但是三百六十五又四分之一天才是真正的一年太阳回归年。根据《易经》，扬雄在每一个"赞"后加入了进一步的解释。《太玄经》主要包括了八十一卦，和这些卦的赞，及其赞的具体阐述。下列是九个书中的附录，又称九传。

表 3-3　九传

<table>
<tr><td>1. 玄衝：指书中两极的对立。</td><td rowspan="2">这两个“传”系统地阐述了评估的基本体系，并建立了它们之间的联系。</td></tr>
<tr><td>2. 玄错：对立面的相互作用。</td></tr>
<tr><td>3. 玄摛：指书中的演变。</td><td rowspan="2">这两个“传”以《易经》中的念辞的方式阐述了文本主体的信息。</td></tr>
<tr><td>4. 玄瑩：指书中的启发。</td></tr>
<tr><td>5. 玄数：指书中的数字。</td><td>这个传据说是与《易经》中的说卦部分相对应，其他内容还包含了从一到卦的详细推算过程，在“首”中的“赞”与“测”包含着人们一直所追寻的神秘信息。</td></tr>
<tr><td>6. 玄文：指书中的详细阐释。</td><td>这一个传是仿《易经》中的“文言”部分，解释了第一卦作为基础和最终的来源，通过书中探究宇宙的本源。</td></tr>
<tr><td>7. 玄棿：陈述代表。</td><td rowspan="3">最后三个传是包括对卦的各种注释（赞）以及对它们的评估（测）。</td></tr>
<tr><td>8. 玄图：图解。</td></tr>
<tr><td>9. 玄告：启示。</td></tr>
</table>

通过对《易经》中的复杂文本及传统知识的积累总结，使得扬雄成就了这本绝妙的经典。通过对《易经》透彻熟悉和启发，扬雄的思想世界不是以一个普通的感觉而存在，而是通过以一种具有深刻意义的诗歌图像下的内在动力来划分的时间维度。他将一年分为九九八十一个节气，每个节气四天半，其中任一节气都附上一个具有逻辑性的卦画。他这样做的目的是为了给这些节气都分配一种意义，在各种层面上，例如阴阳五行，星辰运行来表达这些深刻的宇宙意义。

戴梅可的翻译带领着我们进入到这个被感知到的宇宙潜在力量存在与作用的神秘世界。她恰当地展示了从第一篇之“首”到第十篇之时间进展过程。如果是从一到十一首，再到二十一首，直到到八十一首，那么，我们是不是就能观察到更大的转变呢？戴梅可的这些概述是十分有必要的，可以激励人们更深入地了解进展的细节，尽管中文已经有相关的说明，但过程仍然需要加以理清，以便有效地预测每个卦下的信息语言或者多种意义包含。同时，卦象的意义得出也绝不能显得武断，它的本质其实就是一种神秘难以理解但却又不可避免的内在逻辑。理想的情况下，它所体现的逻辑和编码规律必须加上一些大家比较熟知的特征，例如阴阳五行，星辰运行，等等。戴梅可的翻译忠实于原文的思想体系，将卦象的含义和这些特征联系起来，除了基本系统的数学计算、数值特性之外，还将系统赋予潜在的“科学”或理论的权威。因此，在某种意义上，扬雄的这本著作可以被视为成为中国科学史上标志性的、不折不扣的微型百科全书。

《太玄经》地位极其重要，任何涉及它的英译和评论必须是比任何普通的叙事甚至理论著作都更有着不可比拟的影响。《太玄经》旨在带来某些深层意义，但是扬雄并没有打算把所有东西都说出来，他对那些有用的词的相关意义进行了拼凑。扬雄这样的行为和普通的释文不同，他是将科学思想压缩并归入到一个数字定义的复合体中，译者必须将压缩的复杂文本对象解压出来，以便展示扬雄之意。《太玄经》直译虽然本身就很难，但却是基本语义破译和解释这一任务完成的开端，具有挑战性的翻译不再是确定字面上的意义或传达信息，而是字面背后所含的作者思想，即探究原始文献的基础，真正奥秘背后所蕴含的信息。

重要的是，翻译并注释《太玄经》的线索必须从其附录中搜集出来，其“赞”虽然难以理解，但是它们所含的信息往往令人难以置信，而且也并不是仅仅被限制在系统或多重含义的模式中，它们在理解中国思想史上的重要性就在这里。晋代的范望著有一部关于《太玄经》的注释作品，是另一份值得密切关注的著作，扬雄的开场序就是在这本书的第一章，相关信息可以从上海古籍出版社的 1990 年版本中找到，但是却并没有出现在戴梅可的书中，也没有相关的翻译和提及。不知这样的情形是否出于了戴梅可的疏漏。

在中国古代，自然哲学之“形而上学”的语言表现经常与最具有诗意的修辞手法联系在一起。抽象的“形而上学”的倾向于围绕《易经》《太玄经》等著作来显现，这也解释了这些著作为何在历代中国思想家中真正异常地流行的原因。扬雄需要写一部经典，需要根据自己的观念创作了自己的经典。他认为经典应该会给他带来与经典联系在一起的那种不朽与永恒。通过他的经典写作，他想获得一种哲学与文学永恒的形式，像司马迁著作与永恒的基本过程那样，流芳百世。正因为如此，扬雄的作品在接触到“命运”的主题时就会鲜活起来，这就是他最终要阐述的内容。

在试图研究《太玄经》这类经典时，英美学者往往会采用不同方法策略加以展开。例如 R.J.Lynn 的 *A New Trans-lation of the I Chingas Interpreted by Wang Bi*（纽约：哥伦比亚大学，1994），机械地将要翻译的句子单词转换为表面上可以判断的英语对应语，而似乎没有停下来思考：这样的结果，对于一个有思想和批判能力的读者来说，这些语句是否是有意义的。Lynn 把这篇文章难以理解的地方传递给了他的读者，这是一个很诚实的做法，但却并没有什么用。当然，戴梅可也不可完全避免地在她的翻译中也出现类似的失误。她翻译的字句大多以有助于她为语言辩护的方式，在她的注释中，她有时候会巧妙地为这些翻译进行辩护。这样翻译出来的整体英译文本不免令人费解且困惑。同样，这些翻译其实也只是将中文版本中的困惑之处转换成了英文而已。

如果没有相当好的理解力就不可能通读她的一整部 680 页的著作。随着深入到精确的知识背景和注释文本中，戴梅可自己也会发现翻译的漏洞与困惑，在通过这些卦象和它们的“赞”来看出这样一个虽然模糊但是可以理解的整体，似乎是神或者说是上天赋予了语言的意义。当然，戴梅可遭遇这样的困惑显然是她自己的原因，和扬雄的原文完全无关。因此，“测”经常会重复那些在“赞”中已经提过的东西。显然是因为这些“测”不是紧跟着在“赞”后加入的。出于某种原因，戴梅可开始通过改变她的翻译来再一次告诉读者。因此，在第二章第三节中，同一个词语“出我入我”出现了两种不同的翻译。

赞：我给出的和我收到的。

测：来自我的和加入我的。

这并不是说这个在语义上非常重要，在这种情况下，她的第二个翻译显然是正确的，第一种的翻译方式是不可接受的。戴梅可在正确与否的翻译之间的动摇很明显是于事无补的。她给人的印象是：她没有很好地给翻译文本带来一种语言学的精确性，给予其适当的解释是绝对必需的。

同样的情形出现在了第三章第三节，例如“赤子扶扶”，她的翻译是：

赞：红脸的婴孩（rosy babe）被举起……

测：新生的婴孩（newborn child）被举起……

红脸的婴孩（rosy babe）造成了翻译风格的不一致，也许译者会争论说“赤子”在古汉语里是“小孩子”的具有诗意的表达。那么，她应该坚持她的理论，并在这一文本上保持一致。在这里她再一次给人一种多此一举的印象，与在她书中其他部分的态度是不相符的。她既然正确地关注到她的翻译文本应该有诗意的表达，那么就更有理由在处理文本时保留一些原汁原味的东西。

第二节　《法言》研究

《法言》作为扬雄晚年的著作，代表了其思想发展成熟的成果。它是扬雄思想研究中不可或缺的一部作品，它通常被视为扬雄一生学问的总结，从《法言》这本书走出来，我们可以对扬雄思想世界有一种全面直观的了解。可以说，《法言》是中国古代哲学、文学思想著作史上的一块瑰宝，对于英美汉学界研究中国古代哲学思想史以及中国儒家思想的修正发展有着极其重要的地位。

自20世纪初期以来，英美研究者对《法言》的译介与研究有着一个循序渐进的过程，涌现了一批卓有成就的学者，如科尔文、戴梅可等，以及那些具备重大价值的相关研究成果。当然，我们在肯定欧美《法言》研究总体取得的成就之外，也必须要看到《法言》在英美乃至整个海外的传播与研究仍然存在着一定的不足，主要表现为以下几个方面：（1）《法言》全译本数量过少，缺少权威性译本。上文介绍的几个译本中，有的译本出现错误过多。这对于《法言》的海外传播及研究是极为不利的。相反，前文提到的《论语》译介与研究，其研究起源早，译本较多，有多个语种版本，并且在海内外皆有发行出本，传播范围较广，影响程度较深。（2）国内学界对于英美《法言》研究成果关注还不够，利用也不足，更不要说引进研究了。其原因首先在于语言障碍和文化差异，中国学者在利用、引进英美学者的《法言》研究成果时存在着诸多的困难；其次是因为国内“《法言》学”研究者基数较小。虽然扬雄与司马相如作为汉代最著名的两位汉赋家而齐名，在国内誉称为“扬马”，但国内外研究司马相如及其作品的研究者与成果远远超过了对扬雄及其著作的研究，至于定位到具体著作《法言》，那就更少了。尽管介绍英美汉学界对扬雄及其作品的国内学者在20世纪末也开始出现，并取得了一些成果，但是还远远不够。（3）英美学者对于扬雄和《法言》论述及研究还存在着一定的缺陷，英美研究者往往缺乏对扬雄及《法言》第一手资料的把握和深入研究，还有就是研究范式和思维习惯的差别，在这样的情况下，这些研究者往往只能以先入为主的视角去预设前提，得出来的结论肯定有诸多有别于中国学者之处，也许在某些地方会有所建树，但是从整体上看却依然存在着一定的偏见和误读，这确实是英美乃至海外研究扬雄及《法言》存在的最明显的问题。

一、安德鲁·科尔文的博士论文及《法言》译本

2001年获得夏威夷大学（University of Hawaii）博士学位的安德鲁·理查德·科尔文（Andrew Richard Colvin）的博士论文《扬雄〈法言〉中的连贯性模式》，全文一共九章，其中附录部分附上了他翻译的《法言》，是21世纪以来较为完整、错误较少的《法言》英译本，他将《法言》翻作 Words to Live By。论文一共九个章节，两个附录。

论文开篇的导言部分介绍了《法言》与《论语》的关系，并进行了一定的比较与评价，从多个方面阐述了扬雄著《法言》可能原因，还有扬雄在王莽新政时期的一些政治行为。除此之外，他还简单讨论了扬雄的海外研究现状，介绍了例如康达维，戴梅可等关于扬雄著作研究的优秀汉学家。

在论文的第一章中，科尔文介绍的是扬雄以前的中国历史背景，从黄帝开始，尧舜禹到夏商周、春秋战国、再到秦朝、汉朝，他都一一做了简明扼要的叙述，并谈到了这些时期出现的一些有名的著作，例如《史记》《论语》。科尔文将扬雄的生平经历分为了两个时期：前期和后期，分别对其进行了介绍与阐述。他从扬雄的政治经历，文学经历等方面进行介绍，解释了他的赋作、《太玄经》、《法言》等写作的时期及其影响。

第二章，科尔文将西汉后期的历史和政治背景做了一个较为详尽的调查，以及扬

雄在这一时期的经历和同他相近时期的文学家、思想家，例如贾谊、司马相如、董仲舒、桓谭等。还有他的主要著作，科尔文在这一章重点讨论了扬雄的赋作、《太玄经》和《法言》，他将这三类作品视为西汉的三种文学形式，正好他也将扬雄的文学著作时期分为三个时期：早期、中期、晚期。并将这三部作品一一对应上这三个时期。然后分别引用了康达维关于扬雄《反离骚赋》《甘泉赋》《羽猎赋》《长杨赋》以及戴梅可关于《太玄经》的翻译与解析来展开对这几部作品的研究与评价。科尔文认为，正是由于扬雄撰写的这些迎合朝廷迎合皇帝的赋作，导致了他的友人和他断绝了关系，他的政治道路的晋升也是由此而开启。通过这些知识背景的介绍和一些评价论述，科尔文希望能给读者提供一个关于扬雄及《法言》写作时期的一个相关历史背景，以便在《法言》阅读中提供更加具有帮助性的信息。

第三章中，科尔文提出了《法言》在编纂中出现的组织性问题。他谈到，扬雄的赋作和《太玄经》都是比较高深莫测难以理解的。在阅读这些文章时，他发现一个问题，即这些著作往往缺少一种具有逻辑性，组织性的文章结构。在分析《法言》时，他指出，《法言》具有相当宽泛的主题和中心，它不仅包括儒家学说里的道德修养、自然趋势、人性、天、礼、乐、圣贤，以及孝性等等，并且还包括道家学说里的天道、德、自然、无为以及出世思想等。这一点同国内很多研究者的研究成果基本相符，《法言》这部著作并不只是儒家学派的著作。山东大学张兵教授就曾指出："《法言》是一部儒主道辅，本道兼儒的作品，《法言》并非单纯儒家思想所能涵盖得了的，儒道融合、交互影响才是《法言》一书的真实面貌。那种把扬雄归为醇儒的观点是有失偏颇的。儒道互补是两千年多年来中国思想的一条基本线索。"《法言》中这些主题与论点在科尔文看来具有随机、无计划编辑的特征。他认为，《法言》的十三卷里并没有很强的逻辑性，而且也不够连贯。康达维也用"random"（混乱，随机）一词来形容《法言》的主题内容之间的关系。科尔文还列举了一些《法言》研究者对于《法言》主题及内容的讨论与评价。

第四章主要讨论的是《法言》的主题。科尔文列举了儒家经典：《论语》《荀子》《中庸》等著作，对比讨论了这几部作品的主题内容，并把《法言》的十三卷内容依次做了一个简单的介绍，以及各卷所含的主题思想。

第五章为了讨论《法言》中的无组织性、无逻辑性特征的主题内容，科尔文以《论语》为线索，探讨造成这一现象的原因。通过研究，科尔文发现，《论语》基本上章节都是由孔子的徒弟整理而成，所以这似乎也可以解释《论语》的卷名与内容无关，且卷名之间无顺序性，逻辑性的现象。但是，《法言》只有扬雄一个作者，从撰写开始的相关工作都是由扬雄自己担任的。所以，扬雄在模仿《论语》作《法言》时，也是没有考虑到本身的构造。随后科尔文列举了一些汉学研究者对于《论语》和《法言》

两部作品的内容之比较的讨论，着重地说明了《论语》的连贯性问题，对《论语》与《法言》很多语句的内涵思想进行了详细分析，指出了某些汉字在中国古代的意思与英译版的差别。

第六章着重讨论的是《法言》的连贯性模式。他首先从《法言》的形式、主题入手。《法言》由十三卷组成，每一卷都由十几到二十个不等的对话或者警句组成，对话都是由扬雄自己和一个不知名的人展开的，一些是散漫、无条理的话语，一些是具有叙事性的话语。然后再从语义关联以及释义关联深入，细致地列出《法言》中的句子，从微观层面上讨论某些字或者词的深层含义。

第七章以《法言》第七卷“寡见”为扩展的实例，他试图讨论第七卷中二十五条之中绝大部分的内容连贯性。所以他将其中大部分对话警句列举出来进行分析与探究，总结其中蕴含的连贯性。从 7.1 到 7.4，科尔文分析道：从第七卷第一句 7.1 开始就是惋惜“现在”的人总是在流于表面地去听从一些浅显的道理，而不去理解圣人的深远之义。在科尔文看来，这样的“听从”只是作为了获取或维护他们的官职而已，随后的 7.2 到 7.4，科尔文认为与 7.1 是具有连贯性的，是对 7.1 中提到的内容进行一个补充说明，说明君子是如何去做到些行为的，以此警惕世人，7.2 是君子应该认识到，如果去追求表面的一些道理，那就不算是圣人之道了，7.3 是劝诫人们要注意见到、听到的东西，要去分辨其中的真谛，才是君子之道。7.4 是告诉人们与人相处也是贤能之人，这样才能使自己内心改变，去顺应道义。通过这样的讨论，科尔文印证了《法言》行文间所具有的连贯性。

第八章科尔文以《法言》第十三卷“孝至”展开讨论，他认为《法言》并不是看起来那么的毫无逻辑与组织性，他要通过指出第十三卷中几个主题和语义的联系与关联来证明此看法。第十三卷是《法言》中最长的一卷，有三十四条对话警句。并且可以发现第十三卷很有可能是在王莽朝时期撰写的，所以《法言》的完成也受到了王莽的影响。其中含有了很多王莽时期的政治意愿与理想。扬雄在王莽朝曾任官职，可他在当时的朝中不受重用，官职也很低，即使这样，也使他遭到了很多当时和后代人的诟病。

在附录中，科尔文给出了《法言》的全本翻译，采取的是无注释的翻译方法。对于《法言》及其在西汉经学之乱中起到的捍卫发扬儒学的作用进行了探讨。科尔文的研究极其注重将作品内涵与史实相结合进行讨论，注重某些中国古代汉字意义进行探讨分析，力求详细，准确之意。他将《法言》撰写的连贯性与《论语》做比较进行论述，是相当具有开创性，深刻性的做法。由此也可以看出科尔文对扬雄及《法言》投入的精力之大，钻研之深。不足之处还是由于地域与语言文化的差异，在很多地方科尔文仍然采用的是直译的方法，导致有些字句的含义不够精准。

二、戴梅可的《法言》翻译与研究

2013 年戴梅可出版了 *Exemplary Figures Fayan：a complete translation of Yang Xiong's Fayan*，它是又一版《法言》英译全本，其中包括《法言》全书十三卷：学行卷、吾子卷、修身卷、问道卷、问神卷、问明卷、寡见卷、五百卷、先知卷、重黎卷、渊骞卷、君子卷、孝至卷，一个附录。戴梅可的《法言》译本沿用了西方汉学注重译注的传统，以汪宝荣的《法言义疏》为底本，大量参考了海内外学者的相关著作成果，在《法言》译本中加入了注释进行翻译，为了能够更加详细、准确的翻译文本。每卷的各个对话警句英译都附有中文原文，左右对照，页脚也附有注释，文本最后还附有常见的历史人物介绍。

戴梅可的《法言》译本行文严谨，注释与考证也较为精准，详细，对于现存的《法言》全译本来说，堪称是一部具有权威性、全面性的译作。

在导言部分，和《法言》底本一样，介绍了扬雄撰写作《法言》时期的历史与政治背景，扬雄的其他两部著作：《太玄经》《方言》，以及扬雄的生平；译者按照历时顺序整理了扬雄时期出现的较为重要的人物，例如：王莽、刘歆等，讨论了扬雄所处时期的政治环境。同时，她也介绍了战国至西汉出现的儒家四书经典，对于当时的儒家学说，戴梅可也对此展开了一定的讨论。戴梅可指出：扬雄的《法言》是仿照《论语》所作，《法言》中的有些篇章批评司马迁忽略了历史上出现的一些圣贤。在戴梅可的翻译中，《法言》的文学观，哲学观也被加以了一定的研究与评价。此外，在《法言》的翻译方式上，戴梅可将讲述扬雄的角度转换成了第一人称视角“I”，从而使得其译文的对话形式更加新颖，令读者阅读起来更加直观、生动。

戴梅可在扬雄《法言》的译介与研究方面成果丰富，其译本已经成为所有对扬雄和思想史感兴趣的英美汉学者的必备书目，对扬雄及中国哲学文化在英美世界的传播与研究做出了实质性贡献。随着英美汉学界对于《法言》等的研究深入，《法言》及其以扬雄思想为主要内容的中国古代文化研究将会获得更为广阔的发展前景。

随着对扬雄及《法言》等著作研究的深入，研究者们更加系统、全面以及更加深入地去认识总结，中外学界对扬雄及《法言》的研究也一定会取得更大的成果。在对待扬雄海外研究的现状与成果过程中，中国学者应以兼收并蓄的心态去了解海外汉学界对于扬雄的解读，继续引进、介绍英美汉学家的优秀研究成果，让国内相关领域的学者和读者能够更多、更好地去认识、了解海外视角下的扬雄及其作品的翻译、解读、研究，并以此为契机推进国内外学者在相关领域中的更为细致、全面的研究与评价，使《法言》在 21 世纪的译介与研究取得更加丰硕的成果，以及更为广阔的发展前景。

第四章

自我与他者眼中的扬雄

人的生命转瞬即逝，这让人无法忍受。为了逃脱短暂存在的痛苦，他要么沉迷于“今朝有酒今朝醉”的当下，要么伸手抓住些永恒的东西。中国儒家就为儒者提供了“三不朽”，即立德、立功、立言。在《春秋左传正义》中，唐人孔颖达对立德、立功、立言三者分别做了界定：“立德谓创制垂法，博施济众”；“立功谓拯厄除难，功济于时”；“立言谓言得其要，理足可传”。在这“三不朽”中，魏文帝曹丕最推崇“立言”，他在《典论·论文》中说：“盖文章经国之大业，不朽之盛事。年寿有时而尽，荣乐止乎其身，二者必至之常期，未若文章之无穷。是以古之作者，寄身于翰墨，见意于篇籍，不假良史之辞，不托飞驰之势，而声名自传于后。”古之儒者超越个体生命和物质欲求的“三不朽”功绩让他们名垂青史，甚至因为其世界意义而扬名海外。

在中国历史上，许多儒者因其“三不朽”的功勋留下了高大的个人形象，成为后世楷模，比如，忧国忧民的屈原、金戈铁马的辛弃疾和锐意变法的王安石等等。这些人给中国人留下了深刻、鲜明的文化形象。扬雄是个名副其实的“三不朽”儒者。论“立言”，扬雄作《甘泉赋》《羽猎赋》《长杨赋》《河东赋》《解嘲》和《逐贫赋》等，享“歇马独来寻故事，文章两汉愧扬雄”之盛名，文学成就与司马相如在伯仲之间。论“立功”，他作《方言》，为汉朝中央政府与地方政权的政令畅通立下了汗马功劳，是中国词汇学史上的里程碑和世界方言研究第一人。论“立德”，他作《太玄经》和《法言》，为儒学的正本清源皓首穷经。但这样一个儒者在今日中国大众心目中却没有任何印象。因此，本章只能研究扬雄在中西学者心目中的形象。扬雄在中国学人眼中、西方他者眼中分别是什么形象？两个形象之间是否有差异？有何差异？原因何在？

第一节　自我眼中的扬雄

根据《扬雄研究的现状与未来——纪念扬雄逝世两千周年学术研讨会综述》一文[①]，当下学者主要从四个方面展开扬雄研究：扬雄的文学成就；扬雄生平考辨及相关文献研究；扬雄哲学思想及相关学术史问题的思考；扬雄在后世的影响与评价研究。事实上，以上这四个方面大致涵盖了国内学者扬雄研究的绝大部分视角。扬雄是中国历史上百科全书式的人物，因此，学者们还会研究他的语言学成就、史学成就、音乐成就等。这些学者的研究结论就像画笔，一笔笔描绘着扬雄的形象。将国内各种扬雄研究的资料拼贴起来，可以大致还原这个遥远陌生的人物形象。

① 王虎，肖娇娇：《扬雄研究的现状与未来——纪念扬雄逝世两千周年学术研讨会综述》，《文学遗产》，2018年第4期。

一、“谜”一样的扬雄

与大多数历史人物不同，扬雄留给现代人的是一个个难解的谜团。

首先，他究竟姓“扬”还是“杨”，学界对这个最基本的问题尚有争议。以清人段玉裁、王念孙为代表的“字误说”认为扬雄本姓“杨”，却误用了同音字“扬”；以清人汪荣宝为代表的“通用说”认为“扬”与“杨”属同声通用；以现代著名学者徐复观为代表的“改姓说”，认为扬雄本姓“杨”，其祖为避祸而改姓“扬”；以周永宁博士为代表的“扬姓说”，认为扬雄本姓“扬”。“扬雄”姓“杨”还是“扬”，这是个谜。①

第二，他究竟出生何地，学界对此分歧也很大，有学者认为他生于成都，有学者认为他生于郫县，还有学者认为他生于成都郫县。在汉代，成都与郫县没有行政区划上的隶属关系，所以成都郫县的说法不成立。于是，争论最大的是他究竟是成都人还是郫县人。孙琪华在其《扬雄故里之我见》中支持“成都人说”，而纪国泰教授认为“郫县”说最可信，并给出了4条理由：根据《汉书》的记载，扬雄的祖上自从避难来到郫县就从未离开过，所以扬雄应该出生在郫县；即使扬雄在明、清两代声名狼藉，郫县人仍然认同他为乡贤；郫县有不少关于扬雄的历史掌故；现代不少著名学者认同扬雄是郫县人。②扬雄的籍贯，也是个谜。

第三，他的人生毁誉参半，没有历史定论。《汉书》作者班固盛赞他是大智、大德、大志之人，而他却“三代不徙官”。司马光认为扬雄在儒家道统发展中的作用超过了孟子、荀子，王充更将他与孔子相提并论，而偏有更多人讥讽他是欺世盗名的小人。有学者对扬雄的历史评价分三阶段进行了全面的研究，得出“褒贬同行、反差悬殊”的结论。③他的功过是非是个谜。

第四，他的官位低而学识高。扬雄一生最高的行政职位就是王莽新朝的中散大夫这一闲职，但他却颇受历代名士、学者推崇。著名学者徐复观在《两汉思想史（第二卷）》中说：“假定讲汉代思想史而不及扬雄，我觉得便没有掌握到两汉思想演变的大关键。”有如此思想学识的士子应该成为朝廷的股肱之臣。况且，扬雄有志效力朝廷，且身在朝廷权力的边缘。在“学而优则仕”的封建时代，扬雄官阶与学识的巨大反差也是一个谜。

第五，他是皇城根下的隐士。他一直想受人君重用，干一番惊天动地的伟业，却不愿阿附权贵，更不屑以主流的“章句训诂”之学博取功名。他没有选择退隐山林，却选择待在天禄阁校书。班固认为扬雄“实好古而乐道，其意欲求文章成名于后世”，

① 纪国泰：《扬子〈法言〉今读》，成都：巴蜀书社，2009年，第6—7页。

② 纪国泰：《扬子〈法言〉今读》，成都：巴蜀书社，2009年，第9—10页。

③ 赵为学，王栋：《扬雄研究的源流与不足》《湖南科技学院学报》，2006年，第2页。

所以“以为经莫大于《易》，故作《太玄》；传莫大于《论语》，作《法言》；史篇莫善于《仓颉》，作《训纂》……”[①]可见，扬雄给自己的定位就是传承传统文化，传承“与圣人同”的正确文化，并致力于以此获得自己的人生成就。既然自己的理想抱负无法经由朝廷实现，缘何选择退隐在皇城根下？这还是个谜。

第六，他明知不可为而为之。当世人都明白只能为经书做注的时候，他却冒天下之大不韪“非圣人而做经”。撰写经书是圣人的事，常人只能引经据典，只能战战兢兢地读经、解经，而他却仿圣人经书而写经。明知不可为而为之，其原因是个谜。

第七，他“美新”的意图不明。他挑战“忠君”思想，不仅担任乱臣贼子王莽新朝的“中散大夫”一职，而且写《剧秦美新》文，大赞王莽。有学者认为他真诚“美新”，为乱臣贼子唱赞歌，是“小人”。相反，另有学者却认为，他是效仿司马迁受宫刑而作《史记》，为了儒家大一统的意识形态忍辱负重写《方言》。“‘美新’的动力是扬雄为完成《方言》争取时间和环境的文化使命感，其性质有如司马迁之于《史记》。”[②]总之，后世学者围绕“事莽”“美新”聚讼不休，扬雄在后世的声名也就起伏不定。有时他被尊为“西道孔子”，享受国祭的尊荣，有时他又被贬为丧失文人节操的“小人”。他“美新”的意图成为历史之谜。

第八，扬雄的学派归属问题难定。汉儒内部又分为两派，即古文经学家和今文经学家，当世和后世学者为扬雄思想所属派别争论不止。他所尊崇的究竟是传统儒学经典还是经过历代解读后的儒学经典，即他究竟是古文经学家还是今文经学家，这也是个谜。

第九，他的著述价值评判悬而未决。扬雄大部分著作都是“模拟”，其仿《易经》而作《太玄经》，仿《论语》而作《法言》，仿司马相如而作赋，后世学者质疑其作品的创新性，更质疑其学术价值与文学价值。因此，扬雄作品的价值是个谜。

可以这样说，因为著述的“模拟”和做人的“失节”，扬雄是个有异端思想、异常举动和异样言论的“异端”。这里的“异”是指不同于常人。正是因为所思所为所言大异于常人或者说超前于常人，扬雄难以被世人理解和接受。懂他者，谓他圣人，不知者，谓他怪人。可见，由于人们的多元解读，扬雄本人在国内的形象成为一个难解之谜。那么，西方译者是否为西方读者忠实地传递了“谜”一样的扬雄呢？他的文化身份依然如此多变吗？

---

① 《汉书》卷 87 下《扬雄传下》，第 3580 页。

② 王瑰：《也论扬雄“美新”》，《关东学刊》，2016 年，第 6 页。

二、“谜”一样的扬雄著作

（一）神秘的《太玄》

《太玄》晦涩难懂，《汉书·扬雄传》对其的评价是“观之者难知，学之者难成”，因此，知音如桓谭者说它“必度越诸子”，而博学如刘歆者“恐后人用覆酱瓿”。可见，当世学者对它未来的影响力预测截然相反。

仅是一个“玄”字就已高深莫测。扬雄反复重申他对“玄”的定义：“夫玄者，天道也，地道也，人道也，兼三道而天名之，君臣父子夫妇之道”①。谢桃坊在说，“‘玄’是最高哲学范畴，包含了天地人之本源”②。意蕴如此丰富的“玄”，究竟是指天道、地道、人道，还是君臣父子夫妇之道？抑或兼而有之？桑东辉从人伦维度探究扬雄的“玄”，认为“天道自然规律是人类道德立法的准则，天道的阴阳决定人伦的尊卑”③，因为扬子说过，“夫天地设，故贵贱序。四时行，故父子继。律历陈，故君臣理”④。桑在太玄本体的基础上分析出扬雄的历史循环论、人性善恶相混论、仁义道德观、中和价值观。

对于扬雄创作《太玄》的目的，学者们的阐释各异。郭君铭认为，扬雄创作《太玄》是为了合理化儒家伦理和人类森严的等级制度。纪国泰教授认为，《太玄》是一部融自然科学与社会科学一体的哲学著作，为支持“浑天说”反对“盖天说”提供理论依据。许结先生说：“扬雄的太玄说以唯物的天道观反对谶纬神学的天命观，在汉代究天人之际的观念的支配下，完成了由‘天人合一’（董仲舒人副天数说）到‘天人分离’（扬雄天地人‘三玄’说）的转变。这一转变意味着西汉思想中‘神’的没落与‘人’的觉醒；传统整体意识的瓦解与新生自我意识的强化。”⑤

西方译者为西方读者呈现的是“度越诸子”的《玄》还是“覆酱瓿”的《玄》？是天道、地道、人道，还是君臣父子夫妇之道？是合理化儒家伦理和人类森严的等级制度的《玄》、是支持“浑天说”的《玄》还是从“天人合一”到“天人分离”的《玄》？他们翻译的是什么“玄”和怎样翻译的“玄”？在西方读者眼中，扬雄的《太玄》体现了他什么哲学思想？这种哲学思想在中国思想发展史上有着什么作用和地位？

（二）歧义的《法言》

《法言》奠定了其在中国儒家道统中的“大儒”之尊。《法言》为宗经之目的仿《论语》而做，是扬雄的代表作之一。纪国泰教授说，“古今研究《法言》的人很

① 扬雄撰，司马光集注：《太玄集注》，北京：中华书局，1998 年，第 212 页。

② 谢桃坊：《论儒学的特征》，《蜀学》第二辑。

③ 桑东辉：《从人伦维度探究扬雄思想的体系架构与内在关联》，《唐都学刊》，2017 年第 1 期，第 35 页。

④ 扬雄撰，司马光集注：《太玄集注》，北京：中华书局，1998 年，第 187 页。

⑤ 许结：《论扬雄与东汉文学思潮》，《中国社会科学》，1988 年第 1 期。

多，在字面解读、句意解析上的分歧之多实难尽述，见仁见智，可以不必深究。但是，对《法言》主题的理解分歧，对《法言》的结构和语言的批评意见，却是不能不加以解释和说明的”[①]。可见，对《法言》的理解，古今学者从微观层次的字面、句意到宏观层次的主题、结构都存在极大的分歧。纪教授重点梳理了学者们对《法言》主题的不同阐释，概括出“重建儒家价值体系说”“维护儒家至尊说”和“褒贬社会现象说”。他认为，将这三种阐释合并起来就找到了《法言》的主题：“《法言》通过褒贬各种历史人物和历史事件以维护孔子及其儒学的至尊地位，从而建构了新的儒家价值体系”。而这个新的儒家价值体系为儒学的发展注入了新的活力，确立了孔子在百家中的独尊地位，使他成为封建伦理的代表形象。在结构上，尽管学者们认为《法言》的结构“杂错”，纪教授认为对“圣人”和“圣人之道”的高度赞赏是贯穿全文十三章的逻辑联系。在语言上，纪教授认为《法言》语言的“难深简奥”体现在太过简略的句子和太过逻辑松散的句子关系，这导致句意不明，句意的多种理解和一章旨趣的费解。

纪教授从各个层面都提到《法言》存在的多元阐释这一现象。既然国内学者对《法言》的主题、结构和语言都存在多种理解，其原意已难追溯，西方译者怎么为西方读者呈现这变色龙一样的《法言》原意呢？他们为西方读者呈现的是谁的阐释呢？这种阐释会曲解扬雄的《法言》吗？扬雄会被误读吗？

《扬雄传》载扬雄撰《法言》的缘由云：“见诸子各以其知舛驰，大氐（抵）诋訾圣人，即为怪迂，析辩诡辞，以挠世事，虽小辩，终破大道而惑众，使溺于所闻而不自知其非也。及太史公记六国，历楚汉，讫麟止，不与圣人同，是非颇谬于经。故人时有问雄者，常用法应人，撰以为十三卷，象《论语》，号曰《法言》。”[②]扬雄见当世学术多违背儒家经典，便创作《法言》，为的是要匡扶学术，使之回归“与圣人同”的正道，而且为自己立的标杆很高，要追踪《论语》，由此不难看出扬雄儒家文化使命感之局[③]。西方译者捕捉到了扬雄对儒家经典的这种使命感和责任感吗？他们为自己的目标读者传递了原作者的这种使命感和责任感吗？

《太玄》和《法言》两部著作使得从汉到宋的诸多儒学大师将扬雄纳入儒家正统，视其为一代大儒和圣贤。古往今来，学者们总是用“难深简奥”来描述扬雄这两部作品的语言特点。为其“难深简奥”，意义阐释的多元现象就会出现。译者怎样在翻译这谜一样的作者原意？只传递了某个或某几个学者的解释？只传递了自己的解释？传递了诸多解释？不同的翻译处理方式影响了扬雄的原意吗？影响了扬雄的西方形象吗？

---

① 纪国泰：《扬子〈法言〉今读》，成都：巴蜀书社，2009 年，第 43 页。

② 《汉书》卷 87 下《扬雄传下》，第 3580 页。

③ 王瑰：《也论扬雄“美新”》，《关东学刊》，2016 年第 6 期。

（三）难解的《方言》

《方言》让扬雄成为中国词汇学史上的里程碑和世界方言研究第一人，可学界长期争论，他是否是《方言》的真正作者。自从宋代洪迈质疑扬雄是《方言》作者，该争论就从未停止，因为班固的《汉书·扬雄传》《汉书·艺文志》以及王充的《论衡》和许慎的《说文解字》都介绍或引用过扬雄的其他作品，唯独未提及《方言》。王瑰在其《也论扬雄“美新”》一文的注释中说：“扬雄《答刘歆书》所提到的《殊言》是否就是后来传世的题名扬雄的《方言》，目前尚无充足证据确定，对此《四库全书总目提要》也有详细解说，两书内容性质应是一致的，而且从《答刘歆书》看，首先从事这项研究整理工作且做出了成果的确实是扬雄，本文看重的不是扬雄是否著了《方言》，而正是他从事这项各地语言标准化通释工作的意图和过程，因此，《方言》的作者也不妨系在扬雄名下”。[①] 看来，扬雄是否是《方言》的作者，依然是一个谜。

根据《答刘歆书》，扬雄皓首穷经，花了近 30 年创作《方言》。他首先从蜀地老师严君平和林闾翁孺处得到部分方言语料，然后通过诗赋打动成帝进入皇家书库阅览方言语料，最后通过全国各地上计吏、孝廉、京师戍卒采访记录各地方言的发音和意义。其中，最重要的一项工作就是整理各地发音不同而意义相同的词汇并标出当时的京师标准音。学者王瑰认为，这项工作对于“大一统帝国的内部经济、文化交流，政令传达和执行，从而维护大一统帝国的向心力和稳固统治显然都是具有重大意义的”[②]，因为扬雄自己在信中说过“其不劳戎马高车，令人君坐帷幕之中，知绝遐异俗之语”[③]。另有学者王彩琴在“扬雄《方言》中的文化词语探析”一文中，通过《方言》中的文化词汇回溯了汉代的物质、制度和心理文化。在认可《方言》的作者是扬雄的前提下，他作《方言》的目的是纯语言学目的还是有更高的“大一统”帝国政治目的？西方译者是如何理解的？如何为西方读者翻译的？

（四）褒贬不一的赋

学界对扬赋价值褒贬不一。由于扬雄对屈原和司马相如的模仿，有学者认为他的赋缺乏创新、价值不大，而另外一些学者却认为他的赋作超越了前人，有自己独特的表现方式和独特的思想性，因而有独特的价值，还有学者认为他前期的赋，如《甘泉赋》《河东赋》《羽猎赋》等模仿痕迹明显，而后期的赋如《长扬赋》《逐贫赋》等已自成风格，并对后世赋家如班固、张衡等产生极大影响[④]。贬抑者否定扬赋价值。理由之一就是扬赋的模仿性。因此，作为赋家的扬雄一直生活在大赋家司马相如的阴影下。

① 王瑰：《也论扬雄“美新”》，《关东学刊》，2016 年第 6 期，第 65 页。

② 王瑰：《也论扬雄“美新”》，《关东学刊》，2016 年第 6 期，第 66 页。

③（清）严可均辑：《全上古秦汉三国六朝文》第 1 册，《全汉文》卷 53，第 411 页。

④ 陶成涛：《重估〈长扬赋〉的创新意义及其赋史地位》，《聊城大学学报》，2018 年第 5 期，第 40 页。

理由之二就是扬雄“美新”，违背了“忠君”的君臣伦理，品性不好，其文学价值不值一提。

赞赏者对扬赋推崇备至。有学者认为，由于《甘泉赋》《河东赋》《羽猎赋》《长扬赋》等赋作，扬雄是“西汉末年最著名的辞赋家”[①]，与司马相如、班固、张衡并称为汉赋四大家。扬雄的赋甚至可以代表汉赋的一个重要发展阶段。例如，袁行霈认为西汉辞赋的发展可以分为三个阶段：贾谊与汉初骚体赋时期、司马相如与散体大赋时期、扬雄的理性赋作时期[②]。

推崇者认为，扬雄不仅是个赋家，而且是个赋论家，在赋论史上拥有自己的一席之地。他将汉赋的性质与功能提炼浓缩为“讽”与“劝”。随着“劝”的成分增多，赋的性质与功能发生变化，“讽谏”帝王之赋转向士人的抒情小赋。扬雄后来又提出“‘诗人之赋’‘辞人之赋’的概念，是对刘向、刘歆父子赋学思想的继承，进一步将汉赋纳入汉代主流的经学轨道”[③]。

推崇者还认为，扬赋是对司赋的超越。司马相如作《大人赋》以讽谏当世帝王，目标读者汉武帝非但没读出讽谏之意，“反缥缥有凌云之志”。赋作隐晦的讽谏意义总是包裹在虚构夸张的繁盛场面之中，这就使得读者读到的可能不是讽谏而是讼美。读者对藻饰的兴趣妨碍了赋家论点的传达，也就是扬雄所说的“美则美矣，恐怕不免于劝”的弊端。扬雄的赋虽然语言靡丽，实则讽谏帝王，规劝他们施行仁政。与司马相如相比，扬雄更强调、强化和凸显赋作的讽谏作用。例如，他在《长扬赋》自序中强调其写作目的：“明年，上将大夸胡人以多禽兽。……上亲临观焉。是时，农民不得收敛。雄从至射熊馆，还，上《长扬赋》，聊因笔墨之成文章，故藉翰林以为主人，子墨为客抑以风。”所以，有学者认为他的《长扬赋》已经超越了“曲终奏雅”“夸饰讽谏”的大赋传统模式，创造了“主旨先行”和“祖述道德”的全新大赋书写方式，使“颂圣赋德”成为汉大赋新的铺陈对象和表现手法[④]。

扬雄的赋是否有创新、有超越？扬雄的人品与他的文学价值有什么关系？这些国内学界颇具争议的问题，西方译者怎么看？西方译者怎么译？西方译者让西方读者读到的是怎样的扬赋？

古往今来，学者们对文学的功用持两种不同的观点，即为文学而文学和为现实而文学。显然，扬雄的文学创作关注现实，是对其学术思想的生动阐释。例如，他的《太玄》

① 游国恩等：《中国文学史》，北京：人民文学出版社，1981 年，第 142 页。

② 袁行霈：《中国文学史：第 1 卷》，北京：高等教育出版社，2014 年。

③ 孙少华：《“壮夫不为”与“不讽则劝”——扬雄对汉赋理论的改造与两汉之际文学批评思想的定型》，《铜仁学院学报》，2018 年第 7 期，第 25 页。

④ 陶成涛：《重估〈长扬赋〉的创新意义及其赋史地位》，《聊城大学学报》，2018 年第 5 期，第 40 页。

衍《周易》而作，承续中正平和、盛极必衰等易学理念，而其文学创作正是对这些深奥的哲理的文学化阐释。田胜利说，“扬雄中后期的赋、箴文学创作和他的易学理念密不可分，不少地方都是对易学理念的灵活运用。易学的几大核心理念范畴：通变、盛极而衰、崇尚中正等等，都在中后期的箴、赋文学作品里一一能找到对应”[①]。

因此，理解扬雄学术思想和文学作品需要三把钥匙。一是学术思想与文学创作相互阐发的钥匙。二是儒家道统这把钥匙。正如所有的经典一样，儒学经典在流传的过程中会增会减会变形。西汉末年，由于黄老和法家思想的渗透影响，儒学被解读得面目全非，天人感应、阴阳灾异充斥其间。扬雄应时代而生，致力于恢复先秦孔孟原始儒学的人文理性传统，成为儒学道统的承继者。他的学术研究与文学创作都以儒家道统为根基。正如韦政通教授所言：“扬雄中年思想定型之后，他的所有努力都围绕着振兴儒学。《太玄》只是实现这一目的的重要过渡，而《法言》则是他一生学术思想的总结。”[②] 王庆的文章“总结了扬雄明道崇圣宗经的治学模式，认为这个模式是扬雄对后世产生的最大影响，而且是理解扬雄学术的钥匙”[③]。舒大刚总结了扬雄思想的源头[④]：

孔子贵仁，而辅仁以“智勇”，是谓“三达德”，子思提倡“仁义礼智圣”五行，孟子提倡“仁义礼智”四端，至董仲舒而形成“仁义礼智信”五常。此一核心价值观念深入人心，影响中国社会达两千余年。与此同时，西汉哲学家扬雄又提出“道德仁义礼”相须而行的五德说，在“仁义礼智信”之外别开一枝，独具特色。这一观念将道家之“道德”，与儒家之“仁义礼”结合起来，具有虚实结合、体用兼具等特点。若溯其渊源，盖远源于老子、孔子，中继于王褒、严遵诸人，甚至还有巴蜀志怪文献《山海经》的影响。扬雄之学，不仅是儒道合流的产物，也是对巴蜀文化的合理继承和发展。

那么扬雄的儒家道统思想是否搭建了他所有著述的精神脉络呢？

《法言·问道》中说：[⑤]

道、德、仁、义、礼，譬诸身乎？夫道以导之，德以得之，仁以人之，义以宜之，礼以体之，天也。合则浑，离则散。一人而兼统四体者，其身全乎！

---

① 田胜利：《论扬雄〈太玄赋〉及官箴创作与易学之关联》，《文学与文化》，2017 第 4 期，第 46 页。

② 韦政通：《中国思想史》（上），上海：上海书店，2003 年，第 341 页。

③ 王庆：《扬雄的治学路径》，《北京科技大学学报》，2018 年第 4 期。

④ 舒大刚：《尊道贵德：扬雄“五德”观溯源》，《地域儒学研究》，2018 年第 2 期。

⑤ 扬雄：《问道》，《纂图分门类题五臣注扬子法言》，（卷三）。

《太玄·玄摛》中说：①

> 虚形万物所道之谓道也，因循无革、天下之理得之谓德也，理生昆群、兼爱之谓仁也，列敌度宜之谓义也，秉道、德、仁、义而施之之谓业也。

《剧秦美新》中说：②

> 神明所祚，兆民所托，罔不云道、德、仁、义、礼、智。

显然，扬雄的哲学思想贯穿所有著述，所有著述都是为了弘扬其思想主张。

三是桑东辉提供的现实人伦这把钥匙，即无论是学术研究还是文学创作都以关注现实人伦为目的。“从人伦的维度看，扬雄人伦思想的本体论基础主要是太玄宇宙图式，其人伦思想的历史哲学渊源主要是循环更迭、变革损益观，其人伦思想的人性论基础主要是善恶相混观，其人伦思想的道德取向主要是以仁义为核心的五常观，其人伦思想的美学意蕴主要在于中和之美，其人伦思想的文学价值主要表现在辞赋讽谏，其人伦思想的修养论主要体现在‘强学力行’上。”③

西方译者给了西方读者理解扬赋的三把钥匙吗？通过哪种方式给的？

从国内学者的研究结论来看，扬雄在自我的眼中就是个难解之谜。他的人生是个谜：他的姓氏不明；他的籍贯不清；他的历史评价不定；他才高位低的原因不清；他怀揣高远志向却隐居天禄阁的选择令人费解；他“非圣人而做经”的做法离经叛道；他“美新”的意图不明；他的学派归属难定；他的著述价值难定。他的著作也是个谜：《太玄》高深晦涩，创作目的众说纷纭；《法言》从语言到主题的多元阐释；《方言》的作者存疑、写作目的难辨；赋作褒贬不一。西方译者面对的就是这个谜一样的扬雄和扬雄作品。他们介绍什么样的扬雄和扬雄作品给西方读者？在英语世界他者的眼中，扬雄还是个未解之谜吗？

第二节　他者眼中的扬雄

对于一个没有任何谋面可能性的中国古人，英语世界的他者只能借助文本和中外研究者间接认识扬雄。不是所有英语世界中的人都有机会认识扬雄，也不是所有人都对他感兴趣，只有扬雄译者、译评家和译本读者才有机会认识他。这些人中，也不是所有人对扬雄的认识和评价都能够进入公众视野，受到研究。所幸的是，我们能够从

① 扬雄：《太玄校释》，郑万耕校释，北京：中华书局，2014 年，第 256 页。

② 扬雄：《剧秦美新》，《扬雄集校注》，张震泽校注，上海：上海古籍出版社，1993 年，第 211 页

③ 桑东辉：《从人伦维度探究扬雄思想的体系架构与内在关联》，《唐都学刊》2017 年 1 月，第 35 页。

公开发表的译本和译评中梳理出他/她们的这些观点。当然，这其中也包括学术论文。既然西方学者只能依靠译本和译评为中介来研究扬雄，他们也可列入译评家的范畴。另外，我们知道扬雄译本和译评不仅仅局限于英语世界，但英语世界通常就是西方的代名词，我们在这里也约定俗成地将英语世界称为西方。也就是说，我们可以通过英语世界中的译者和译评家看到西方他者眼中的扬雄。

同样，我们也可以对西方扬雄翻译、译评及研究进行综述，大致勾勒出扬雄在英语世界中的形象。勾勒扬雄形象的文本材料包括译本及其副文本（paratexts）空间。副文本是热奈特（Genette）1991 年提出的概念，他将副文本（paratexts）分为内文本（peritexts）和外文本（epitexts），前者包括封面、封底、护封、目录、护封广告、前言后记、作者和译者姓名、插图、标题等，后者包括书评、讲座、访谈等。热奈特统一其他学者的不同术语，把副文本空间称为“悬而未决的地带（An undecided zone）”①。同一作品的副文本会因时代、文化、体裁、译者和版本等的不同而不断修改。副文本围绕并扩展着主文本，它们帮助呈现主文本，确保主文本的接受和消费方式。副文本给定读者的阅读方式，引导他们走向既定的阐释。副文本是连接主文本和读者之间的纽带，二者的连接方式由作者、译者、出版社、编辑、译评家、文学评论家以及主流意识形态决定。

一、西方译者眼中的扬雄

尽管我们希望译者要有翻译的职业道德，要忠实于作者，要对得起作者，但这种绝对忠实的翻译也只是一种无法企及的翻译理想。后现代阐释学揭示，理解是理解者的前见（先有知识、经验）与文本的“视域融合”。这就告诉我们，最忠实的翻译也只能是最有语言能力最有专业知识最有翻译职业道德的译者自己的前见与所译文本的“视域融合”。更令翻译忠实论者沮丧的是，文化转向后的翻译研究理论揭示说：（文学）翻译是为了目的语诗学、赞助人和意识形态目的而对原文的操控和改写。本文暂不探究译者的前见也暂不探究他/她是否操控文本，只研究译者本人的前见与原文本的不可重复的“视域融合”，即他/她对扬雄的独特理解和扬雄在他/她脑海中的独特形象，因为译者正是把这样的扬雄形象通过译本传递给西方读者。英语世界中的扬雄译者主要有两位：康达维（David R.Knechtges）和戴梅可（Micheal Nylan）。前者翻译了扬雄的传记和赋作，后者翻译了扬雄的《太玄经》和《法言》。仔细阅读译本及其内文本（peritexts），就可以知道两位译者对扬雄的认识或扬雄在两位译者眼中的形象。

①GERARD Genette,MARIE Maclean. *Introduction to the Paratext*[J].*New Literary History*,1991（2）：261

（一）康达维眼中的扬雄[①]

扬雄兴趣广泛、博学多才，有敏锐的文学直觉，是西汉时期最著名的文学家和主要的思想家，他的著述涉及哲学、历史、政治、词汇学、语文学、数学、音乐和天文学。司马相如和扬雄是中国西汉时期蜀地最有名的学者型赋家，都因赋深受朝廷赏识，他们的赋出类拔萃。扬雄还是个赋论家，官方传记中有他的赋评。他的文学批评更多是自我批评，这实属不易。在官方扬雄传记中，赋占据了主要篇幅，有 7 首。他著述丰富、体裁多样。扬雄是伟大的赋家，但他却因非诗学才华久负盛名。扬雄究竟姓“杨”还是“扬”，学界一直有争论，译者告诉读者说，汉时“杨”和“扬”可以通用。扬雄是最难懂的中文作家之一，唯有十分渊博的学者才能动用如此多语言中的如此多二手文献来理解其复杂的主题并引证西方文明中富有启发意义的平行材料来解释相关现象，才能准确、简明、深刻地翻译扬雄。

1. 扬雄在《汉书》中地位特殊

康达维翻译的是他的官方传记，由两个部分组成的长章。除了司马相如和扬雄，任何公卿与将军都未获如此殊荣，足见其历史地位。在翻译前，译者对《汉书》扬雄传的结构做了仔细研究并有惊人的发现：扬雄的官方传记大部分摘取其自传，增添部分由《汉书》作者班固所写，包含了后世所知的扬雄生平和著述信息（家谱、个性与性格简介、7 篇赋和短文、《太玄经》小结、《法言》章节小结和班固的赞）。不仅如此，扬雄自传部分包含班固的改动，班固“赞曰”部分包含扬雄的新朝事业及同时代名人刘歆、桓谭的叙述。扬雄传记的写法迥异于班固其他人物列传的写法，且写作逻辑上也不够连贯。既然引用，为何改动？改动了哪些内容？扬雄的新朝事业和同时代名人的叙述应该在自传中，却为何成了“赞曰”的内容？为了再现扬雄传记的这种结构特点和他在《汉书》中的特殊地位，译者用第一人称翻译第一部分，用第三人称翻译第二部分。译者认为，这样的人称选择不仅可以提醒一般读者《汉书》扬雄传的自传性质，还可以提醒那些不了解扬雄传特殊性的学者，避免张冠李戴，把扬雄著述归于史家班固。

2. 扬雄创作的前瞻意识

他似乎知道后人会对自己的作品感兴趣，总是刻意为读者的解读留下更多的依凭。这是对历史的自信也是对自己智慧的自信。官方传记引用他的自传中有对其赋创作的介绍，通常包括创作时间和创作目的，这种写作方式既方便读者正确解读又方便研究

---

① 笔者在本部分仅对康达维眼中的扬雄形象进行翻译、提炼，所有的支撑观点都来自译者，所有的支撑材料都来自如下译本及副文本空间：

David R.Knechtges.*The Han Shu Biography of Yang Xiong*（*53B.C.-A.D.18*）.Arizona State University.1982；

The Han Rhapsody：*A Study of the Fu of Yang Hsiung*（*53B.C.-A.D.18*）.Cambridge University Press.1976

者研究。他有意识地留下自己的宇宙学，即《太玄经》的写作框架，该框架被收入官方传记， 为后人正确解读《太玄经》留下了可以追溯的路径。他还留有《法言》的篇章小结，也被收入官方传记，以便后人正确解读《法言》。

3. 扬赋的儒者心

为了帮助读者理解、欣赏扬赋，译者介绍了扬雄作赋的历史背景，从可能出自他手的最早作文练习《成都赋》到已经失传的仿司马相如赋再到仿屈原《离骚》的《反骚》。译者详细介绍了屈原这一中国文化形象以及扬雄在《反骚》中对屈原的独特看法。公元前 20 年，扬雄离开蜀郡到了都城长安，做了“宫廷诗人”，期间待诏，即等待朝廷指派职位。正是在待诏期间，他有机会出席皇家的各大重要场合，并为成帝（公元前 32 年—公元 7 年）进献了《甘泉赋》《河东赋》《羽猎赋》《长扬赋》等一系列赋作。这些赋作应该打动了成帝，他获得了人生的第一个职位，做了黄门侍郎。宫廷诗人的职责就是为帝王歌功颂德、粉饰太平，但扬雄深为朝廷的奢靡浪费所震惊，他将讽劝巧妙地纳入赋作，婉劝君王。当他对赋的讽劝功能失望后，他认为赋乃“壮夫不为”的雕虫小技，从而转向哲学。但事实上他并没有真正放弃赋的创作，他后来还写了《解嘲》赋等。他也没有放弃对赋的理论思考，提炼出内容重于形式、直言优于婉谏、朴实胜过藻饰的赋论。

4. 扬赋根植于赋传统

如果不理解汉赋的性质和发展就不能正确定位扬雄在汉赋中的位置。然而，中国大陆和中国台湾都不重视赋。既有研究对赋没有准确定义且赋的发展历史不连贯。对赋做过比较深入研究的是两个日本学者：Suzuki Torao 和 Nakashima Chiaki。前者对赋的形成阶段做了研究而后者对赋与中国早期修辞学传统的关系做了详细的研究。在过去几十年中，赋在西方世界比在其原产地中国更流行。西方世界中对赋的研究不多，最有代表性的是 Hellmut Wilhelm 发表于 1957 年的论文 *The Scholar’s Frustration: Notes on a Type of “Fu”*，该论文提出了与学界相反的观点：赋不源于楚文学而源于战国策士及他们简洁表达观点的艺术。战国策士最关心的是政治辞令。如果二者关系确立，那么赋从本质上来说应该属于修辞类别。为了方便读者理解历史中的扬赋，康达维简要梳理了赋作为一种文学体裁的早期发展史，指出楚辞和战国策士对早期赋的双重影响。于是，赋出现了伤情赋和藻饰赋两个种类，都含有对君王的间接讽劝内容。

正是在梳理赋发展史的过程中，译者发现赋的种类很多，而且汉赋也在不停地变化。在这种情况下，想给所有的赋一个简洁的定义几乎办不到。既然赋种类多变化快，译者如何准确向读者传达扬雄的赋呢？译者说，他将“fu”译作“rhapsody”，仅是权宜之计，他无法模糊、笼统地定义赋，便只好为读者呈现扬雄之前赋的发展历史、种类、功能、传统，这样，读者就能更清楚西汉末年扬赋的性质。通过赋史的梳理，译者不仅帮助读者理解，同时也克服了翻译选词的局限性。这样，读者理解的扬赋就是独特的扬赋，不再是其他时代其他赋家的赋了。

扬赋植根的修辞学传统，译者认为，通晓世界修辞学是理解中国赋这一复杂文学体裁的关键。为此，他从 1965 年开始就着手研究汉朝修辞学、西方修辞学以及赋与修辞的关系。比如，中西方修辞学的发展轨迹就完全不同，前者发展成为一种书写的诗歌体裁而后者发展成为口头的辩论术。西方修辞学产生之后，辩论术在希腊、罗马的各个场域发挥重要作用，而中国修辞学在战国时的策论家中兴起后，很快就成为一种文学传统。日本学者 Nakashima Chiaki 对赋与中国早期修辞学传统的关系做了详细的研究。中西修辞学都强调说服功能，而早期说客所使用的劝说技巧都用在了赋中。在前言中，Frankel 总结康达维的中西修辞学研究，提出四点原因：首先，除了廷论和上谏君王，辩论术在中国无用武之地；其次，中国缺乏西方律师辩护的法律传统和在一些公共场合进行政治辩论的传统；第三，中国文明高度重视书写能力和文学才能；第四，汉赋的兴起是对过度追求简短、简洁、低调的中国传统诗歌、散文的一种反拨。

5. 扬赋生长的儒家思想土壤

《法言》写于王莽当政时期，是扬雄备受争议的一部作品，有学者认为他在为王莽篡权辩护，又有学者认为他在含沙射影地攻击王莽。康达维认为，不管扬雄的政治目的是什么，《法言》是要捍卫和合理化他所理解的儒学。他非常渴望回归经典教义，回归孔子和周王的圣训。他强烈地感受到人们对经典学习没有兴趣，认为这是堕落。《法言》大部分内容针对秦汉思想家矛盾冲突的观点，抨击早期哲学家的同时也批评当代思想潮流。他特别反对人们对不当得利、占卜和术数日渐浓厚的兴趣。译者特别提醒读者：扬雄正是在这样的语境中谈文学及其对抗不良思潮和有毒教义的恰当功能。他在《法言》中对赋作了一系列的评价，给出反对当前赋这个文类的理由。他的这些观点虽然形成于宣布放弃做赋很久之后，但读者依然可以据此想象他所倡导的理想的赋及其功能应该是怎样的。

6. 扬雄在中国文学史上的地位需要重估

由于前辈赋家司马相如的盛名，扬雄在评论家那里永远屈居第二赋家的地位，因为学界通常认为是司把赋创新成为展示精湛言语技巧的汉赋。译者对司马相如是否是创作华美汉赋第一人表示怀疑，因为在他之前就已经出现了几首这种汉赋。但不管怎样，司马相如对汉赋的影响非同小可，他在中国文学史上的地位使得扬雄这一真正文学创新天才反而相形见绌。康达维说："司马相如在中国文学史上投射的光影如此巨大，以致遮蔽了扬雄这样真正的创新天才。"[①]

---

①David R.Knechtges.*The Han Rhapsody,A Study of the Fu of Yang Hsiung* （*53B.C.-A.D.18*）.Cambridge：Cambridge University Press,1976,p.1

译者认为，在汉赋发展的诸多方面，扬雄都可以与司马相如比肩。扬雄不仅作赋，而且形成了自己的赋论，司马相如没有自己的赋论。如果说司马相如把赋发展为华美藻饰的汉赋，那么，扬雄就把作赋从华丽的辞藻引向一种道德行为，强调文学提升伦理道德的功能。扬雄的赋作和赋论都体现出他对司马相如以来汉赋发展趋势的忧虑：华而不实的汉赋讴歌朝廷的穷奢极欲却丧失了道德讽劝的功能。扬雄的赋论当然有启发意义，因为他不是坐而论道的赋论家，他首先是个赋家。扬子将讽劝的内容纳入赋作，读者可以感受到他的努力，而且他的赋作前后风格与焦点变化很大，这至少部分地驳斥了扬赋缺乏创见，只是对前人的模仿这一观点，这是译者对扬赋缺乏创新这一观点的有力反驳。另外，关于扬雄"美新"，在王莽朝堂供职一事，康达维首先将其视为个人行为，并且认为学界对其个人行为的攻击毫无疑问应该部分地为其著述的否定性评价负责。他认为，"据说有丑闻，所以，他的赋作没价值"这种批评的谬误不言自明。以《汉书》等历史文献为依据，康达维认为扬雄既不是王莽篡权的支持者也不是反对者，他仅是被卷入"符命事件"的无辜学者，不能据此否定其作品的文学价值[①]。对扬雄文学价值的评判应该以他的文学成就而非以文学标准为基础。译者对赋作者扬雄的赞赏非同一般。

扬赋美在语言和思想。康达维在译本中再现了扬赋的诗意。为了向目标读者传达扬赋的诗意，他对译赋做了精雕细磨。从 1968 年华盛顿大学的博士论文 *Yang Shy-ong,the Fuh,and Hann Rhetoric* 到 1982 年的 *The Han Shu Biography of Yang Xiong（53B.C.-A.D.18）*，读者可以感受到扬赋诗意的精进。赋本来就是一种藻饰的文体，它有无韵并行、夸张、反复、细描、铺陈、晦涩。扬雄的语言更是丰富多变，充满了偏词、反复、双声和联绵词，康达维选择弥尔顿体（Miltonian style）来对译，宁肯舍弃流畅也要确保译文精确。他说，用术语"poem"来指称赋这种文体中的篇章，并不暗示赋的散文或韵文特征，而仅仅是指语言美与思想美兼具的篇章，不管它是散文还是韵文。正如他的哲学作品《太玄经》，扬赋艰深难懂，极少有人敢读，更别说理解。人们普遍认为扬雄没有原创性贡献。即使认可这样的说法，也不表明扬雄的作品枯燥乏味。扬雄作品的美很大程度上在语言，这几乎成了他纯哲学作品的标签。事实上，他的哲学作品都用诗化的语言写成，现代哲学家一定不会认为那是哲学作品。

7. 扬雄的历史价值不可低估

Hans.H.Frankel 在 *The Han Rhapsody：A Study of the Fu of Yang Hsiung（53B.C.-A.D.18）*的前言中说："在文学史上，似乎有一个神圣的法官在做终极审判。任何伟大的作家、运动和艺术形式，不管他被埋没多久，处境多么糟糕，人们最终都会认识到

①［美］康达维著，苏瑞隆译：《汉代宫廷文学与文化探微：康达维自选集》，上海：上海译文出版社，2013 年，第 98—103 页。

他的真正价值。……这本书就能为中国文学史上一个杰出的作家和一种重要的诗歌体裁正名。”Frankel 认为，在该书之前，学界还没有对扬雄全面的文学才华以及扬雄对赋这种文学体裁的特别贡献进行过深入的研究和给出过中肯的评价。在他看来，原因在于：“一直到现代，许多中国文学专家对赋的典型认识就是读起来太难了，更别说赏析。”①

8. 扬赋既有继承又有创新

不能孤立地看扬雄的赋，应该将扬赋置于整个赋的发展历史中。从历史来看，扬雄的赋是赋发展历史上的一个链条，它既承接赋的传统又对赋有所发展和创新。在很多方面，扬雄和司马相如在赋史上有着同等重要的作用。扬雄生活在西汉末年，那时的赋传统已经确立。西汉时逐渐成形的赋传统在扬赋中明晰可辨，因为他是一个最具传统意识的赋家，与其他赋家一道遵循这个文类传统。在康达维看来，扬雄对屈原、司马相如的模拟正是有意识继承赋传统的表现。在继承的基础上，扬赋对前辈赋家更有超越，对赋传统更有创新。扬赋超越了司赋的语言和结构安排。在语言上，扬赋有大量奇妙的暗喻，使得抽象陌生的事物变得具体熟悉，便于读者理解和欣赏。司赋进行大量的百科全书式的罗列，而扬赋即使有罗列，也会搭配动词，使之动感活力十足。在结构安排上，司赋重名物背景描写而扬赋重狩猎过程。扬赋对司赋最明显的超越体现在主题，无论用何种新奇的暗喻和意象，进行如何的铺排和渲染，其目的都在与“讽谏”，而司赋的讽谏却比较敷衍、不够诚恳。

扬子对赋的最大创新在于提出并实践“诗人之赋丽以则，辞人之赋丽以淫”这一赋论，在传统的文质之争中，主张文从于质，具体到赋的写作上，那就是藻饰修辞服务于“讽谏”修辞，即赋的娱乐取悦功能应该服务于教育和指引功能，充分表现出古代士人为帝师的理想追求。康达维指出，由于汉代士人的依附地位，他们只能通过赋作委婉地批评朝廷“偏离古代圣王伦理与政治理想”的做法。这些批评集中指向五个方面：（1）宫廷中对物质的过度追求；（2）宫廷选择官吏不是根据才能，而是通过皇亲国戚的关系和佞臣来选择；（3）朝廷已转变为一个巨大无情、排斥异议的官僚系统；（4）朝廷是一个充满危险和欺骗的地方；（5）朝廷无法制止皇室的宠信的势力，特别是外戚的势力。② 作为知名的“宫廷诗人”，扬雄以《羽猎赋》委婉批评皇家铺排奢侈的狩猎活动，以《甘泉赋》对汉成帝的皇后赵飞燕和其妹赵昭仪提出“委婉讽刺”等。国内学者踪凡等认为：“扬雄的汉赋观以儒家思想为基础，以讽谏说为主体，其他观点皆由此推演而成。”③ 由此观之，康达维不仅理解扬赋的“讽谏”而且明白

①Lai Ming.*A History of Chinese Literature*[first published 1964],New York：Capricorn Books.1966,p.107

② 康达维：《汉代文学中对宫廷的批评》，载许结等主编《中国赋学》，江苏教育出版社 2007 年，第 42 页。

③ 踪凡，冷卫国：《扬雄汉赋观刍议》，《陕西师范大学学报》，2004 年第 9 期。

扬赋“讽谏”的标准不是个人喜好而是“儒家思想”或“古代圣王伦理与政治理想”。

（二）戴梅可眼中的扬雄[①]

1. 扬雄生平清楚

扬雄出生于四川成都，在蜀中师从严君平、林闾翁孺和李弘。这三个人都是蜀中名士，精通占卜材料、生僻汉字和后世帝国权威归类的儒道之学。大约公元前 13 年左右，年逾 40 的扬雄从蜀中来到西汉都城长安，遇到自己的早期恩主王音。王音是汉朝将军和王皇后堂兄。扬雄后来做了黄门侍郎，与王皇后的侄儿王莽和自己主要导师刘向的儿子刘歆同朝为官。后来，他在前朝惯例、符兆解释和经典知识方面做过朝廷的咨询顾问。扬雄至少两次面临刑事诉讼，一次是因为他向朝廷举荐的四川老乡居然是个小偷，另一次是他与被指控为叛国团伙的成员关系太近。他因赋出名，于公元前 10 世纪成为朝廷的桂冠诗人。中年痛失爱子之后不久，他极度后悔先前作赋。他谴责朝堂诗歌华而不实，进而转向哲学创作。他生前被誉为儒学大师，其博学与个性堪比大圣人孔子。公元 18 年扬雄去世，那些嫉贤妒能的当代人还把他当笑柄，大肆嘲笑。尽管诽谤者恶意预测《太玄》会被人们丢进废纸堆，书页会被撕下来“覆酱瓿”，扬雄的哲学贡献很快就受到后代哲学家的认可。早期伦理学家视他为最儒雅、最雄辩、最博学的劝讽者，器重他的著述，确保其在中国传统中的位置。他被誉为“西道孔子”和“齐鲁孔子”。他死后，学生侯芭效仿孔子学生的做法，为他守灵 6 年。

2. 扬雄是大儒

在戴梅可《太玄经》英译本的封面上，译者将扬雄称为“扬雄大师”（master of Yang Hsiung），将其著作《太玄经》称作《易经》的古文姊妹篇（the ancient Chinese companion to the I Ching）。可见，译者高度认可扬雄在中国思想史和儒学史上的地位。读者尚未启封就已经知道作者的崇高威望和其著作的性质与历史地位。在《太玄经》翻译引言中，译者进一步告诉西方读者：千年以来的中国读者都把《太玄经》视为寻求圣人之道的真正向导，今天的西方读者可以凭借该书理解宇宙、心理和《易经》所载之道。

3. 扬雄是中国古代思想的集大成者

戴梅可认为，写于公元前 2 世纪的《太玄经》是中国主要思想流派的第一次大综合，它把儒家、道家、阴阳五行说、炼金术、占卜糅合成一个系统的有机整体，将中国早期信仰的各种基本元素融合在字里行间。它从老子《道德经》中借鉴了神秘，甚至悖

---

① 笔者在本部分仅对戴梅可眼中的扬雄形象进行翻译、提炼，所有的支撑观点都来自译者，所有的支撑材料都来自如下译本及副文本空间：

Micheal Nylan.*The Elemental Changes*.State University of New York Press.1994

Exemplary Figures/Fayan by Yang Xiong（*53BCE-18CE*）.University of Washington Press.2013

论的道作为宇宙秩序中万物存在的基础；从《易经》中借鉴了对于普遍宇宙运行，特别是个体命运极为重要的时机这一观念；从《论语》中吸取了人类只有创造了自己的社区才神圣这一观念。唯有从这三个源头来理解“玄”才能真正把握道的基本统一及其多元表达。也只有这时，人才是天地人神秘三重组合中的完美搭档。要理解“玄”，首先就要理解中国文化核心概念，比如五经、气、阴阳五行、修身、心、礼等，译者在前言中为西方读者引入了这些中国文化术语。

在翻译《法言》时，译者特别附上一张中国历史年表，让读者理解扬雄思想在整个中国思想史上所处的历史阶段。由于《法言》写于作品严格分类之前的时代，它的性质难以确定：有人把它当哲学著作，有人把它当《论语》和《史记》的书评，有人视之为一部故弄玄虚的艰深之作或一部历史文献。也正是由于其性质的多样，要给《法言》找到合适的英文表达特别困难。西方世界通常用 Model Sayings 来译《法言》，戴梅可认为这种译法欠妥。就像其中文表达，Model Sayings 在英语中有两种可能的理解：楷模之言和修辞典范。因此，Model Sayings 在英语中令人生厌。还有，“model”也给许多人一种难受的中规中矩的感觉。更为重要的是，《法言》明确倡导的一种文明进程远比单纯学习有德行之人要复杂得多。译者最后敲定了“Exemplary Figures”，理由是“exemplary”包含扬雄文本中的诸多主题，比如修辞、书写符号、杰出人物、印象、形象、策略、模式、象征、修饰、用言语行为描述、角色扮演等。

4. 扬雄是大学者

扬雄和老师刘向并称为中国文本分析“双父”，他们致力于找到一种可以从多种古文版本中甄别最好版本的方法。扬雄是语言学家，他的《方言》和续《仓颉篇》所作的《训纂篇》中的词汇条目代表了追溯古代词源学的初步尝试，这些尝试最终产出了广为人知的《说文解字》这一成果。尽管人们更熟知扬雄的《太玄经》和《法言》，但他花了 27 年写《方言》，耗时比前两者之和还多。尽管他认为在传播过程中先汉经典已屡遭篡改、省略和误读，他努力设计一套可以把经典恢复到最初状态的可靠方法，坚持回溯到他所认为的远古核心洞见。很显然，扬雄坚信可以在远离京城的外围地区采集到一些古语，至少有些古语会留下破译古老抄本或碑文真正意义所需的听力和语义线索，而常规的方法难以办到。所以，在将近 30 年的时间里，扬雄笔记本不离手，随时询问那些愿意给他讲当地语言用法的远方使臣和官员。《方言》中适时记录的不寻常表达增补了保存在《尔雅》中的词汇条目，二者共同形成真实的早期词汇条目大数据库，这个数据库对那些致力于纠正从先秦时代传下来的错误传统的学者来说是无价之宝。扬雄还是第一个把修辞和写作理论化的作家，后世文学批评常从他对修辞和写作的简洁陈述中获取灵感，甚至苏轼（1036—1101 年）“文如其人”的格言也源于他的论述。扬雄对书写优越性的强调在他那个时代应该是前无古人的创举，因为，口头交际在那时的各种社交场合中占主导地位。

5. 扬雄思想独立

扬雄的哲学著作、语言学著作和文学著作等都体现出他一贯的思想，它们在后世像“穿线的珍珠”，交相辉映。作赋能力很快让他崭露头角，获得皇家赏识并成为宫廷诗人。他写过一些华丽的应景赋，称颂其帝王为德行楷模。但即使是前期的赋也体现出扬雄作为宫廷重大场合的目睹者和亲历者的矛盾心情。特别当他想起农夫和工匠的困苦时，他既为宫廷的恢宏气势所震撼，也为其奢靡所震惊。当他作为赋家日趋成熟时，他不断突破颂扬当朝天子威严的汉赋传统。他认为，战争与狩猎不应该成为国家的常规活动，节约养民才是国家兴盛之道。谙熟经典的成帝继位后，开始认真反思以特定人性论和善政论为基础的传统，逐渐扬弃荀子和先秦诸子设定的战国晚期治国模式，特别是他们认为权力越集中越好的假设。这样，成帝和朝廷比较悦纳新的内、外政策，新的治学模式和新的人神互动模式。

朝廷氛围相对宽松，扬雄曾隐晦地将成帝与夏商暴君做比较，还冒险写过讽刺诗文，嘲笑成帝嗜酒成性。后来，他在《法言》中提出一系列建设性方案，据此将汉廷经学引向正确目的。同时，他巧妙地避免了讨论一个十分棘手的问题，即在同样的艰难时世中，智慧的古代人，包括孔子，都难以逃脱罪责，遑论什么推行改革方案，像扬子一样的真正学者该如何为朝廷建言献策。《法言》的大部分内容都体现了扬雄在寻求可供选择的经典模式，并据此以“恢复”西汉末期朝廷的和谐、尊严与克制。个人学术权威使他获得三年长假。他为自己暂时从宫廷生活抽身的决定做模拟辩护说，他宁愿舍弃混乱的宫廷生活，否则，卷入太深不仅不能加官晋爵反而家族有灭门祸殃。与此同时，他宣布赞同权势日大的好古派，该派成员大胆质疑负责管理宫廷经学的儒师所传传统的正确性。

与汉代其他作品相比，《法言》对宣传上德和朝廷意识形态不太感兴趣，它为读者提供作者情难自已又富个性特征的榜样观念，这反映出他教导执政精英的决心，因为他们才是唯一具备较高文化素养可以阅读和欣赏扬子新经典的人。他在《法言》中大量评价名人、著述，同时把自己构建成为一个值得效仿的榜样，其模仿价值不亚于孔子。《法言》中的这种自夸让他收获后世褒贬不一的评价。

对于那些不关心扬雄哲学思想只想分析其文学审美价值的人，扬雄在《法言》中做出了回应，他谴责的正是那些想把文学传统降格为衙门女仆或饰物的人。尽管年轻时他曾以大赋声名鹊起，但他后来批评大赋，认为它华而不实迷惑听众，诱使君王自大狂妄，怂恿君王多行不义。他声称：“壮夫不为！”

扬雄从来没说孔子以后的儒家在以正确的方法弘扬儒道。扬雄评论说，许多专业儒士表面上看起来像孔子和昔日的圣人，但他们说一套做一套，仍然缺乏道德核心和对仪式得体的真正欣赏。结果就是，表面的文化成就并不能将他们转化为孔子式的圣人。根据扬雄的说法，大多数儒士同行钻研圣贤书都不是要效仿圣人，而是要增加升官的机会和或让自己熏染点儒气。扬子甚至称赞因“毁儒”而臭名昭著的汲黯，认为他是历史上唯一两个“坦率”的人之一，因而，他的话值得信赖。

6. 扬雄的《太玄经》具有多重价值

作为一本占卜书，其提供衡量各种行为选择的方法。作为一本哲学书，它传达一种生活中各基本要素不停变化的意识。它的“玄”解释天地人三者的动态关系，包括日月星辰的运动、四季更迭、昼夜交替以及宇宙能量的此消彼长。它解决命的问题，分析人在何种程度可以把控自己的命运。它提供家庭、社区和国家紧密联结的纽带。作为一本诗集，它为读者展开一个看似简单实则深邃的文学视界。它引导读者通过具体熟知的事物来理解抽象陌生的事物。扬雄以自己渊博的古代文本知识构建具有多重复杂暗指的意象，唯有这样的意象才能传达宇宙人类存在中无限变化机体中无处不在的神秘的道。

7. 扬雄的“玄”具有特定含义

“玄”有“黑色”“暗黑”“暗藏”和“神秘”的意思。其引申意义指纯理过程中的沉静、孤独、同一和无解，它传达人类某个侧面的经验，这种经验只能靠安静的沉思或顿悟才可以获得。扬子《太玄经》中的“玄”是指创生万物的由暗黑、寂静、模糊和不定组成的一种深邃状态。在宇宙演化过程中，阴阳首先产生于这种同一状态，然后是五行，最后是经验世界中的各种现象。自然界中，“玄”就是万物赖以诞生、形成的某种潜在因素。在圣人或完人身上，“玄”就是先于决定和行动的某种精神因素，它确保这些决定和行动与道的神圣过程并轨。换句话说，“玄”表示的是道显现时的创生本质。在扬子的“玄”中，不可道的“道”虽然无形却包含着潜在于一切过程与相互作用背后的隐形而多样的形式、式样和类别。

8. 扬雄从未被真正理解

后世学者一直在阐释扬雄，但扬雄从未真正被理解过。作为译者，他费尽心思地理解扬雄，但最好的理解也仅仅是猜测！学界对文学经典的介绍通常有两种做法，要么回溯它的最初状态，要么跟踪它的接受史。译者认为，这两种方法对介绍莎士比亚之类的作品适用，但没有任何一个研究中文经典的学者敢宣称她能够回溯一个汉代（公元前 206 年—公元 9 年）文本或者能够确定印刷术产生之前几千年众多手抄本中无数文本变体中的原文本意义。他还举例说：《法言》的一个早期手抄本编辑者自豪地说“勘误”了文本中大约 500 条目，而后来一个可能源自李轨版本（公元 335 年）且附有吴秘注释（公元 1081 年）的手抄本中依然有许多汉字变体。可见，理解中国古文经典的努力多么令人沮丧！《法言》版本变体很多，现存最早的李轨全注《法言》

出现在扬雄成书之后约 350 年，更不用提在这期间有多少的编辑者、评论者为了适应新的文化语境而做的改编。译者坦言，《法言》成书后 2000 年，众多评注者给出了多元阐释，加之扬子酷爱双关、歧义表达，任何译者都没法轻易断定哪种说法更接近扬子原意。尽管文本批评专家推崇一种“宁取较难阅读法则”（lectio difficilior），也就是，在众多冲突的阐释中，越难解的越接近原意，该方法也无法解决《法言》的多元阐释问题。因为，《法言》通常有几种“难解”，而且每种“难解”都受到一个或更多权威注释的支撑。主要的是，晚期“中华帝国”的编辑者和评注者总有向文本注入道德纯粹主义的倾向，让人更多地想起道学而不是汉代的思考方式。译者引用著名汉代研究专家 Michael Loewe 的话来形容这种状况：“理解的通道全被堵死了”。更确切地说，是通向扬雄原意的通道全被堵死了。在这条通往原意的死胡同中，译者的道路在哪里呢？译者说，在多元冲突的阐释中，他采用“阐释的时间优先原则”（earlier over later readings）。同时，他告诉读者说，不同的阐释在中文本的脚注中，中国古文读者可以参阅汪荣宝 1899 年的《法言义疏》获取更完整的不同理解。翻译是一种理解，译者要翻译首先就得理解。可无论他多么努力，他对《法言》的理解仅仅是对众多理解的一种选择罢了。为了克服对扬子《法言》的误解，为了防止误导读者，译者只能把多种理解告诉读者，让读者自己去评判、选择，如果他愿意的话。

9. 扬雄不是拙劣的仿作者

与《论语》不同，《法言》的大部分内容都不是对话形式而是警句、押韵的赞辞和秦汉历史人物的简练评价等，他用留白、含糊、乖讹和推断来抓住读者注意力，他喜欢用双关妙语来击败对手和对话者。事实上，扬子有强烈的愿望来展示自己令人钦羡的修辞才能，这决定了他《法言》和哲学诗的形式以及模仿孔子《论语》的意图。另外，现代读者通常都不会认为，一个道德家或严肃的作者会很幽默，而扬子总是一贯的机智，有时还有趣、讽刺和尖刻。

除了风格和用语的独特性，扬子的思想更有原创性。译者认为，后世的著名思想家大量引用扬子著述，这使得他《法言》中一些最为创新的特征反而失去了原创性，然而后世的引用本身就承认了他将合理的儒学伦理与高超的修辞技巧结合而成的创新模式。她认为，扬雄《法言》的最大贡献在于将从战国和西汉早期思想家手中继承过来的快乐言论改写成为读书和经典学习彼此配合的双重主题。在扬雄看来，思想的快乐毫无疑问地超越口福之乐。

除此之外，译者还引证说，有历史学家强调扬雄在促成政论文章引经据典，尤其是诏书与奏章引经据典这一学术时尚中的作用，还有学者认为扬雄是首创并普及“五经”这一术语的人。正是扬雄与刘向、刘歆一道狂热地推行五经，催生了关于遥远过去的写作新模式和思维新方式。在《法言》中，扬雄催促那些执政精英重新审视通常的经学，特别是五经学习中的一些推定。译者列出了扬雄最重要的 8 项主张来展示他对儒学的贡献。她说，这 8 项主张中有些确实在《法言》之前就有人提出，但将这 8 项主张作为一个彼此勾连的整体思想来推行还是扬雄的首创。

《法言》对孔子学生颜回形象的重塑也体现出扬雄卓越的学术勇气与创新。鉴于颜回在后世儒学传统中的地位，如果有人告诉读者颜回并非一直是孔子备受尊崇的爱徒，他可能会觉得不可思议。的确，《法言》之前的儒学经典如《孟子》《荀子》《吕氏春秋》《淮南子》仅提到颜回 3 次。译者引述日本学者松川健二（Matsukawa Kenji）说，扬雄和刘向很可能是为胸怀大志的圣人打造颜回这一超级典范的先行者，他们可以向他学习如何修身养性。《法言》使用大量篇幅称颂颜回，而孔子的其他学生则一笔带过，他们只是毫无前途的无名问道学生。书中提到颜回美德的次数远比提及其他任何圣王美德的次数多。在帝国时代前期和早期，显耀的社会地位通常由遗传而来，而扬雄敢于在《法言》中构建这样一种情形，宣称衡量人价值的真正尺度不应该是出生而应该是他的抱负和献身精神（特别是他对经学的献身精神）。后来人恰如其分地称扬雄为转世颜回，一个贫且志坚，一心问道的人。

有人说扬雄的《法言》不连贯，译者认为，扬雄的《法言》自成逻辑。如果读者追求的是荀子式哲学篇章对一个话题的系统逻辑阐述，《法言》不连贯是事实。但是，扬雄给出的是自己的经典定义：一部著作没有多余的话也不漏掉该说的话，却能广泛地适用于人类各项事务。如果按此标准，一个读者不管要多么费劲才能一边理解含义一边将分散在《法言》不同段落中的意义串联起来，就丝毫也不重要了。毕竟，读者在读《论语》或其他传统中的经典时也要付出同样的努力。对于那些粗枝大叶的读者，他们喜欢囫囵吞枣或标语式的文本，尽管他们的这种偏好汉代时就有，《法言》的某些段落确实显得晦涩难懂、强词夺理。

10. 扬雄是中国历史上第一个具有高度自我意识的作家

在戴梅可看来，扬雄的主要作品如《太玄经》《法言》《方言》和晚期的赋作都不再以统治者为主角，而代之以修辞大师的自画像，他饱读经书，成功超越古代传奇人物。她认为在扬子之前，唯有士子（官员、未来的和现实的公务员）才是唯一一门独立的专业。扬子十分保守而又傲然独立的自画像有着某种新的意义：扬子设定了自己的权威，这种权威与血统无关，也与官爵无关，只以自己的学识为基础，是他对文本的深刻理解、对文本功能的透彻把握和对卓越手稿的汇编。

11. 扬雄没有真正“美新”

扬雄的《据秦美新》及其《法言》最后一行对王莽的赞美，对他的后世声名有灾难性影响。据此，朱熹（1130—1200 年）中伤他的人格、质疑他的宇宙理论和人性观点并谴责他侍奉新主、对汉朝不忠。史学家班固煞费苦心地为扬雄留任新朝辩护。扬雄职位太低，太离不开那点微薄的薪资，没有辞职的理由。另外，扬雄在新朝受尽苦楚，有一次甚至受王莽谄媚者的诋毁而欲自尽。班固的辩护是否属实，因为时代久远我们已经不得而知，但扬雄作为赋家、思想家和历史学家在汉朝和新朝颇受推崇却是事实。译者也为扬雄辩护。在王莽摄政时期，扬雄作为朝廷谏议机构的一员，他希望看到王莽和刘歆所鼓吹的改革全面铺开。这个时候的扬雄可能最不想离开朝堂。王莽篡权之后，他想要隐退已经来不及，因为这时隐退会被王莽诠释为背叛。扬雄也无法与王莽撇清关系，因为他与刘歆、王莽同朝为官，而刘歆后来成为王莽的牢固同盟。扬雄的作品无法像其诋毁者所宣称的那样证明他支持王莽。译者认为，扬雄给他的读者预留了一把阐释自己作品的钥匙，他极尽夸张的赞美实际上是无情的嘲讽。《法言》最后一章的微妙措辞同样支持扬雄视自己为汉室忠实仆人这一结论，或许因为他对并非王莽朋友的刘向的诚挚个人情感，或许因为他觉得王莽根本不配做一国之君。他反复警告人们莫将伪圣谄媚之徒与真圣混为一谈，这同样可以帮助我们理解其对王莽的真实态度。

12. 扬雄影响力很大

译者引述说，有些学者认为，正是由于扬雄的巨大影响，《论语》从孔子的其他著述中凸显出来，慢慢成为人们学习孔子教义的首要文本，还有学者认为，如果不是扬雄、刘向和司马迁外孙扬恽的共同努力，司马迁的不朽著作《史记》早已被丢进历史的垃圾堆。

二、西方译评者眼中的扬雄

仔细阅读外文本（epitexts），尤其是关于扬雄翻译的书评和研究，就可以知道译评者眼中的扬雄。

（一）《汉书·扬雄传》书评者眼中的扬雄[①]

1. 扬雄是软弱孤傲的高贵失败者

有学者评论说，康达维（Knechtges）以非常严谨认真的态度翻译了扬雄的传记，他的注释尤其详细，这为汉学家提供了一个传记翻译的模板。他为读者翻译复活了一个因高贵失败而倍感亲切的扬雄形象，一个孜孜以求的孤傲学者。他沉默、软弱、孤傲，

① 笔者在本部分仅对《汉书·扬雄传》书评者眼中的扬雄形象进行翻译、提炼，所有的支撑观点都来自书评者所有的支撑材料都来自以下书评：

Reviewed Work（s）：*The Han shu Biography of Yang Xiong*（53 B.C.-A.D.18） by David R.Knechtges.

Review by：Anne M.Birrell

Source：*Bulletin of the School of Oriental and African Studies*,University of London, Vol. 47,No.2 （1984）,pp.390-391.

Published by：Cambridge University Press on behalf of School of Oriental and African Studies.

绝不同流合污。但是扬的生活和作品引起了班固的兴趣。他为读者复活了这个晦涩的高傲学者，他的高贵失败让后世亲近。他在70岁去世的时候只做了个小官，最后因为年事已高且多年不受重用而被授予荣誉称号。尽管他大胆地批评了呈送给成帝的一首赋，君王颇为震撼，但他始终没有被重用。《汉书》中的扬雄自传以悲伤的口吻结束。晚年交往极少，以酒做伴，不理世事。他认为能为自己赢得历史地位的著述也遭到攻击、备受冷落。40年后班固著《汉书》，说他的《太玄经》根本没有读者。

2. 扬雄故意拒绝现代性

当世人不欣赏他的著述，对他的文学和哲学著作大加鄙夷、大肆挞伐。扬雄一笑置之，并挥笔捍卫自己的作品。人们不接受他的作品在某种程度上源于他拒斥现代性。他好古，只对传统经典和旧的学术作品感兴趣。他所有的著述都体现了这一倾向，他故意选择一种老式的事业轨迹，怀抱一种回避汉朝喧嚣政治的文学姿态。

3. 扬雄是个审慎的学者

他经历了三朝皇帝、无数的傀儡统治者和王莽政权，这是需要特别审慎的时代，尤其是胆小的学者。但扬雄谨慎胆小之外有着知识分子的傲骨和不驯服。他不为大众写作，只为行家写作，他要劝讽的是皇家听众，普通人看不懂很正常。当发现赋达不到讽劝目的时，他就转向高深莫测的哲学。

（二）《汉赋：扬雄赋研究》书评者眼中的扬雄

1.William T.Graham,Jr. 眼中的赋家扬雄①

扬雄在中国文学史上应该有一席之地。书评家认为译本有利于帮助重新确定扬雄在中国文学史上的地位。非常具有讽刺意味的是，扬雄堪称伟大在于赋，而他却在很大程度上因非文学原因而出名。人们对他的哲学和语文学有大量的研究，而他的赋，虽说不是完全受忽视，但却未受到应有的重视。这种现象的出现是由于：与其他文学形式相比，学界普遍不重视赋。有一个令人惊异的事实，就是西方比中国和日本更多研究赋。尤其汉赋研究，困难更大。从汉语的角度来说，汉赋太长（虽然远不及西方史诗的长度）。另外，汉赋也给研究者设置了极大的语言障碍。即使是汉语文学的高阶学习者，读汉赋原著立即变成查字典。比如，读者好不容易读完了司马相如的《上林赋》，就不想费劲儿再读一首，而宁可相信那些陈词滥调的批评，认为扬雄的赋不过是拙劣的模仿，或者，不管怎样，只要你读了一首赋，你便知晓所有的赋。就这样，

---

① 笔者在本部分仅对《汉赋：扬雄赋研究》书评者 William T.Graham,Jr. 眼中的扬雄形象进行翻译、提炼，所有的支撑观点都来自书评者，所有的支撑材料都来自以下书评：

Reviewed Work（s）：*The Han Rhapsody*：*A Study of the Fu of Yang Hsiung* by David R.Knechtges.

Review by：William T.Graham,Jr.

Source：Harvard Journal of Asiatic Studies,Vol.37,No.2 （Dec.,1977）,pp.427-430.

扬雄的赋就无法得到公允的评价。论家认为这对扬雄很不公平。读者可以通过译者精确优美的译笔做出判断。同时，翻译还有一个未曾预料到的好处。在阅读原著时，读者手忙脚乱地拆卸文字屏障，往往无暇顾及赋的宏观效果。若阅读翻译，语言问题已经不存在，读者可以更多关注赋的宏观构架和重点。这更有利于客观评价扬雄的赋作。康达维（Knechtges）就指出一个事实。大家通常认为赋总是浓墨重彩地描写，显得华而不实。《上林》就这样，真正狩猎场面的描写只有 125 行，作者用了双倍的文字描写狩猎园，用了 46 行描写河流，用了相同数量的文字描写鱼和水鸟等。而扬雄的《羽猎赋》在描写相同景物的时候却笔墨清淡了许多。该译本可以让读者重新审视对于扬赋的一些过时看法。

扬雄是文学理论家。他认为赋应该有说教目的，规劝君王改过自新。这需要高超的技巧。要想成功，赋家首先得引起统治者的注意，然后使他因欣赏而从谏如流。所以，赋既要有吁请性言语，又要有描述性言语。扬雄的一些赋也充满了说教意味，同时，可读性也极强。康达维并不教条，坦承，正如扬雄所言，有些篇章确实有说教目的，但却彻底失败了。

2.Sanders 眼中的赋家扬雄①

扬雄赋的创新是个悖论。作为赋家的扬雄一直生活在前辈赋家司马相如的阴影中。译者向我们展示，扬雄的书表明，他绝不仅仅是个宫廷赋家。他有更严肃的写作意图，而不仅仅是取悦于皇上。从他流传至今的文本中，我们可以看到，扬雄对世界秩序有自己的阐释，并且，作为一个优秀的儒者，他认为文本的劝世功能至关重要。他把赋作为对统治者进行道德说教的工具。与司赋相比，扬赋有鲜明的创新性。

扬雄转向赋的修辞学传统，最典型的就是《战国策》。其中，那些策士喜欢用长篇大论的华章去打动和说服统治者。这种篇章的难点在于，说得太直接有可能性命不保，说得太隐晦统治者又可能无法领会。中国有句古话“登高能赋，可以为大夫”。这句话不是通常人们所认为的爬上山顶大肆抒情就可以为高官，而是登上统治者的高台侃侃而谈，打动并劝服他，成为高官显爵。毋庸置疑，扬赋有这种修辞学传统的影响。扬赋还兼具司马相如宫廷赋的娱乐特征，它辞藻华丽、主题奇绝，超越通常文学品味而类似神话。这种艺术形式的仪式化非道德性从根本上与道德训诫相左。扬赋不

---

① 笔者在本部分仅对《汉赋：扬雄赋研究》书评者 Sanders 眼中的扬雄形象进行翻译、提炼，所有的支撑观点都来自书评者，所有的支撑材料都来自以下书评：

Reviewed Work（s）：*The Han Rhapsody*：*A Study of the fu of Yang Hsiung*（53 B.C.-A.D.18）by David R.Knechtges.

Review by：Sanders.

Source：*Bulletin of the School of Oriental and African Studies*,University of London, Vol. 40,No.2 （1977）,pp.418-419

Published by：Cambridge University Press on behalf of School of Oriental and African Studies.

仅有司赋的娱乐特征而且有策士的劝说功能。

扬雄自己可能都觉得其创新性有点尴尬。如果赋家承认只能间接批评君王的行为，且须将批评化妆成娱乐才不会犯上，那么在大多数情况下，刚愎自用的君王读到的就只有诗情和夸饰而不是讽劝。这样看来，赋家就是自掘坟墓：公然批评要掉脑袋，委婉讽劝可能没用。在这种情况下，人们可能会理解扬雄厌恶和放弃以作赋的方式来影响君王的选择。在该赞美扬雄的地方，译者康达维可能同样感到赞美的困难，所以只在结尾处说：如果人们不认可赋是一种文学体裁，扬雄确实做了比作赋更多的事情，因为扬赋确实是道德劝说的工具；如果人们认为他的道德讽劝不成功，也会认为他是一个优秀的赋家。与司赋相比，扬赋的创新在于他明显的劝说功能，但这种创新没有取得应有的效果。所以，扬赋的创新是个悖论。

扬赋鲜有现代欣赏者。现代学者如郑振铎讨厌汉赋。论者引述康达维说："中国现代批评普遍不欣赏扬雄的赋作，原因是什么呢？部分原因可能是五四后学者们对任何古文的东西都非常厌恶。"论者认为康达维可能没有真正理解他们的想法，因为一个人可以在讨厌汉赋的同时喜欢其他形式的古典文学。事实上，一个人可以不喜欢汉赋，而对后世抒情小赋情有独钟。中国现代学者更欣赏那些直接、明了、道德立场鲜明的文学作品，如杜甫。汉赋的特征恰好相反，它带有虚伪、谄媚、矫饰和排他的宫廷痕迹，这为立志追求民主理想的人们深恶痛绝。最后，后世退化的汉赋最终走向了"八股文"这场罪恶的考试，这足以让人退避三舍。由于上述原因，汉赋在近年的研究中有些受冷落。

3.John Marney 眼中的赋家扬雄①

扬赋的地位很尴尬。论者认为，译者的标题《汉赋：扬雄赋研究》不太恰切，因为读者看到正标题时期待的是所有汉代赋家而不仅仅是扬雄。译者介绍了扬雄之前的赋却没有涉及他之后的赋，且文本的主体是扬雄的赋。无论如何，正标题不能让读者想起扬雄。非常具有讽刺意味的是，扬雄是因为拒绝赋这种文学形式而为人所知。他认为应该将扬雄的名字从副标题移入正标题，这样的标题虽然不够醒目但更与内容相配。康达维翻译注释扬赋的首要目的是要展示扬雄作赋的政治批评目的，继而表明扬雄最终得出赋无法实现该功能的结论。论者认为译者在这点上做得十分令人信服。既

① 笔者在本部分仅对《汉赋：扬雄赋研究》书评者 John Marney 眼中的扬雄形象进行翻译、提炼，所有的支撑观点都来自书评者，所有的支撑材料都来自以下书评：

Reviewed Work（s）：*The Han Rhapsody,A Study of the Fu of Yang Hsiung*（53 B.C.-A.D.18）by David R.Knechtges; *Interpreting the Fu*：*A Study in Chinese Literary Rhetoric* by Friedrich A.Bischoff.

Review by：John Marney.

Source：Chinese Literature：Essays,Articles,Reviews （CLEAR）,Vol.1,No.2 （Jul.,1979）,pp.276-281.

Published by：Chinese Literature：essays,articles,reviews （CLEAR）.

然有这样的翻译目的，除了找出一些醒目的夸张讽刺外，译者就没有必要对扬赋进行广泛的文学赏析，而扬雄的前言和引入包含有这些内容。

扬赋不是康达维的 rhapsody。学界传统上因袭 Burton Watson 的研究将赋译为 prose-poem 或 rhyme-prose，尽管这种译法尚不令人满意，但康达维在标题中创新地将类属术语赋“fu”译为“rhapsody”令人吃惊。康达维用希腊术语 rhapsode 来支持自己的翻译选择，该术语指“宫廷诗人或游吟诗人诵读的或即兴作的史诗”。定义中的“epic”让 Rhapsode 根本不能对译康达维所认可的主要以辞藻华丽为特征的赋 fu，但他认识到汉赋中的 epic 特征又是正确的。扬雄的《羽猎赋》和《长扬赋》在叙述君王和猎手的英雄事迹时实际上就是“epics”。然而，康达维选择 rhapsody 的根本原因在于其“陈述方法”，即宫廷诵读所表现的“狂喜、壮丽和热烈”。汉赋确实这样，但别的时代的赋却没有这样的特征。因此，rhapsody 不是一个类属的概念，不可以对译赋这一文类。鉴于该文类的其他特征，他也转向另一个希腊术语，选择更冗长的“polytropic composition”来对译“fu”。麻烦就在于“abundant tropes”是几乎所有中国文学形式的特征，如果不是所有的话。至少，修辞丰富不仅仅限于赋。“polytropic composition”也不是赋（fu）的恰当对译词。

扬赋有创新。论者和译者都十分强调赋的一个侧面，即它微妙、间接批评和道德劝说的原初目的。从这个观点来看，充满讽刺夸张的扬赋而不是文采斐然的司赋才能代表汉赋的理想。正如康达维指出的那样，正是因为赋未能达到讽劝的理想扬雄才宣称要放弃写赋。就这点而言，康达维对学界已成定论的扬赋仅仅是拟作的错误观点进行了驳斥。他迟到的辩驳令人信服。

4.Bischoff 眼中的赋家扬雄 ①

扬赋（fu）变身西方的 rhapsody。学界可能不会赞同这个翻译题目。Rhapsody 是史诗作品，从广义上说是叙述历史或神话人物英雄事迹的诗歌，而赋（fu）却没有这个特征。Rhapsody 是吟诵的，听众能懂。相反，赋是中国文学中最精雕细琢、最博学多才的文学式样，是永远听不懂的。娴熟的诗人可以即兴作 rhapsody，但一个杰出的士（学者型官员）往往要耗费数周或数月的不眠不休才能写得一首像样的赋（fu）。既然西方文学中没有赋（fu）的对等物，任何西方命名一定会不合适。既然西方文化中有那么多的音译词，为何不可以让赋叫“fu”？论者认为，标题翻译让西方读者读

① 笔者在本部分仅对《汉赋：扬雄赋研究》书评者 John Marney 眼中的扬雄形象进行翻译、提炼，所有的支撑观点都来自书评者，所有的支撑材料都来自以下书评：

Reviewed Work（s）：*The Han Rhapsody：A Study of the Fu of Yang Hsiung*（53 B.C.-A.D.18）.by David R.Knechtges. Review by：F.A.Bischoff.

Source：The Journal of Asian Studies,Vol.37,No.1（Nov.,1977）,pp.102-103 Published by：Association for Asian Studies.

到的不是中国文学体裁“fu”，而是西方文学体裁 rhapsody。

扬赋的讽劝意义尚未受到论述。译者广泛地应用了二手文献。他表达了自己的观点。但是，当他不同意权威解释的时候，他就按自己的方式对各种现象重新阐释。他并没有提供新的领悟、新的事实和使用大量的新材料。与先前的译者如 Zach 和 Kopetsky 相比，康达维的翻译没有明显的不同。结果就是主题看起来没问题，阐述也很确定。这种干净利落的翻译方式使得康达维的译本能够满足比较文学或者类似中国文学翻译课程的阅读需要，但却满足不了更为挑剔的阅读者。比如，不可否认的是，扬雄作赋的目的是要批评皇上。但他是怎么表达批评的？难道康达维认定其讽劝功效“非常微弱”仅仅是为了回避说“我没读出任何讽劝效果”？如果承认赋作的目的是要“间接批评”，那么“读者在赋的结尾就会认定扬雄不赞同天子狩猎的观点”这一结论就根本没有论证效果，因为这是显而易见的批评而不是以“间接”为标志的隐晦批评。相反，读者就期待汉学家能够解码并解释清楚扬赋间接批评中的“间接”二字，这才是新译本的价值所在和存在理由。译者详细的历史背景知识和对评论的认真阐述就可以达到这个目的。

Kopetsky 在某种程度上做过这方面的努力而康达维却没有。事实上，汉学家传统采用为艺术而艺术的浪漫文学批评方法，认为汉大赋不过是毫无意义的华丽辞藻堆砌。汉学家的这种汉大赋赏析结论刚好与中国文学界的观点相悖。他们一致认为赋意义深刻。特别是《文心雕龙》就指出以京城、宫殿、苑囿和狩猎为主题的赋能“国家以形和近邻以序”（give form to the State and order to the outlying regions）。而扬赋是该类赋作中最有价值的标本。用语文学和阐释学方法来阐述扬赋的政治意义很有趣但不属于该书的范畴。正如该书所呈现的，康达维研究的价值就在于以简明便携的形式对汉学赋文体研究的观点进行了收集、概述和阐述。

5.W.L.Idema 眼中的赋家扬雄 ①

扬雄可能是当时最博学多才的人，但他长期被视为模仿者而受到东西汉学研究的忽视。最近几年，人们对扬雄的兴趣陡增。

Knechtges 书的结构，先简要介绍了扬雄，他的《太玄经》和《法言》中的哲学思想，研究扬雄生平和诗作的资料等；第二章清晰地介绍了扬之前赋的发展历史；接下来三章介绍了扬赋 2 首的翻译，每一翻译的前后都介绍了作者的写作目的、题材风格、文学质量，并且令人信服地表明扬是原创诗人而非剽窃者；最后一短章或后记，作者提

① 笔者在本部分仅对《汉赋：扬雄赋研究》书评者 W. L. Idema 眼中的扬雄形象进行翻译、提炼，所有的支撑观点都来自书评者，所有的支撑材料都来自以下书评：

Reviewed Work（s）：*The Han Rhapsody,a Study of the Fu of Yang Hsiung*（53 B.C.-A.D.18）by David R.Knechtges.

Review by：W.L.Idema.

Source：T'oung Pao,Second Series,Vol.65,Livr.1/3（1979）,pp.122-124 Published by：Brill.

出其发现并分析扬雄在中国文学史上的地位。

扬赋是否有“讽”（间接批评）依然存疑。康达维的专著强调战国修辞传统对赋发展的重要性和作为扬赋写作目的的讽（间接批评）的重要性（扬赋艺术性的最佳表现在于他运用讽的高超技巧“Yang Hsiung’s artistry is best dis- played...in his use of the techniques of indirect criticism”,p.III”）。尽管有扬赋的各种前言来支持康的这一观点，论者认为扬赋是否在“讽”并不像康所认为的那么确定。显然，这些前言大大晚于赋作的写作时间，它们很可能源于班固《汉书》长篇传记所取材的“自传”。自传是不是就比人们通常读到的标准王朝史传更可信呢？（But is it therefore “potentially more reliable than what one ordinarily finds in the standard dy- nastic history biography”，p.9）难道自传就不可能更具欺骗性？（Could it not be potentially more deceptive?）这是论者提出的问题。一个人总是在晚年写自传，且正如康达维的资料显示，扬雄生前对赋的观点就发生了很大的变化。我们虽不知道假想的自传作于何年，但它当然很有可能作于西汉王朝结束之后王莽当政期间，扬雄此时可能有了重要的后知后觉，认为前朝君王是“坏的末代君主”。有谁能保证自传就不是扬雄重新阐释自己作品，使之与自己已经改变的观点和 / 或变化了的政治情形相吻合的一种尝试呢？康说，扬雄在自传中就将读者的注意力引向《甘泉赋》中那些批评的言辞。论者却提出问题：是他将读者的注意力引向一种修辞，还是他的讽刺意图太过隐晦，以至于当世人都没有察觉？论者继续举例说，同一首扬赋的另一个西方赏析者读到的也是直白的颂扬。甚至康达维自己也承认这首诗的“批评意味很微弱”（poem “criticism is extremely feeble”）。可见，究竟讽与没讽，这还是个问题。拿扬雄另一首名赋《长扬赋》来说，康认为“几乎纯粹是劝说之辞”且“在很多方面与战国策士的劝说类似”，论者说我们就得假定扬雄作赋的目的与自己宣称的目的恰好相反。这种情况在《战国策》中如果不是绝无仅有，那也是极为罕见。论者认为扬雄根本没有必要这样做。扬雄在这首赋中假定了两种选择，为招待蛮族客人的特殊狩猎及随之而来的民众不悦进行辩护。其一就是文帝的节俭及随之而来的蛮族叛乱；其二就是武帝广泛必要的战争。论者说，在他看来，该赋结尾的论述“君王是多么希望全身心地参与这样的盛景啊……”（“How should the emperor only wish to engage in excessive spectacles…”）实际上是严厉批评短见的假想对手。无论如何，在何种情况下，一个位卑的宫廷诗人才会既批评达官显贵又批评君王本人呢？为什么诗人就要曲折婉转的批评而历朝的奏章有时候却可以直言不讳呢？

扬赋的“讽”可能另有含义。论者说，如果我们同意康达维的观点，认为赋的首要目的在于讽，我们可否给“讽”这个术语比“间接批评”更宽泛更接近其词源的意义：“感动”“影响”“通过完美语词组合的吁请力量诱导某种想要的听者反应”。当赋家深刻细致地描写狩猎场面的时候，他一定在含沙射影地批评吗？或者，下面的这种情形可以想象吗？赋家通过真正印象深刻的恰当秋日猎杀和铺张将皇家听众引向他们共享循环世界观的逻辑序列：安排婚姻与农事等春日生产活动，正如他的赋继续描写的那样。

6.Timoteus Pokora 眼中的赋家扬雄①

遵循儒家对文与质（形式与内容，装饰与实质）的区分，扬与其他思想家都反对赋作辞藻华丽的语言，甚至放弃写赋。扬认为“语言是思想与情感的有效工具与载体”。扬对于语言与文体的简洁这一原则，贯彻得并不彻底。多少世纪以来，扬雄一直被当作汉朝的叛徒（当然十分荒唐）和高深莫测的哲学家。即使在当代，他作为赋作者的地位也为我们轻视。

（三）《太玄经》译评者眼中的扬雄

1.Sarah A.Queen 眼中的扬雄②

扬雄的《太玄经》是对《易经》的模仿与改进。译者（她）认为，现代人可以经由《太玄经》留下的唯一最佳线索，去追溯人类为个体在家庭、国家和宇宙中定位的早期尝试（the single best remaining clue to early attempts to situate the individual in the family,state,and cosmos）；现代人还可以经由《太玄经》提供的材料，在与其他经典的相互关系中，重构这一神圣经典的原始意象、结构和意义（the original imagery,-structure,and meaning of that sacred canon in relation to other classics ）。在与《易经》文本组织和占卜方法的比较中，她突出了扬雄《太玄经》既模仿又超越其连贯性的方面。

扬雄是儒家传统的捍卫者。译者认为，在著述《太玄经》时，扬雄遵循在汉代思想家中颇为流行的信仰新综合，在吸取现代思潮的基础上，看到操控自然、社会、政治以及个人经验有序变化的那只隐形的手。然而，他著述的首要目的是要“捍卫一切

---

① 笔者在本部分仅对《汉赋：扬雄赋研究》书评者 Timoteus Pokora 眼中的扬雄形象进行翻译、提炼，所有的支撑观点都来自书评者，所有的支撑材料都来自以下书评：

Reviewed Work（s）：*The Han Rhapsody: A Study of the Fu of Yang Hsiung*（53 B.C.-A.D.18） by David R.Knechtges.

Review by：Timoteus Pokora.

Source：Journal of the American Oriental Society,Vol.99,No.1 （Jan.- Mar.,1979）,pp.124-125.

Published by：American Oriental Society.

② 笔者在本部分仅对《太玄经》书评者 Sarah A.Queen 眼中的扬雄形象进行翻译、提炼，所有的支撑观点都来自书评者，所有的支撑材料都来自以下书评：

Reviewed Work（s）：*The Canon of Supreme Mystery*.by Yang Hsiung and Michael Nylan.

Review by：Sarah A.Queen.

Source：The Journal of Asian Studies,Vol.53,No.2 （May,1994）,pp.548-550.

Published by：Association for Asian Studies.

变化背后的神秘意义，并在更大范围内捍卫那个时代明确倡导的整个儒家思想，反对主要异见人士：那些认为上天不管人间俗务的人；那些发现遵从礼仪规范毫无价值的人；那些主张道德相对论的人”。扬雄捍卫儒家传统最明显的体现就在于他对“命”的探讨，这是他著述的核心。戴梅可认为，尽管扬雄是个折衷派思想家，但他尝试重新把人类的努力聚焦于保持礼仪规范和文化范式，将成功与德性分离，通过仪式行为把天地人三界进行关联，表明了他对其时代儒家学说的忠诚。

2.Christoph Harbsmeier 眼中的扬雄①

扬雄《方言》和赋的地位。扬雄的《方言》是中国词汇学史的里程碑，是世界上最早的方言辞典。扬赋是对屈原赋的创造性模仿。

扬雄的《太玄经》是一种别样的阅读体验。对于研究中国思想史的学生来说，这本书鲜为人知。即使是译本，这本书也显得神秘难懂，拒人千里。在注释翻译中，就像其在古汉语中一样，该书的很大部分都很艰深晦涩。他的写作不是传达意义，而是在智力上激怒、逗引读者，同情反思，移情猜测，在阐释想象中尝试哲学飞翔。该书复杂隐晦，尽管绝大部分深置《易经》传统。他想表达自己对这一深邃的传统的理解。他的观点不是读者可以读到，可以吸收和可以判断的，而是阅读该书所必备的超凡阐释能力才能通达的一个思想世界。受到《易经》的启发，扬雄认为他绝对不是在写普遍意义上的文本，而是在时间的维度中浓墨重彩地勾画一幅有关宇宙内部动态变化的诗意图景。扬雄文本就成为高倍浓缩的中国科学的神秘百科全书。将科学思想压缩和浓缩为先定的数字化的语法规则中。翻译最难的不是作者说了什么和译者传递什么，而是译者能够解读作者字面背后多少类似科学的东西，即潜在于表面信息背后的神秘动力。

扬雄《太玄经》不朽的秘密。中国古代形而上的自然哲学总是与语言和诗化表达密切相关。抽象的形上思考总是围绕着《易经》和扬雄的《太玄经》等文本展开。这解释了这些文本在后世各时代思想家中广为流传的原因。扬雄着手写经，他是按照自己的经典观念在著述。扬雄在想，创作这样一部经典能够让他永垂不朽，就像他那个时代的经典一样。通过他的经典，他想获得一种文学的永恒。效法司马迁，扬雄看起来有一种基本的优先议程：非常具有一致性的是，当他的文本在解决命运这一主题的

① 笔者在本部分仅对《太玄经》书评者 Christoph Harbsmeier 眼中的扬雄形象进行翻译、提炼，所有的支撑观点都来自书评者，所有的支撑材料都来自以下书评：

Reviewed Work（s）：*The Canon of Supreme Mystery*,by Yang Hsiung.A Translation with Commentary of the T'ai hsüan ching by Michael Nylan.

Review by：Christoph Harbsmeier.

Source：T'oung Pao,Second Series,Vol.84,Fasc.4/5 （1998）,pp.447-453.

Published by：Brill.

时候便获得了生命，这是他最终要说明的问题。

扬雄《太玄经》开篇词被省译。扬雄的开篇词没有翻译，论者觉得奇怪、无解。

3.Willard J.Peterson 眼中的扬雄 ①

扬雄《太玄经》的写作动机是个谜。扬雄的《太玄经》被视为他那个时代最受重视的古代经典《易经》的升华。译者猜测了扬雄用自己的体系写自己著作的动机，因为他没有像他同时代的人一样，只是评价《易经》，虽然有些人强烈呼吁要求重新阐释《易经》。扬雄著该书的动机依然是个难解的谜团。

扬雄《太玄经》的翻译过程很特别。《易经》是多源头长时间的大杂烩，《太玄经》是单一思想的产物。《太玄经》非常难读。尽管译者竭尽全力，她在翻译、注释和评论中有困惑、有臆测、有假设。难道是扬子故弄玄虚？

扬雄《太玄经》关注当下。《太玄经》无疑是儒学经典。译者认为《太玄经》是解决当代命运这一难题的煞费苦心的尝试，而扬雄给出的方案是儒家的。扬雄观念中的“玄”是积极的，它能够行事，是天道、世道和人道。扬雄为何要提升玄的位置？他、同代人以及东汉的学者认为玄暗含的意义是什么？

三、西方学者眼中的扬雄

（一）中国学者王慧眼中的扬雄译者康达维 ②

在谈西方学者眼中的扬雄之前，我们有必要了解中国学者对扬雄译者的评价，因为译者的翻译态度、策略、方法、技巧和理念决定了译文是否忠实可靠以及学者们据此得出的研究结论是否可信。学者对译者康达维的翻译资质、翻译标准、翻译策略、翻译方法进行研究。研究结论在很大程度上可以告诉读者：康达维翻译的扬雄是否真实可信。因此，这看似与扬雄形象无关的“学者王慧眼中的扬雄译者康达维”就变得十分重要。如果他的翻译资质、翻译标准、翻译策略、翻译方法能够真实地再现扬雄，译者眼中的扬雄，即读者解读的扬雄也就真实可信。否则，读者会认为他传递的扬雄形象、言论失真，由译本而来的扬雄形象也不可靠。王慧眼中的康达维是怎样的译者呢？

---

① 笔者在本部分仅对《太玄经》书评者 Willard J.Peterson 眼中的扬雄形象进行翻译、提炼，所有的支撑观点都来自书评者，所有的支撑材料都来自以下书评：

Reviewed Work（s）：*The Canon of Supreme Mystery* by Yang Hsiung and Michael Nylan.

Review by：Willard J.Peterson.

Source：Journal of the Royal Asiatic Society,Third Series,Vol.5,No.1 （Apr.,1995）,p.156 Published by：Cambridge University Press on behalf of the Royal Asiatic Society of Great Britain and Ireland.

② 中国学者对扬雄译者的评价参见王慧：《美国汉学家康达维的辞赋翻译与研究》，湖北大学博士学位论文 2016 年。

1. 康达维是资深的学者型译者

康达维（David R.Knechtges）是汉赋研究和翻译专家，他出版了《昭明文选赋英译》《汉代宫廷文学与文化探微》（自选集）等多种中英文赋学专著和英文译著。康达维也是个扬雄赋研究专家和翻译专家，取得的成果相当丰富，包括他的博士论文《扬雄、赋和汉代修辞》，后来出版的《两种汉赋研究》《汉赋：扬雄赋研究》《扬雄的汉书本传》等专著和英译本，以及《扬雄〈羽猎赋〉的叙事、描写和修辞》等多篇论文。他翻译了扬雄的全部赋作，并且先后推出了四个不断改进的译本。可见，康达维不仅是扬赋研究专家而且是汉赋研究专家，不仅是扬赋翻译专家而且是汉赋翻译专家，其翻译资质毋庸置疑。他对扬雄的生平、著述、主张一定十分清楚。

对于非学者型译者来说，版本根本就不是个问题，最多交代一下原文的版本。对于典籍研究者而言，他们会意识到不同版本不同阐释这一现象。对于典籍翻译的学者来说，他的理解和翻译以哪个版本为标准，是否让读者知道还有其他不同阐释就成为一个问题。时代久远，阐释很多。王充《论衡·自纪篇》说："经传之文，圣贤之语，古今言殊，四方谈异也。"面对多种版本，译者怎么选择？如果译者只给读者提供一种解释，读者就会认为他读到的是亘古未变的文本，这对读者也是一种欺骗，对原文也是自我解读。康达维选择通过注释让读者意识到多种版本的存在。当多种版本相互矛盾的时候，译者还要追根溯源，帮助读者消除这种矛盾。

译者康达维对赋文体有深刻的理解。他引用诺思洛普·弗莱（Northrop Frye）说，修辞包括劝说性语言（persuasive speech）和修饰性语言（ornamental speech）。二者各司其职却又彼此依存，前者用以加强论辩力量，后者用以增强美感。"赋是修饰性修辞与劝说性修辞的结合"。"由于赋是修饰性修辞与劝说性修辞的结合，要完全分清这二者并不容易。读者阅读赋时，必须在重重迷宫式的华丽辞藻中摸索，才能理解作者隐藏的信息。"①

2. 康达维具备翻译的学者精确和学术精神

康达维学者翻译的精确和求真精神最明显地体现在他对赋这个术语的翻译。自从赋文学经过韦利和华兹生等汉学家的英译进入西方世界后，赋的性质就成为一个问题。它究竟是诗还是散文？从康达维译文集对赋的历史介绍来看，韦利没有将诗和赋分开，他笼统地介绍了从《诗经》、楚辞、汉赋、汉乐府直到唐代赋和古诗的发展历史。在韦利的介绍中，诗就是赋，赋就是诗，只不过是较长的诗。所以，在西方读者的认知中，赋就是有一定长度的诗。既然赋的性质难定，所以它的英译名也就体现了这种模棱两可，如 Robert Van Gulik 的 poetic essay、英国汉学家修中诚的 prose poem、美国汉学

① [美] 康达维著，苏瑞隆译：《汉代宫廷文学与文化探微：康达维自选集》，上海：上海译文出版社，2013 年，第 90 页。

家华兹生的 rhyme-prose 和 poems in the fu form 等。这些赋的英文名称都没有将赋作为独立的文体看待，赋仅仅是诗歌或散文的附庸，没有自己独立的文体身份。

康达维是学者，他对赋有广泛深入的研究。西方读者对赋一直有误解和偏见。华兹生在《中国辞赋——汉魏六朝辞赋》一书中总结了这些误解和偏见：赋是贵族文学，代表统治阶级的利益；赋中的语言艰涩难懂；赋重模拟，少创新[①]。康达维对赋的研究让他能够超越常识，提出对赋的不同而深刻的见解。他认为赋的模拟正是对文学传统的继承。赋的华丽辞藻背后正是其讽谏思想，它的创新在于语言美和思想美的高度结合。赋的难懂在于其华丽的辞藻，如果读者紧扣其迂回劝说的目的，阅读的困难就会迎刃而解。在他看来，赋有自己明显不同于诗歌和散文的本质特征，那就是“不歌而诵”。赋不是诗歌或散文的附庸，它有自己独立的文体身份。可是，怎么用英语来传达赋的独立身份呢？他努力在英语文化中为赋找一个对等的表达。既然西方文化中有按呈现方式将文学作品分类的习惯，既然赋有“不歌而诵”的本质特征，所以，他找到了 rhapsody。王慧引用下面几段话来证明康达维为赋寻找英语对等表达的思考过程：

> 我选用“rhapsody”来译赋。“rhapsody”在古希腊是一种史诗，由吟游诗人或宫廷诗人当众朗诵或即兴创作。当然，赋并不完全是史诗，虽然有些赋体现出史诗的特点，但其呈现的媒介与古希腊的史诗（rhapsody）近似。赋家从许多方面来看是一种宫廷诗人（rhapsode），其诗作经常展现出史诗中会出现的迷狂情绪、壮观景象和强烈情感。

这样，中国赋在西方世界中从诗歌和散文的附庸变成了拥有独立身份的 rhapsody，这个译名得到众多汉学家的认可。问题在于，赋与 rhapsody 的内涵是交叉关系而不是重合关系。二者有相同的内涵也有各自独立的内涵。比如，二者的呈现媒介虽然都是“不歌而诵”，但“诵”在 rhapsody 中仅指诗人在宫廷中当众朗诵或即兴创作，且 rhapsody 有史诗性质。赋的发展历史表明它从口语文学走向了书写文学，而且要经过缜密深邃的思考。显然，rhapsody 的内涵无法涵盖后期赋的书写性质。史诗重在叙事而赋重在描写。中国赋的史诗性质也仅限于汉大赋，后期的抒情小赋亦不能涵盖。在这种情况下，译者有两种选择，要么用西方文体 rhapsody 来归化中国赋，要么保留这个异文化词 fu。用 rhapsody 来归化中国赋，西方读者就会将中国赋视为西方 rhapsody 同种性质的文体，有误导读者的可能。直接用这个异文化词可以提醒读者他们在阅读一种完全不同的异国文体，不会让他们用 rhapsody 的前见来理解中国赋。如前所述，当康达维的书 *The Han Rhapsody：A Study of the Fu of Yang Hsiung* 出版后，

①Burton Watson.*Chinese Rhyme-Prose：Poems in the Fu Form from the Han and Six Dynasties Periods*.New York and London：Columbia University Press,1971，p.13-15

评论家 F.A.Bischoff 就指出这个书名译得不妥，提出为何不可以让赋叫 fu？也就是说，在赋的翻译上，不应该用归化翻译法而应该用异化翻译法。既然是学术翻译，既然强调翻译的精确，当归化让术语内涵发生改变，归化的翻译就不适合。这不仅仅是归化异化策略的选择问题，这是关系中国赋独立身份的问题。如果中国赋以 rhapsody 的身份走出去，它就是西方的 rhapsody，不再是中国赋。如果中国赋以 fu 的身份进入西方世界，虽然在英语词中显得另类，但毕竟是自己，它提醒读者以赋的特征来认识 fu，而不是以 rhapsody 的特征来诠释赋。当有学者质疑他将赋译成 rhapsody 是否合适时，康达维坦然承认这种质疑的合理性，并主动修改自己的翻译。在翻译准确和翻译权威中，他选择更准确的翻译。王慧引用下面的话来说明他翻译的改变：

现在我不用 rhapsody 作“赋”的译名了，我只是用 Fu。因为我觉得应该让那些研究欧洲文学、美国文学的人知道这个词，所以我现在只是用 Fu。比如日本文学有一些文体，像 Haiku（注：俳句）、Noh Drama（注：能剧）不必翻译。而且，rhapsody 用于指西汉的赋比较合适，因为它们都在宫廷中被朗诵，但是西汉以后我觉得不合适，所以我不用了。

3. 康达维采用异化翻译策略

尽管王慧用的是“异化的翻译观”，我们还是按照学术传统称为“异化翻译策略”。翻译中最难的就是处理文化差异。当文化差异出现时，译者就有两种可能的选择。德国古典语言学家、翻译理论家施莱尔马赫在其 1813 年的著作《论翻译的方法》中将这两种翻译选择描述为：一种是尽可能让作者安居不动，而引导读者去接近作者；另一种是尽可能让读者安居不动，而引导作者去接近读者。美国翻译理论家劳伦斯 . 韦努蒂在其 1995 年的著作《译者的隐身》一书中将这两种翻译选择术语化了，前者叫“异化”后者叫“归化”①。不同的历史时期不同的译论家会争论“异化”好还是“归化”好的问题。鲁迅“宁信而不顺”是十分有名的异化翻译主张；傅雷的“重神似不重形似”是非常有名的归化翻译主张。纵观翻译理论的历史，翻译策略之争从未停止过。韦努蒂就对过于归化的译文提出批评，主张“抵抗翻译”，即抵抗通顺的译文，其观点类似鲁迅“宁信而不顺”的翻译主张。通常认为，异化的译文更忠实但接受性差，归化的译文接受性强但不够忠实。通俗地说，就是：翻译像女人，美丽的不忠诚，忠诚的不美丽。康达维在翻译的时候就更青睐文化翻译的异化策略。所以，其译文更忠实于原语文化，他对扬雄形象的传达真实可信。当然，关于归化异化的传统认知本身是否正确也有待商榷。刘朝晖教授就学界对归化异化可接受性的常识性推断进行了定量研究，他 2014 年发表在中国翻译第 1 期的论文《评〈红楼梦〉两个英译本的可接受性——

①Venuti,Lawrence.*The Translators' Invisibility*.London&New York：Routledge,1995：20

以美国亚利桑那州立大学学生的抽样调查为例》一文揭示：两个典型的归化异化译本的可接受性“不存在本质区别”。

王慧认为，康达维属于“异化”翻译策略，他强调译文要体现原语文化的语言和文化特色，这与评论界流行的关注读者接受而强调“归化”的观点大异其趣。同样认为翻译服务于读者，流行的观点认为翻译应当被动迎合读者的语言习惯和欣赏水平，而康达维却认为翻译应当主动引导读者接受原作者的语言习惯，体会不同的文化，学习其中蕴含的新的观看世界的方式。

4. 康达维辞赋翻译有明确的目标读者

学界在评价对外译介效果的时候，往往以翻译受众面为标准，认为接受者少就是翻译效果不好。学者耿强在指出学界比较一致的观点，即中国政府主动对外译介模式“总体上并不成功”后，以 1981 年中国外文出版发行事业局支持翻译出版的“熊猫丛书”为个案来揭示政府译介模式在译本传播阶段存在的问题，对中国文化“走出去”的效果和问题进行自我反思。在《中国比较文学》2014 年第 1 期的《中国文学走出去政府译介模式效果探讨——以“熊猫丛书”为个案》一文中，他揭示说：“丛书的读者群狭窄。无论熊猫丛书预想中的读者是谁，实际的接受者主要都是大学里从事中国现当代文学和文化研究的学生和学者。”这在康达维的辞赋翻译中根本就不是个问题，因为他译文的目标读者“多半是学者”，他的翻译客体是中国典籍。康达维翻译客体和接受主体明确。他知道自己的翻译受众面不会太大并且乐于为小众的学者翻译。跟我们主流的翻译成功标准不一样，他并不为大众翻译。

5. 康达维采用语文学翻译方法

实现异化翻译策略的方法和技巧是多样的，康达维采用的是语文学翻译方法。他认为翻译是一种文化传播，强调译文的准确性。他用语文学翻译方法，加上充分的注释以确保对原文语言和文化的忠实。关于赋中描写性复音词翻译这一难点，他总结出了坚守不可拆解、利用注释注音和“变体”、找寻契合语境的英文对应词、用“头韵法”翻译等原则。论者认为，其译文既以大量考辨性的注释和用词的准确性以实现译文忠实于原文，又能够译出赋铺陈体物、唯美抒情的文学意味，可谓是“学者型英译”与“文学性英译”有机结合的代表作品，为中国古典文学英译树立了新的标准和经典范例。

6. 康达维的英译很忠实

王慧引用了康达维来证明他对翻译“准确性”的追求。例如，康先生认为，“忠于原诗原文的翻译远胜于自由形式的翻译……不应该创造所谓东方化了的汉诗版本，而应该尽可能保持原诗中的修辞和用语……语言的准确性……是翻译的基本要求”，模糊的、泛泛的翻译“无论对于英语读者还是中国文学都是一种伤害”。又如，他强调译文要在语言、修辞、形式等方面尽量与原文靠近，反对为迎合读者的阅读习惯，借口“传神”而使用“近译法或创译法”。同时，他还认为，“翻译的准确性，并不表示要牺牲文字的可读性”。既然康达维强调忠实于原文，那就一定有不忠实于原文的翻译选择。站在中国文化“走出去”的立场，我们希望他能为西方读者翻译传递一个真实的扬雄。

问题在于，没有任何译者宣称自己的翻译不忠实，即使是伪翻译。只有译者的翻译策略、方法和技巧才能说明译者是否想要做到忠实、是否能够做到忠实、是否真正忠实。况且，在很多情况下，译者在可读性与准确性之间本来就顾此失彼。那么，康达维的翻译是否像他所说的那样忠实或者所主张的那样兼具准确性和可读性呢？虽然康达维青睐异化文化策略，但他译文标题中的“rhapsody”明显就是归化翻译选择。后来，当他发现 rhapsody 不能代表独立的赋文体后，他主动表示用 fu 来译赋，为西方读者引入一种不同的文体，这体现出他学者求真的精神。另外，他在译文中翻译自己的理解，同时在注释中告诉读者其他人的阐释，这也是学者求真的精神体现。无论是将赋译作 fu 还是在译文中做详细的注释都以牺牲可读性为代价。与 rhapsody 相比，fu 是一个陌生的外来词，读者要花更大的认知努力才能明白其意思。康达维在译本中做了大量的注释，读者会不停地受到干扰，去查阅该处的不同解释，做出自己的阐释。

（二）Michael.K.Barnett 眼中的哲学家扬雄①

1. 扬雄是个有独特思想、原则和价值追求的哲学家

从标题即可看出，扬雄是一个在乱世中寻求统一的哲学家。他是汉代官员和学者，因为华美的赋作、语言地理学贡献和对其时代学术、科学的献身精神而为人所知，但他最伟大的献身精神还在于对生活哲学的构建。这种生活哲学一经付诸实践，就可以帮助人们缓解纷乱、危险生活的紧急状态，培养他们的潜能，而且，极可能，进入圣人之境。因此，扬雄首先是个大哲学家。作者主要通过扬子的《太玄》和《法言》两部著作来阐释他的世界观构建。他仿《易》而做《玄》，体现出融道家无处不在的一元思想和孔子差异化、多元化思想的扬子宇宙观。他运用汉代和汉前诸多思想，但在描述玄的时候又极具创新性，玄是这一元的元物质、能量或形上结构，万物因之而生。人只有顺应宇宙有机体的规律行事才能生存和发展。他仿《论语》而作《法言》，该书将其关于人和社会的观点关联起来。在展示扬雄思想方面，可以将《法言》看成《太玄》的补充，它特别教导人如何从伦理上、社会上遵循自然规律，从而完善其宇宙哲学框架。尽管扬雄兴趣广泛，但臆测玄学和社会哲学是其首要关注点。作者认为，先

① 笔者在本部分仅对学者 Michael. K. Barnett 眼中的扬雄形象进行翻译、提炼，所有的支撑观点都来自该学者，所有的支撑材料都来自以下学术论文：Michael.K.Barnett. *The Han Philosopher Yang Xiong*：*An Appeal for Unity in an Age of Discord*.Georgetown University.1983.12.
1-13

前的学术研究都未能将这些著作作为扬雄统一哲学的互补部分来看待。扬雄的总体哲学思想都渗透着统一的有机原则。

2. 扬雄是汉代科学家、学者

扬雄不仅是辞赋家、史学家、语言学家，还是他那个时代的科学家。《太玄经》探讨天文学、日历学和物理学，充分展示了他的专业知识。扬雄是主张科学世界观的哲学家。在中国历史早期，荀子主张人控制、利用自然。扬雄继承了荀子的科学精神，却不满足于利用自然。认为人不仅要操控明显的自然表象，还要追寻终极的秘密。人不仅要理解自然，还要理解社会和自己。扬雄生活在理性与迷信的十字路口，他选择了理性。他反对伪科学，如方士及其永生追求；通过神秘自然科学求长寿的方士和求感官刺激的享乐主义者；黄老主张以及通过炼金寻求永生的炼金术士；通过占星预知未来的星象学家。

身边同事如王莽、刘歆、董贤纷纷升迁，而他的职位经三朝不变。对于自己职位累世不变这一事实，扬雄从不自怨自艾。相反，他过着平静、沉思的学者生活，远离朝廷纷扰与争斗。这期间，他把大部分精力都用于研究和写作。一场关于他是否真正支持过王莽政权的讨论持续到现代，并且人们猜测他支持了王莽这一恶名大大矮化了他在中国思想史上的伟岸形象。

3. 扬雄智慧的光芒具有历史穿透力

《汉书》中的扬雄自传以悲伤的口吻结束。他晚年交往极少，以酒做伴，不理世事。他认为能为自己赢得历史地位的著述也遭到攻击、备受冷落。40年后班固写《汉书》，说他的《太玄经》根本无人问津。然而，扬雄时代就已经萌芽的新思潮注定会让他在后世声名鹊起。其中一种思潮演变成为中国历史上更为重要的一场哲学大辩论，那就是关于何种文本载体最精确地反映了儒家或儒家经典真精神的讨论。新文派和旧文派的学术对垒在唯物论者和唯心论者、神秘主义者和唯实论者以及传统派和改革派之间划定了一条泾渭分明的界限。扬雄的哲学教义和理性思维模式恰好具备旧文派方法论的特征。很快，扬雄就对后世产生了影响，启发了诸如桓谭、王充等思想家。扬雄思想影响深远，因为，他曾被视为宋代之前最伟大的儒学形而上学者。有时，《太玄经》的流行堪比《易经》。他融合儒家社会哲学与道家自然主义的努力不仅影响了魏晋的儒道融合而且影响了许多寻求其思想理性基础的后世思想家。不过，宋代的思想家认为他过分模仿先贤文体，其作品不过是陈词滥调，而且认为他与王莽有政治联系，这些因素大大降低了扬雄思想，尤其是哲学思想的吸引力。南宋大思想家朱熹就认为扬雄的思想不儒不道，不值得推崇。然而，北宋司马光却对扬雄推崇备至，认为他是中国一流哲学家，其《太玄经》包含一切存在的基本原则。直到明清，随着贬斥其哲学地位的宋学的终结，人们重新对汉学感兴趣，扬雄思想又恢复了昔日的荣光。

4. 扬雄沉浮于中国思想史上

正如荀子和董仲舒，扬雄融合理性宇宙论和道家自然主义，也不过是一种尝试，即努力定义一种可以支持儒家社会思想的宇宙论模式。事实上，好几个追溯中国理性哲学起源的学者都强调过扬雄承上启下的历史地位。例如，提摩太·波柯拉（Timoteus Pokora）就认定扬雄和桓谭是将唯实论 / 唯物论思想从西汉早期重要史学家司马迁传播到东汉王充及其他拥有法家思想的儒道学者的关键人物。杰·塞利（Jay Sailey）追溯了从孔子到葛洪的理性人文主义起源，提出扬雄是汉代的关键一环。

5. 有机体（organism）是扬雄哲学的关键词

他的宇宙观模式比他的儒家因素更有创新性，但很可能，他的宇宙哲学正是围绕他的儒家因素创立的。扬雄问的一个特殊问题即是，人如何与宇宙进程相关？通过设计一套人与自然以及人与宇宙和谐共处的哲学体系，他尝试回答这一问题并解决他那个时代面临的问题。扬雄深信，人只要能在与形而上现实的和谐中感知与行动，他就能够活下去。他的作品反映了他遵循自然现实的努力，这种现实被描述成一个有机体，该有机体中万物遵循形上原则和谐共生。检视扬雄的哲学有机体不仅可以揭示他的形而上思想，而且可以理解他的生命哲学。

6. 有机哲学贯穿扬雄著述

扬雄的后学们总是将他的有机哲学与《太玄经》相联系，一旦谈到他的《法言》和赋作时便全然忘记了他的有机哲学。扬雄对于他那个时代的问题和人类遭遇的普遍难题的解决方案都是以其对宇宙有机体思想为基础。他的伦理社会哲学也应该从有机哲学的视角进行研究。倡导儒道结合，看到儒家需要的理性基础，拒斥儒家与五行说、阴阳宇宙说和数字命理学的融合，如果这种融合导致非理性观念的话。他从未脱离这些体系的非理性特征，但却意图利用它们形成一个理性的体系。即，他在努力破除迷信因素神秘性的同时有意识运用这些流行观念。他没有完全成功，也不是这种尝试的第一人。他想把理性主义思想和物质主义思想融入中国的思想背景（intellectual milieu）；极大地影响了理性宇宙学的发展；他做这一切都是在维护儒家社会哲学免遭不纯思想的侵染。这些成就非常重要，就在于它们完成于人们心智困惑和社会动荡的历史时期。

7. 扬雄是汉代知识背景的产物

与他同时代的许多人一样，他们希望构建一种哲学世界观，给生活带来秩序和稳定。汉代人认为，只要能定义并遵循人类生活的基本原则，就可以超越人类生存的兴衰，培养人的潜力，并且达到成圣的崇高理想。大多数学者都满足于评论经典，而扬雄向前跨了一步。他毕生努力构建一个反映人类生活基本原则的模式，这个模式以宇宙有机体为标志。这个模式就是一个形上结构或过程，它通过支撑一切表面和物理现象的原始形上原则来解释存在。扬雄构建这样一个世界观，部分是由于他对先前宇宙观的不满足，这些学说中的宇宙太变动不居，太转瞬即逝，太非理性。他坚信，人要生存，就必须洞悉形上现实，即宇宙有机体的现实，并与之步调一致。《太玄经》对宇宙有机体的特性进行了详细的描述，并且成为其《法言》社会哲学的基础。在与其宇宙和形上模式相关联的状态下更能理解扬雄更为广泛的哲学，如社会、伦理和美学哲学的特殊要素。

8. 扬雄在为庙堂统一意识形态

扬雄所处的时代面临独特的问题。首先，由于秦时法家的摧残，汉初的儒士们努力光大儒学，这直接挑战了道家的地位，加剧了两派思想的对立。其次，汉代思想家不关心保持本门思想的纯粹性，他们彼此借鉴，并对阴阳、五行和数理等派别兼收并蓄，扬雄比任何汉末思想家都意识到，非正统哲学对儒家思想的威胁。最后，他焦虑深陷三个冲突的政治困境。第一，虽说从秦朝的废墟中搜救出有充分力量与活力的足以维持新王朝的社会政治体制一直是统治者和庙堂人物的使命，但在西汉的前半叶，由于不同思想潮流的激烈竞争，想要形成统一的政治哲学意识形态的尝试往往阻力重重。第二，自从儒家正统形成以来，这个冲突就一直存在：因为文本失传、语言演化以及新的治学方法和目标，儒士内部观点分歧，恢复传统习俗与原则的努力一再受阻。第三，在政治场域，贯彻有效政体的努力往往由于昏庸无能的君王而中断，他们无力阻止权贵与外戚争权。这三重危机让整个社会政治气候弥漫着不确定和不安全的因素。扬雄是为时代问题提供解决方案的思想家。他的解决方案就是儒道结合。这种结合必须十分紧谨慎，它在为儒家置入理性基础的同时又要摒弃儒家与五行说，阴阳宇宙说和数字命理学融合所导致的非理性观念。他想把理性主义思想和物质主义思想引入中国智识。

9. 扬雄是思想杂家

扬雄倡导的正统并不是儒家经典思想的复制品，而是他自己的创造。他是折衷派。G.C.Ferguson 认为传统中国对仪式和礼仪的强调走向家族观念、保守主义和儒家思想，而对占卜的强调则走向自由主义、个人主义和道家思想。这就能解释为何扬雄既重视礼仪又重视占卜，珍视上述六条规则，即使二者有时相互矛盾。扬雄的思想兼具道家的一元论和儒家的多元论。扬不是第一个做此综合的人，汉初淮南子和董仲舒就做过类似尝试。淮南子做的是道天阴阳术数的整合，董做的是儒天阴阳五行术数的整合，而扬是受到理性化的阴阳五行术数影响的儒道自然整合的哲学。扬综合各家元素。老子天地人道四分且人从地，地从天，天从道。扬天地人玄四分，前三者都从于玄。老子倡导人从阴的原则，而扬更崇尚阳。同意道家原则，却要纳入儒家范畴。因此，许多学者认为扬的思想源于《易经》《道德经》和阴阳宇宙论。道家是自然主义的、理性主义的和宿命论的，扬也是自然主义的、理性主义的，但不是宿命论的，他对道家有着爱恨交织的情绪。玄代表扬雄的有机体。 或许是想为儒家注入类似道的概念同时阻止一些不想要的道家因素进入儒家。可以不误导读者。他反对法家，认为法律和惩罚无法代替儒家美德。他认可法律，但必须建立在孔子的伦理学之上。

10. 扬雄在为儒家构建形上体系

玄是一切现实构成的有机体。扬选择中立的词“玄”，将天道和人道合二为一。他喜欢孔子的伦理社会思想，却苦于《论语》形上体系的缺乏。《太玄经》是非儒家影响的代表，但其出发点是巩固和合法化儒家思想。董仲舒前是道与阴阳，董仲舒后是儒与阴阳，都以天谴和上谕（警告）为基础，限制君主专制。扬雄放弃董仲舒的天谴和上谕（警告）理论，认为不可过度使用。他也拒斥董仲舒的思想，认为孔子是上天钦定的上神般的统治者。扬虽然反对阴阳五行和术数理论，但人们却认为他利用了这些成果。《法言》以理性的态度批判上述理论；《太玄经》却又借鉴了一些非儒家的主张。在扬弃吸收的基础上为儒家构建形上体系。他运用术数来解释错综复杂的宇宙，却不提供影响人运气的神秘工具。

11. 扬雄独尊儒家

众家所缺即是儒家伦理学，扬依靠各派为儒学寻找宇宙和形上基础，他却认为各派都还处于工匠水平。如，老子和邹衍虽知道宇宙之道却不知道天人的关系，因此，他们的思想根本无法与儒家圣人相提并论。尽管他反对非正统，却为了儒学的深入而借鉴异端。

12. 扬雄是古文派儒学家

直到古文派正式得到发展之前，没有人知道新文派偏离了儒学正统思想。他原来批判正统儒学中的异质因素，而他批判的正统儒学后来得名新文派，所以，将其归为新文派不合适。但后世还是沿用了这个分类。扬雄认为新文派是通往道的障碍，所以致力于移除这些障碍。汉儒们依凭的是孔子时代以前的文本，把孔子当神，而扬雄却重视孔子的《论语》，把孔子当老师或圣人。神如果说《论语》中的话则显得不伦不类。扬雄把新文家的修正主义文学重新引向圣人自己的话，这足见其为理性主义者。扬的理性主义与新文家的理想主义和迷信相对。他的理性主义是否源于古文评论家还是今文家中的鲁派，只凭其著作提供的信息，我们还不能断言。有人认为扬不是古文派儒家的思想，但细看几点，这种看法站不住脚。（1）去神化，认为孔子是圣人而不是神；（2）扬采用训诂方法而不是新文派的章句方法；（3）通过认可古文派推崇的一些文本表达自己的支持；（4）偶见对新文派的批评，包括对其创始人和主要支持者的批评；（5）通过写一本简单、直接、低调的《法言》，将学者和大众的目光从他所视为修正文学和伪文本的新文派意识形态引开。最后，扬雄作品中强烈的理性色彩使得任何认为他支持新文派学说的理论变得可疑。他的《方言》所采纳的理性实证方法在他那个时代很新，使得他跟任何新文派学者不同。

13. 扬雄是否“侍莽”无关其学术、文学价值

作者认为，如果不是朱熹把扬雄称为“莽大夫”，扬雄不过是王莽的同代人罢了。在此之前，评论家对两人的关系也十分感兴趣，但并没有作为接受和拒绝扬雄学术思想、文学价值的标准。可是，自从朱熹说扬雄是“莽大夫”之后，研究扬雄的学者就被迫在两大阵营之间选择、站队。依据是否接受朱熹的观点为标准，学者们分为亲扬派和反扬派。作者认为这在某种程度上是个伪命题，扬雄的政治思想不应影响其哲学、文学价值。既然学者们对扬雄和王莽的关系如此有兴趣，论文作者对二人的关系进行了文献梳理，将两人的交往大致分为三个阶段，即随性交往期、态度暧昧期和支持期。关于态度暧昧期，学者们的争论最大。作者大量引用文献资料，详述正反双方的观点并提出自己的看法，最后得出结论说：扬虽然没有帮助王攫取皇位，但却帮助后者坐稳了皇位。王莽决定结束摄政生涯，开始夺权时，扬雄在天禄阁整理文献。甄寻认罪后，王莽开始政治大清洗。因为担心受此案牵连，扬雄在缉捕官到来前从天禄阁顶纵身自杀，险些丧命。王莽得知此事，阻止了对扬的进一步调查，允准其短暂的病休，并提拔他做了有名无实的中散大夫。评论者对这件事的解读分歧也很大，有人认为他支持了王莽，有人认为他没有支持王莽，而且都言之凿凿。

论者认为，我们恐怕永远都无法还原历史真相，找到扬雄对王莽的真实态度。他认为，在这彼此对立冲突的观点之间，还有第三种可能，那就是：在两人的中期交往阶段，扬雄希望王莽不要自立为王，但当王莽夺权之后，扬就慢慢地接受了新事态。一方面，他忠于现实政权，没有反对它，而且臣服其权力；另一方面，他对王的行为心生不满，再次退隐到自己的学术世界。鉴于扬十分推崇王复兴儒学经典的计划却无意于其夺取政权的想法，他对王莽政权情绪复杂，这让他选择沉默。但天禄阁事件打破了这种沉默，他借《据秦美新》发声，赞美新朝，公开支持王莽。对王的恐惧与感恩、天禄阁事件的屈辱和思想者的骄傲，一定让这个习惯于独自研究的学者改变了性情。毫无疑问，这种强烈的情感足以大大改变任何意志刚强的人，也足以让一个年迈的隐士学者从有所保留走向全面支持王莽政权。在作者看来，扬雄在政治场域并不活跃。大多数新朝臣属都接受其统治，不质疑其政权的合法性。只要新朝诚实守信、和平安定、继承儒家传统，像扬雄这样隐士般的学者不太可能出来“捣乱”。假如扬雄高寿，能够活到王莽政权垮台，他就可以表达自己的真实态度，而不必背负“莽大夫”的恶名。先前，桓谭比扬雄更积极地支持王莽，但他活到了王莽政权结束，并且开始抵制他，因此，他没有遭受扬雄的厄运。扬雄怎么也难逃政治同盟的处境，他在中国哲学史上位置不高这一事实主要归咎于同王莽这个文化恶棍剪不断的联系。

通过对译者和译评家观点的梳理，我们大致可以勾勒出西方他者眼中的扬雄形象。

译者通过文本细读认识扬雄。他 / 她们对扬雄的高度认可源于对文本的深层解读。在康达维眼中，扬雄博学多才，著述领域宽广，称得上最著名的西汉文学家和主要的西汉思想家；他在《汉书》中享有特别尊荣，占据不寻常篇幅；他对自己的作品非常自信，细心周到服务未来读者的需求；他以一颗儒者心，让自己的赋承继赋和修辞传统，扎根儒家思想土壤；他的赋既继承又创新，兼具语言和思想之美，在汉赋发展的诸多方面堪与司马相如比肩；他的历史价值不可低估，他的文学史地位需要重估。作为扬赋译者，康达维对扬子的文学成就推崇备至。在译者戴梅可眼中，扬雄是中国古代思想的集大成者，是影响力极大的大儒，是思想独立的大学者，是中国历史上第一个具有高度自我意识的作家；扬雄从未真正“美新”，绝不是拙劣的仿作者，从未真正被理解；扬雄看似零散的《法言》自成逻辑。作为扬雄哲学著作的译者，戴梅可因深度理解而热情讴歌其思想成就。

如果说译者眼中的扬雄主要成像于文本的话，译评者以其更广阔的学术视野对他进行评价。在评价文本作者的时候，学者们十分谨慎。他们往往要先审视译者的翻译策略与方法，看看他 / 她们是否准确传达了扬雄及其思想，即对译者的翻译忠实度进行学术追问。例如，评论家 F.A.Bischoff 就指出康达维书名 *The Han Rhapsody: A Study of the Fu of Yang Hsiung* 中的“赋”译得不妥，提出为何不可以让赋叫 fu？因为，康达维的译名让读者看到的是西方的 rhapsody 而不是中国古代的赋，更不是扬雄的赋。他的这一翻译建议得到译者的肯定，译者也在正式的学术话语中改用 fu 来指称中国的赋。这样，中国古代的赋在西方文学和学术场域中拥有自己独立的身份，而不是 rhapsody 的对等物。当然，要求一个译者兼具翻译理论家和学者的资质确实苛刻。但各种学术资料表明，康达维是资深的学者型译者，他对赋文体有深刻的理解；康达维翻译有学者的精确和学术精神；康达维采用异化翻译策略；康达维的辞赋翻译有明确的目标读者；康达维采用语文学翻译方法；康达维是个追求忠实的译者。

《太玄经》的译者 Michael Nylan 坦承文本难懂，其翻译、注释和评论中有困惑、有臆测、有假设。这更符合《太玄经》文本特色。尽管对西方读者来说，译者是扬雄哲学的专家，但她不以专家自居，把翻译过程中的真实情况告诉读者，同时，把翻译中的这些臆测、假设和困惑标识出来，让读者自己去判断，这反而有利于他们解读真实的扬雄。尽管如此，译评家 Christoph Harbsmeier 对译者省译《太玄经》开篇词还是提出了质疑。

在鉴定译本可信度的基础上，译评家看到的扬雄是一个软弱孤傲的高贵失败者，一个故意拒绝现代性鲜有现代欣赏者的审慎学者；一个在中国文学史上应该占有一席之地的文学家和文学理论家；一个地位尴尬的文学家和学者；一个创新的赋家，但其创新充满悖论。扬雄可能是当时最博学多才的人，但他长期被视为模仿者而受到东西汉学研究的忽视。扬赋是否有“讽”（间接批评）依然存疑。扬赋的“讽”可能另有含义。扬雄的《太玄经》是对《易经》的模仿与改进。扬雄是儒家传统的捍卫者。扬雄的《方言》是中国词汇学史的里程碑，是世界上最早的方言辞典。扬雄的《太玄经》是一种别样的阅读体验。扬雄《太玄经》的写作动机是个谜。扬雄《太玄经》关注当下生活。扬雄是个有独特思想、原则和价值追求的哲学家。扬雄是汉代科学家、学者。扬雄智慧的光芒具有历史穿透力。扬雄在中国思想史上沉浮。有机体（organism）是扬雄哲学的关键词。有机哲学贯穿扬雄著述。扬雄在为庙堂统一意识形态。扬雄是思想杂家。扬雄在为儒家构建形上体系。扬雄独尊儒家。扬雄是古文派儒学家。扬雄是否“侍莽”无关其学术、文学价值。

第三节 小结及理论对话

将自我眼中的扬雄形象与西方他者眼中的扬雄形象并置，一个令人吃惊的现象就凸显出来：国内的扬雄是个“谜”，而西方的扬雄就是谜底。国内的扬雄形象彼此颠覆，而国外的扬雄形象非常崇高。国内的扬雄浑身都是谜团，每个侧面都有正反两方的观点。他的人生，他的历史地位，他的才高位卑，他的志向与选择，他的“非圣人而做经”，他的“美新”意图，他的学派归属，他的著述价值，他的《太玄》创作意图，他的《法言》，他赋的价值等等，无一不是国内学界扬雄研究争论的焦点。但通过翻译到西方之后，扬雄不再身份迷失，他的身份变得单一起来。他姓甚名谁、籍贯何方很清楚。他的历史地位应该重估。他才高位低以及他的志向与隐居都是因为他是个对政治没兴趣的孤傲学者。他做经的目的是为了当时社会意识形态的统一，是为了弘扬儒学。他是否“美新”没人能找到正确答案，他对新朝的情感很复杂。他是古文派儒者。他的著述价值极高。他的赋不仅有继承而且有创新，绝不是模仿。在国内，扬雄形象不固定，且往往处于两个极端，有人视之为“西道孔子”，有人视之为卑鄙小人。在国外，扬雄形象固定，且十分伟岸。从国内到国外，扬雄形象从分裂走向统一。他在西方来了个华丽的大转身，抖掉满身的争议与不确定，变成一个格局高远、满腹经纶而又生逢乱世的卓越学者。

扬雄形象发生改变的原因是什么？

忠实的译者一定会为西方读者传达一个原汁原味的颇具争议的扬雄形象。既然扬雄的形象发生了如此明显的改变，译者就没有做到忠实。那么，译者是不想忠实，不能忠实，还是无法忠实？

康达维和戴梅可不想忠实？二者进行中国典籍翻译，康达维明确宣称翻译的目标读者“多半是学者”。也就是说，他们进行的是学术翻译。根据学界的定义，学术翻译包括学术著作的翻译和为了学术研究进行的翻译。两位译者是为了学术研究在翻译中国典籍。判断译者是否想忠实，我们不仅要听他们怎么说，还要看他们怎么译。前言后记中对相关专业知识的详细介绍、比译文更长的文化注释和异化的翻译策略表明：译者很想忠实，在努力做到忠实。如果为大众读者、为市场翻译的话，译者不会选择扬雄。扬雄及其作品对大众读者没有吸引力。译者也不会选择上述翻译方法和策略，这会频繁干扰读者阅读，让他们失去阅读兴趣，最终失去市场。

康达维和戴梅可不能忠实？所谓不能忠实，就是有外力迫使他们不忠实。“文化转向”后翻译研究揭示了这种可能性：译者会对原文进行改写以主动迎合目的语主流意识形态、诗学和翻译赞助人的需求或者被动回应上述压力。由于主流意识形态常由赞助人执行，学者们有时会只谈意识形态和诗学。安德烈·勒菲弗尔（Andre Lefevere）认为，翻译、改写、编选、批评和编辑都是改写（rewriting），即翻译是一种改写。这种改写“主要受到两方面的限制：意识形态（ideology）和诗学形态（poetology）。意识形态主要从政治、经济、和社会地位方面来限制和引导改写者的创作，而诗学形态则是改写者进行创作时所处的文化体系的重要组成部分。改写者往往会对原作进行一定程度上的调整，以使其符合改写者所处时期占统治地位的意识形态和诗学形态，以达到使改写的作品被尽可能多的读者接受的目的”[①]。他还说“（文学史）通常会把当代的争论投射到过去，依靠当代经典化作家来支持特定的意识形态或 / 和诗学”[②]。

康戴两位译者的不忠实是不是由意识形态、诗学和赞助人因素造成的？首先要说明的是，勒菲弗尔的翻译改写理论以文学翻译为基础而提出，说文学翻译要受到上述三要素的制约，或者文学翻译要服务于这三要素。可扬雄的著作涉及的专业领域比较宽广，主要有文学、哲学、社会学和语言学等。其次，本文讨论的是作为作者的扬雄形象发生了改变，不是他的著作发生了改变，虽然著作英译在他形象改变中作用很大。也就是说，即使用最有解释力的翻译改写理论来解释扬雄形象的改变都有点牵强附会。尽管如此，扬雄翻译肯定会受到英语世界当时主流的意识形态、诗学和赞助人制约。如果没有代表英语世界当时主流意识形态的赞助人的需求、鼓励、出版，甚至资金支持，康戴两位译者不会翻译出版扬雄。另外，当时的英语文化正处于鼎盛时期，欧洲文化

①Andre Lefevere.*Translation,Rewriting and the Manipulation of Literary Fame*. 上海：上海外语教育出版社，2007 年，出版前言。

② 译自 Andre Lefevere. *Translation,Rewriting and the Manipulation of Literary Fame*. 上海：上海外语教育出版社，2007 年，第 122 页。括号由笔者添加。

中心地位牢固，汉英翻译文学在目的语文化中处于边缘地位。引进学者扬雄更多是为了研究中国文学和文化而不是构建文化形象。如果说要构建有利于目的语文化意识形态、诗学和赞助人文化形象的话，原汁原味地引入扬雄形象更合适。学术引进扬雄应该是主流意识形态、赞助人和译者的不谋而合。双方都希望能忠实地引进扬雄及其著作，这样才能为研究提供可靠的翻译资料。康戴两位译者的忠实翻译受到意识形态、诗学和赞助人的鼓励。

看来，康戴两位译者既不是不想忠实，也不是不能忠实，而是无法忠实。译论家勒菲弗尔谈到了翻译改写的原因，即主动或被动迎合目的语主流意识形态、诗学和翻译赞助人的需求。作为比较文学和文化学者，他认为文本没有什么固定不变的内在价值，只有通过翻译改写才能与目的语主流意识形态和诗学兼容，获得新生。当两种文化不兼容时，译者改写原文文化以适应目的语文化的主流意识形态和诗学，从而获得读者与市场。这是主流意识形态和诗学对文学翻译的显性操控，也就是，不管译者的改写是主动的还是被动的，他 / 她能意识到这种改写并且有明确的改写目的。因主流意识形态和诗学的显性操控进行的显性翻译改写缺乏对扬雄翻译形象改变的解释力。在扬雄的翻译案例中，译者和翻译赞助人都为了研究而翻译，都有忠实翻译的愿望，但扬雄形象还是发生了很大的改变。其实，翻译改写还有第二种可能，那就是译者受到自己“前见”的制约而进行的翻译改写。“前见”是伽达默尔哲学阐释学中的核心概念。现代哲学阐释学强调认知方式的“客观范式”、维护“文本中心”、树立“作者权威”、追寻“语言意义”、倡导“真理性解释”，理解者的“前见”是应该被剔除的。例如，施莱尔马赫（Schleiermacher）就认为，“解释的重要前提是，我们必须自觉地脱离自己的意识而进入作者的意识”。[①] 站在现代哲学阐释学的对立面，后现代哲学阐释学强调认知方式的“主观范式”、消解“文本中心”、摧毁“作者权威”、颠覆“语言意义”、倡导“解释游戏”，理解者的“前见”获得合法地位，成为理解的条件。伽达默尔认为：“如果我们一般有所理解，那么我们总是以不同的方式在理解。”[②] 人是历史的存在，历史传统和权威构成其“前见”，理解者在开始理解文本前就有“前见”（pre-understanding），即头脑中先有的思想观念、价值趋向和情感态度等。“前见”是理解文本意义的条件，即“把某某东西作为某某东西加以解释，这在本质上是通过先行具有，先行见到与先行掌握来起作用的。解释从来不是对先行给定阅读理解就是的东西所作的无前提的把握”。[③] 受到“前见”的制约，一个有能力

① 施莱尔马赫:《诠释学箴言（1805—1810）》，洪汉鼎:《理解与解释——诠释学经典文选》，上海：东方出版社，2001 年，第 23 页。

② 汉斯 - 格奥尔格，伽达默尔，洪汉鼎译:《真理与方法（下卷）》上海：上海译文出版社，2004 年第 383 页。

③ 海德格尔，陈嘉映，王庆节译:《存在与时间》，北京：三联书店，1987 年第 184 页。

有意愿有条件忠实的译者也可能进行翻译改写，产生不忠实的翻译。由于没有主动迎合主流意识形态、诗学和赞助人的需求，也没有受到这些文本外因素的强迫，译者受“前见”的制约而进行的翻译改写既不是主动改写也不是被动改写，而是无意识改写。当译者认可和接受主流意识形态和诗学的时候，这些文本外因素就被译者内化为“前见”，成为理解和翻译的前知识、前理解和前结构。译者在自己“前见”这只隐形的手的操控下进行的是一种隐性的翻译改写。

翻译文化学派学者，尤其是勒菲弗尔和巴斯内特(Susan Bassnett)的著述，如《翻译、改写以及对文学名声的制空》《翻译、历史与文化论集》《文化构建——文学翻译论集》等，对显性改写研究很多。他们说，“当然，翻译是对原文的一种改写。不管何种意图的改写，都反映了特定意识形态和诗学如此操控文学使之按既定方式在特定社会起作用”[①]。既然有主流意识形态和诗学对文学的操控，那就有翻译改写者的主动迎合和被迫迎合。迎合的翻译改写，不管主动还是被动，会得到主流意识形态和诗学的支持，当然，有读者、有市场。不迎合的翻译改写没有主流意识形态和诗学的支持，当然，没有读者、没有市场。路德就描述过一个意识形态操控翻译的成功案例。他指控一个“末流写手”窃取自己翻译的《新约》出版，而“亲王阁下却在骇人听闻的序中禁阅读路德版《新约》，只准阅读盗版《新约》”[②]。在勒菲弗尔和巴斯内特的论述中，译者能够关注到主流意识形态、诗学和赞助人的需求，并对这种需求采取迎合的态度，不管这种迎合是主动的还是被动的。但他们却没有研究译者因“前见”的隐形操控而进行的隐性翻译改写。译者“前见”的内涵十分丰富，涵盖译者翻译时头脑中的一切先有知识和观念，其中，包括已经被译者内化的主流意识形态与诗学。在扬雄翻译案例中，译者内化的主流意识形态和诗学主要有两点：

其一，译者“前见”中的人物评价标准。评判一个人是有标准的，虽然评判者通常不明示其标准，且这个标准往往是主流的评价标准。尽管每个文化社区都有自己的道德要求，不同文化社区不同时代有不同的道德标准。符合主流意识形态标准的人受到赞扬，不符合主流意识形态的人受到贬抑。忠于至高无上的君主是中国封建时代最高道德准则，所谓一女不嫁二夫，一臣不事二主。正是朱熹称他为“莽大夫”，扬雄的道德才受到质疑，学术思想和文学价值才受到否定。扬雄从“西道孔子”变成无德小人。从某个时代来看，扬雄形象相对固定、统一，但历时来看，扬雄形象彼此颠覆，这正是主流意识形态对扬雄不同评价的结果。英语世界是基督教文化社区，上帝面前

① 译自 Andre Lefevere. *Translation,Rewriting and the Manipulation of Literary Fame.* 上海：上海外语教育出版社，2007 年，主编前言。

② 译自 Andre Lefevere. *Translation,Rewriting and the Manipulation of Literary Fame.* 上海：上海外语教育出版社，2007 年第 14 页。

人人平等，个人价值高于一切。因此，无论是译者还是译评家都认为，扬雄是否变节支持王莽与他的思想价值、文学价值没有关系。况且，生逢乱世的他，正如其他许多知名儒者那样，不得不屈服于王莽的统治。既然桓谭那样积极支持王莽的学者都没有因为支持王莽而遗臭万年，缘何要对隐士一样的扬雄进行如此苛刻的道德拷问？道德评价与学术评价、文学价值评价混合使用，当然，认为扬雄没有变节的学者大加赞扬，认为扬雄变节的学者大肆批评。同样是扬雄，同样是扬雄著作，评价结论天壤之别。相反，西方学者对扬雄的评价只有一个标准，那就是思想价值和文学价值。译者和译评家对扬雄的评价受其主流意识形态评价标准这只隐形的手操控。用这种评价标准来衡量扬雄和他的作品，结论单一正面就不足为怪了。扬雄还是扬雄，评者的视角和标准改变了，扬雄的形象就改变了。这个视角看似评论者主体性选择的结果，实则受制于“前见”中已经内化的主流意识形态标准。

另外，译者“前见”中的研究方法。作为一种诗学标准，主流学术研究方法在改变，取信于读者的方式不同。译者是西方世界扬雄研究权威，这种权威只能由研究方法和翻译方法来保证，因为他 / 她们没有其他权威可以依傍。译者从事的是学术翻译，他 / 她们解读扬雄的科学性由解读方法来保证，那就是互文性解读和文本细读法。国内研究者更重视局部某个文本某句话的解读。在原语文化中，人们对扬雄的认识和评价受到主流话语及权威的极大影响。以朱熹评价他“莽大夫”为分水岭，扬雄在中国知识界的地位前后迥然不同。人们评价他时，所依凭的更多是主流评价和权威评价，他自己著述中的思想和文学才华反而不重要了。论者也会细读他的文本，但细读的方法和目的也不同。论者细读文本中的字词句，用以证明自己所持观点。例如，寻找文字证据证明他有“美新”的意图和行为。比如，《据秦美新》常常被列为扬雄变节的铁证，或者《法言》中的某句话被抽离出来证明他的变节。单看某句话某段文字或某篇文章，扬雄确实有变节的嫌疑。因为他有“美新”的行为，所以道德有瑕疵，因为道德有瑕疵，所以文学和思想没价值。

译者的阅读方法和阅读目的完全不同，他以理解原文意义和作者意图为目的。为了能够理解文本，译者不能局限于文本的字词句，他 / 她要细读文本，还要将该文本放在作者相关作品和相关主题文本中进行互文性理解。例如，翻译扬雄赋时，康达维会理解扬雄关于赋的思想、扬雄的哲学思想、汉赋的发展历史以及扬雄在赋史中的地位。又如，戴梅可在翻译扬雄《太玄》的时候，也会将他安放在中国思想史中去理解其哲学思想。西方学者更重视整体连贯性研究。他 / 她们倾向于将文学著作赋、社会伦理著作《法言》、哲学著作《太玄经》和语言学著作《方言》等看作扬雄思想的整体表达，这些著作相互阐释。扬雄即使为赋，那也是哲学家扬雄的赋。扬雄即使写哲学著作，那也是庙堂儒士的哲学著作。扬雄即使写《法言》，那也是庙堂儒士哲学家扬雄的《法言》。扬雄恒定的思想体系化地体现在这些作品中，作品是他思想的载体。而《据秦美新》在扬雄思想体系中旁逸斜出了，这种旁逸斜出不能撼动他的主体思想，而且一定有非同寻常的原因。从这个意义上来说，译者才真正理解了扬雄，他在异国他乡才真正遇到了知音。一个学者和思想家的知音是愿意并能懂他 / 她思想的人。扬雄的社会思想和文学才华因为译者在英语世界获得了新的生命。译者从“覆酱瓿”的书页中发现了扬雄，发现了扬雄著述的当时 / 世价值和永恒价值。在译本的副文本空间中，译者高度赞扬与推崇扬雄，这种评价源于译者的深刻理解。这种深刻理解以文本细读和互文性阅读为基础。

正是在“前见”的隐形操控下，译者在多种可能性中进行翻译选择，形成新的解读，改写了扬雄形象。众所周知，翻译是件耗时耗力的事。因此，译者总是因为特殊的目的而做翻译，这个目的可能是赚钱，可能是学术，可能是意识形态，可能是喜爱等等。译者在为不同的目的进行多元选择。这种多元选择涉及三个方面：文本选择、文字选择和立场选择。译者会选择最适合达到翻译目的的文本进行翻译。国内扬雄、扬雄作品、扬雄研究资料丰富，西方译者不可能全部翻译到英语世界。即使要全部翻译，也有翻译排序问题，先翻译什么，后翻译什么。再加上扬雄其人其作品都属于曲高和寡的类型，大众读者不太会感兴趣，译者也没有必要将全部扬雄翻译到英语世界。在这种情况下，译者会进行选择。扬雄译者为了他 / 她们的目标读者（学者和学校学生）选择资料，目的是让目标读者认识扬雄。扬雄已死，在时空上距离西方读者很遥远，认识他最重要的途径就是他留下的文本。扬雄译者选择的翻译文本主要是其本人的著述而不是国内研究者的研究。单纯从著述来认识作者当然极少受到历代中国扬雄研究者观点的影响，更可能得出一元的结论。在翻译过程中，译者尽管可能有不同的文字选择，而且这些多元选择会塑造出不同的扬雄形象，但他出版译稿里的翻译选择是唯一的。尽管扬雄译者是严谨的学者，他 / 她们在文字有多解的地方会将多元的文字意义注释出来，但他 / 她们也会在正文明确给出自己的理解。由于译者是原始材料的阅读者和目标读者的语言助力者，他 / 她们的理解往往引领着目标读者的理解，这也让扬雄形象从多元走向一元。译者熟知作者著述，不管是由于喜爱还是其他目的，他 / 她们会在各种副文本空间直接表达自己的观点。译者在副文本空间直抒胸臆，让这个“悬而未决的地带”成为表达自己观点的场域。因此，尽管文本、文字和立场都有可能多元，但翻译的选择性决定了译者必须做出最终的一元选择。扬雄的源语文本很多，扬雄文本的意义阐释很多，对于扬雄的评论很多，但经过译者翻译选择之后，这些因素都变得单一而固定。因此，英语世界中的扬雄形象是对汉语世界中扬雄形象的解密，而解密人正是译者。

已经内化的主流意识形态和诗学标准储存在译者的“前见”中，形成一只看不见的手，操控着译者的扬雄评判标准和研究的诗学标准，让他 / 她做出符合主流意识形态和诗学标准的文本、文字和立场选择。在这种情况下，译者也进行了翻译改写，但这种改写不是译者有意为之，而是无意为之。因此，笔者在勒菲弗尔的翻译改写理论基础上将翻译改写分为有意显性改写和无意隐性改写。以勒菲弗尔和巴斯内特为代表的文化学派研究者揭示了文学翻译中的有意显性改写，笔者在扬雄的翻译中发现了学术翻译中的无意隐性改写，译者无意隐性改写了扬雄的形象。自我与他者眼中完全不同的扬雄形象是译者无意隐性改写的结果。由于无意隐性改写的存在，愿意忠实能够忠实有能力忠实的译者没有做到忠实。遵循翻译文化学派描写性翻译研究范式，本文不对无意隐性改写做价值判断，只揭示这种翻译现象。

参 考 文 献

一、国外文献

1. 著作：

[1] Hamill, Sam. *The Art of Writing*. Minneapolis: Milkweed Editions, 1991.

[2]Hughes, E.R. *The Art of Letters: Lu Chi' s "Wen Fu"*, A.D. 302. Princeton: Princeton University Press, 1951.

[3]Knechtges, David . *The Han Rhapsody: A Study of the Fu of Yang Hsiung* (53 B.C.-A. D.18). Cambridge: Cambridge University Press, 1976.

——*Wen xuan or Selections of Refined Literature: Volume One. Rhapsodies on Metropolises and Capitals*. Princeton: Princeton University Press, 1982.

——*Wen xuan or Selections of Refined Literature: Volume Two. Rhapsodies on Sacrifices, Hunting, Travel, Sightseeing, Palaces and Halls, Rivers and Seas*. Princeton: Princeton University Press, 1987.

——*Wen xuan or Selections of Refined Literature: Volume Three. Rhapsodies on Natural Phenomena, Birds and Animals, Aspirations and Feelings, Sorrowful Laments, Literature, Music, and Passions*. Princeton: Princeton University Press, 1996.

——*Two Studies on the Han Fu. Seattle: Far Eastern and Russian Institute*, University of Washington, 1968.

[4]Nylan, Michael . Exemplary Figures Fayan. Seattle and London: University of Washington Press, 2013.

——*The Canon of Supreme Mystery by Yang Hsiung, A Translation with Commentary of the T' AI Hsuan Ching by Michael Nylan*. Albany: State University of New York Press, 1993.

[5]Paul L-M. Serruys. *The Chinese Dialects of Han Time According to Fang Yen*. Berkeley and Los Angeles: University of California Press, 1959.

[6] Waley, Arthur. *The Temple and Other Poems.* New York: A.A.Knopf, 1923.

——*Chinese Poems*. London and New York: Routledge,2005.

[7]Watson, Burton. *Chinese Rhyme-Prose: Poems in the Fu from the Han and Six Dynasties Periods*. New York: Columbia University Press, 1971.

2. 期刊论文：

[1] Victor H. Mair. Buddhism and the Rise of the Written Vernacular in East Asia: The Making of National Languages, in *the Journal of Asian Studies*, 53(1994): pp. 707-751.

[2] Lisa Raphals. Fate, Fortune, Chance, and Luck in Chinese and Greek: A Comparative Semantic History, in *Philosophy East and West*, 53 (2003): pp. 537-574.

[3] Paul L-M. Serruys. Five Word Studies on Fang Yen (Third Part), in *Monumenta Serica*, 26(1967): pp. 255-285.

[4] Michael Nylan, Han Classicists Writing in Dialogue about Their Own Tradition, in *Philosophy East and West*, 47 (1997): pp. 133-188.

[5] Timoteus Pokora. Huan T'an and Yang Hsiung on Ssu-ma Hsiang-ju: Some Desultory Remarks on History and Tradition, in *Journal of the American Oriental Society*, 91(1971): pp.431-438.

[6] A. DE G. The Scholar as Government Consultant: the Great Salt and Iron Debate in Ancient China, in *American Behavioral Scientist*, (1965): pp.4-6.

[7] Paul L.-M. Serruys. The Study of the Old Chinese Dialects: The Name for the Wildcat in Fang-Yen, viii, 2, in *Oriens*, 6(1953): pp. 354-371.

3. 学位论文：

[1] Mark Gerald Pitner. *Embodied Geographies of Han Dynasty China: Yang Xiong and his Reception*, in University of Washington (2010).

[2] Andrew Colvin. *Patterns of Coherence in the Fa Ya of Yang Xiong*, in the University of Hawaii (2001).

[3] Nicholas Morrow Williams. *The Brocade of Words: Imitation Poetry and Poetics in the Six Dynasties*， in University of Washington (2010).

[4] Michael K, Barnett. *The Han Philosopher Yang Xiong-An Appeal for Unity in an Age of Discord*, in University Microfilms International（1983）.

[5] Graham James Chamness. *We are the shi-A study of Cui Yin's "Attaining My Purport"*, in University of Colorado (2010).

4. 书评：

[1] Paul K. T. Sih. A Source Book in Chinese Philosophy by Wing-Tsit Chan, in *Journal*

of Asian Studies, 23(1964): pp. 461-463.

[2] J. K. Shryock. Chinese Traditional Historiography by Charles S. Gardner, in *Journal of the American Oriental Society*, 59(1939):pp. 152-153.

[3] J. J. L. D. Chinese Traditional Historiography by Charles S. Gardner, in *T'oung Pao, Second Series*, 34(1938): pp. 238-239

[4] Robert T. Pollard. Chinese Traditional Historiography by Charles S. Gardner, in *Pacific Historical Review*, 7(1938):pp. 274-275.

[5] Arthur F. Wright. Chinese Traditional Historiography by Charles S. Gardner, in *Journal of Asian Studies*, 21(1962): p. 372.

[6] Arthur Waley. Chinese Traditional Historiography by Charles S. Gardner, in *Journal of the Royal Asiatic Society of Great Britain and Ireland*, 1(1940):pp. 81-82.

[7] Bernhard Fuehrer. Studies on the Han Fu by Kechang Gong and David R. Knechtges，in *Journal of the Royal Asiatic Society*, 10 (2000):pp.134-135.

[8] Karen Turner Gottschang. The Art of Rulership: A Study in Ancient Chinese Political Thought by Roger T. Ames, in *Journal of Asian Studies*, 45(1986):pp. 370-371.

[9] Mark Wegierski. The Art of Rulership: A Study in Ancient Chinese Political Thought. by Roger T. Ames, in *Review of Metaphysics*, 50(1996):pp. 383-384.

[10] Roger T. Ames. Wu-wei in "The Art of Rulership" Chapter of Huai Nan Tzu: Its Sources and Philosophical Orientation, in *Philosophy East and West*, 31(1981):pp. 193-213.

[11] John S. Major. The Art of Rulership: A Study in Ancient Chinese Political Thought by Roger T. Ames，in *Philosophy East and West*, 38(1988): pp . 197-200.

[12] Rafe de Crespigny. The Art of Rulership: A Study in Ancient Chinese Political Thought by Roger T. Ames, in *Pacific Affairs*, 57(1984): pp. 322-323.

[13] Mondo Secter. The Art of Rulership: A Study in Ancient Chinese Political Thought by Roger T. Ames, in *Pacific Affairs*, 68(1995):pp . 265-267.

[14] T. H. Barrett. The Art of Rulership: A Study in Ancient Chinese Political Thought by Roger T. Ames, in *Bulletin of the School of Oriental and African Studies*, 58(1995): p. 625.

[15] A. C. Graham. The Art of Rulership: A Study in Ancient Chinese Political Thought by Roger T. Ames, in *Bulletin of the School of Oriental and African Studies*, 48(1985):pp. 585-586.

[16] Timoteus Pokora. The Art of Rulership: A Study in Ancient Chinese Political Thought by Roger T. Ames, in *Journal of the Royal Asiatic Society of Great Britain and*

Ireland, 1(1985):pp. 127-128.

[17] Isabelle Robinet. The Art of Rulership: A Study in Ancient Chinese Political Thought by Roger T. Ames, in *T'oung Pao*, Second Series, 70(1984): pp. 290-293.

[18] Antonio S. Cua. The Art of Rulership: A Study in Ancient Chinese Political Thought by Roger T. Ames, in *Review of Metaphysics*, 38(1985):pp. 881-882.

[19] Sarah A. Queen. The Canon of Supreme Mystery. by Yang Hsiung and Michael Nylan., in *Journal of Asian Studies*, 53(1994):pp. 548-550.

[20] Christoph Harbsmeier. The Canon of Supreme Mystery, by Yang Hsiung. A Translation withCommentary of the T'ai hsüan ching by Michael Nylan, in *T'oung Pao*, Second Series, 84(1998):pp. 447-453.

[21] Willard J. Peterson. The Canon of Supreme Mystery, by Yang Hsiung and Michael Nylan, in *Journal of the Royal Asiatic Society*, Third Series, 5(1995): p. 156.

[22] Fang-kuei Li. The Chinese Dialects of Han Time According to Fang Yen, by Paul L-M. Serruys, in *Journal of the American Oriental Society*, 79(1959):pp.309-310.

[23] G. B. Downer. The Chinese Dialects of Han Time According to Fang Yen, by Paul L-M. Serruys, in *Bulletin of the School of Oriental and African Studies*, University of London, 23 (1960):pp. 165-167.

[24] M. J. Künstler. The Chinese Dialects of Han Time According to Fang Yen, by Paul L-M. Serruys, in *T'oung Pao*, Second Series, 47(1959): pp. 435-441.

[25] Sanders. The Han Rhapsody: A Study of the fu of Yang Hsiung (53 B. C.-A. D. 18) by David R. Knechtges, in *Bulletin of the School of Oriental and African Studies*, University of London, 40(1977): pp. 418-419

[26] F. A. Bischoff. The Han Rhapsody: A Study of the fu of Yang Hsiung (53 B. C.-A. D. 18)by David R. Knechtges, in *Journal of Asian Studies*, 37(1977): pp. 102-103.

[27] William T. Graham, Jr. The Han Rhapsody: A Study of the Fu of Yang Hsiung by David R.Knechtges, in *Harvard Journal of Asiatic Studies*, 37(1977): pp. 427-430.

[28] Timoteus Pokora. The Han Rhapsody: A Study of the Fu of Yang Hsiung by David R. Knechtges, in *Journal of the American Oriental Society*, 99(1979):pp.124-125.

[29] John Marney. The Han Rhapsody, A Study of the Fu of Yang Hsiung (53 B. C.-A. D.18) by David R. Knechtges; Interpreting the Fu: A Study in Chinese Literary Rhetoric by Friedrich A. Bischoff, in *Chinese Literature*: Essays, Articles, Reviews (CLEAR), 1(1979):pp.276-281.

[30] W. L. Idema. The Han Rhapsody, a Study of the Fu of Yang Hsiung (53 B.C.-A.D.

18) by David R. Knechtges, in *T'oung Pao*, Second Series, 65(1979):pp. 122-124.

[31] Anne M. Birrell. The Han shu Biography of Yang Xiong (53 B. C.-A. D. 18) by David R. Knechtges, in *Bulletin of the School of Oriental and African Studies*, University of London, 47(1984): pp. 390-391.

[32] W. A. C. H. Dobson. The History of the Former Han Dynasty. by Homer H. Dubs, in *Journal of Asian Studies*, 18(1958): pp. 120-121.

[33] John B. Henderson. The Original Analects: Sayings of Confucius and His Successors; A NewTranslation and Commentary by E. Bruce Brooks and A. Taeko Brooks, in *Journal of Asian Studies*, 58,(1999): pp. 791-793.

[34] T. C. Kline III. The Original Analects: Sayings of Confucius and His Successors by E.Bruce Brooks and A. Taeko Brooks, in *Pacific Affairs*, 72,(1999): pp. 266-267.

[35]Davis Whalen Lat. *The Original Analects: Sayings of Confucius and His Successors by E.Bruce Brooks and A. Taeko Brooks*, in New York, Columbia University Press,p368.

[36] Alan K. L. Chan. The Talent of Shu: Qiao Zhou and the Intellectual World of Early Medieval Sichuan by J. Michael Farmer, in *Journal of Asian Studies*, 68(2009), pp. 265-266.

[37]Rafe de Crespigny. The Talent of Shu: Qiao Zhou and the Intellectual World of Early Medieval Sichuan by J. Michael Farmer, in *Albany: State University of New York Press*，pp.432-434.

[38]Nathan Sivin(1931-), Michael Nylan. The First Neo-Confucianism, an Introduction to Yang Hsiung’s “Canon of Supreme Mystery”: T’ai hsuan ching, Ca. 4 B.C. , in C. Leblanc and S. Blade red. , *Chinese Ideas about Nature and Society*, Hong Kong,1987.

二、国内文献

1. 著作：

[1]（汉）班固 . 汉书 [M]. 北京：中华书局，1962.

[2]（汉）桓谭 . 新论 [M]. 上海：上海人民出版社，1977.

[3] 蔡元培 . 中国伦理学史 [M]. 北京：中国和平出版社，2014.

[4] 陈廷湘主编 . 川大史学第 2 辑 : 文化史卷 [M]. 成都：四川大学出版社，2016.

[5] 范寿康编著 . 中国哲学史通论 [M]. 武汉：武汉大学出版社，2008.

[6] 郭绍虞 . 中国文学批评史 [M]. 天津：百花文艺出版社，2008.

[7] 黄开国 . 一位玄静的儒学伦理大师：扬雄思想初探 [M]. 成都：巴蜀书社，1989.

[8] 李建中 . 中国文学批评史 [M]. 武汉：武汉大学出版社，2008.

[9] 鲁方华编著 . 简明中华哲学史 [M]. 北京：北京工业大学出版社，2013.

[10] 祁志祥 . 中国美学通史第 1 卷 [M]. 北京：人民出版社，2008.

[11] 吴中伟主编 . 复旦汉学文丛第 8 辑 [M]. 上海：复旦大学出版社，2013.

[12] 许威汉 . 许威汉语文研究文存 [M]. 北京：中华书局，2008.

[13] 徐志兴 . 中国书画美学概论 [M]. 广州：南方日报出版社，2016.

2. 期刊论文：

[1] 白寿彝 . 跋扬雄〈法言〉卷十、卷十一 [J]. 北京师范大学学报（社科版），1963(3).

[2] 边家珍 . 论扬雄对先秦儒学的继承与发展 [J]. 河南大学学报（社科版）2002(3).

[3] 蔡伯铭 . 扬雄的逻辑辩说思想与数的演绎逻辑 [J]. 湖北师范学院学报（哲社版），1988(1).

[4] 曹大中 . 屈赋非扬雄所说“诗人之赋”辩 [J]. 中国文学研究，1990(4).

[5] 陈朝辉 . 至法无法——扬雄文论的现代诠释 [J]. 当代文坛，2006(3).

[6] 陈恩维 . 试论扬雄赋的模拟与转型 [J]. 中国韵文学刊，2003(2).

[7] 陈汝法 . 试论“连珠体”的产生及影响 [J]. 北京图书馆馆刊，1994(Z2).

[8] 邓文彬 . 中国古代方言学的建立与扬雄《方言》的地位和影响 [J]. 西南民族学院学报（哲社版）,2001(4).

[9] 董根洪 .“动化天下，莫尚于中和”——论扬雄的中和哲学 [J]. 社会科学研究，1999(6).

[10] 董治安 . 关于汉赋同经学联系的一点探索——从扬雄否定大赋谈起 [J]. 文史哲，1990(5).

[11] 董志翘 . 扬雄《方言》与中古、近代汉语词语溯源二例 [J]. 语文研究，2005(4).

[12] 方铭 . 扬雄赋论 [J]. 中国文学研究，1991(1).

[13] 冯小禄 . 从模拟论扬雄《反骚》的范式及意义 [J]. 北京师范大学学报（社科版），2003(2).

[14] 龚克昌 . 论汉赋在中国文学史上的地位 [J]. 文史哲，1987(2).

[15] 韩敬 .《太玄》与《周易》之比较研究——兼论扬雄在中国哲学史上的地位与作用 [J]. 思想战线，1987(5).

[16] 韩兆琦 . 韩愈何以推崇扬雄 [J]. 古典文学知识，2010(3).

[17] 侯文学 . 淑周楚之丰烈——扬雄作品的文化阐释 [D]. 东北师范大学博士学位论文，2003.

[18] 黄典诚 .《方言》及其注本 [J]. 辞书研究，1982(3).

[19] 黄琦 . 论声母分合——《扬雄方言音辨》问题之一 [J]. 河北大学学报（哲社版），1962(2).

[20] 黄中模 . 扬雄的《反离骚》及其引起的论争 [J]. 江汉论坛，1982(6).

[21] 纪国泰 . 试论扬雄的“幸”与“不幸”[J]. 西华大学学报（哲社版），2009(5).

[22] 解丽霞 .《易》到《论语》的经学转向——扬雄晚年思想转变的经学解读 [J]. 江淮论坛，2008(5).

[23] 雷健坤 . 扬雄信道的思想特质 [J]. 学术月刊，1997(9).

[24] 冷卫国 . “诗人之赋”与“辞人之赋”——论扬雄的赋学批评 [J]. 齐鲁学刊，2013(3).

[25] 李朝正 . 巴蜀《易》学源流考述 [J]. 社会科学研究，1990(5).

[26] 李大明，王怀成 . 近百年来扬雄研究论文综述 [J]. 中华文化论坛，2018(10).

[27] 李丹丹 . 扬雄和王符伦理思想比较论 [J]. 求是学刊，2014(2).

[28] 李桂芳 . 试论扬雄的教育思想 [J]. 中华文化论坛，2018(2).

[29] 李敬忠 .《方言》中的少数民族语词试析 [J]. 民族语文，1987(3).

[30]. 李军 . 扬雄与玄学 [J]. 中华文化论坛，1997(1).

[31] 李清恒 . 郭璞《方言》条例再述补 [J]. 湖北社会科学，2011(10).

[32] 李全华 . 扬雄的三进制理论 [J]. 湖南大学学报，1985(2).

[33] 李沈阳 . 扬雄人性论辨析 [J]. 兰州学刊，2006(8).

[34] 李恕豪 . 扬雄《方言》中的秦晋方言 [J]. 四川师范大学学报（哲社版），1992(1).

[35] 李英华 . “第二部《论语》”——《法言》述评 [J]. 孔子研究，1997(2).

[36] 梁宗华 . 论扬雄对儒学的改造和发展 [J]. 东岳论丛，2016(12).

[37] 林晓雁 . 一个汉代儒者的执着与徘徊——试论扬雄的自我认同及其矛盾 [D]. 北京大学硕士学位论文，2004.

[38] 刘保贞 . 试论扬雄对唐代文学的影响 [J]. 山东大学学报（哲社版），2004(2).

[39] 刘冰 . 南宋台州刻本《扬子法言》[J]. 图书馆学刊，2009(6).

[40] 刘静安 . 从大赋创作到玄静之思：扬雄辞赋创作论 [D]. 陕西师范大学硕士学位论文，2007.

[41] 刘浏 . 扬雄“诗人之赋”辩义 [J]. 文艺评论，2011(6).

[42] 刘晓勤 . 评扬雄的政治操行 [J]. 西南民族学院学报（哲社版），1996(S2).

[43] 柳玉宏 . 说“通语”——扬雄《方言》术语商榷 [J]. 兰州学刊，2007(5).

[44] 罗开玉 . “鳖灵决玉山”纵横论——兼析《蜀王本纪》的成书年代 [J]. 四川师范学院学报，1984(1).

[45] 孟祥才 . 扬雄述论 [J]. 人文杂志，1999(2).

[46] 濮之珍 . 方言与尔雅的关系 [J]. 学术月刊，1957(12).

[47] 桑东辉 . 从人伦维度探究扬雄思想的体系架构与内在关联 [J]. 唐都学刊，2017(1).

[48] 申小龙 . 汉代《方言》的经学超越与范式革新 [J]. 学术月刊，1998(12).

[49] 施丁 . 扬雄评司马迁之意义 [J]. 求是学刊，2007(4).

[50] 舒大刚，吴龙灿 . 巴蜀汉代经学述论 [J]. 四川师范大学学报（哲社版），2013(6).

[51] 束景南 .《太玄》创作年代考 [J]. 历史研究，1981(5).

[52] 孙琪华 ."西蜀子云亭"探索 [J]. 文史杂志，1986(1).

[53] 孙少华 . 扬雄的文学追求与文学观念之迁变 [J]. 清华大学学报（哲社版），2012(1).

[54] 孙玉文 . 扬雄《方言》与方言特征词的判定问题——以《方言》部分方言词的重复注释为例证 [J]. 湖北大学学报（哲社版），2011(5).

[55] 谭继和 ."西道孔子"扬雄的大一统观与儒风在巴蜀的流布 [J]. 中华文化论坛，2001(1).

[56] 唐妤 . 扬雄与巴蜀文化 [D]. 四川师范大学硕士学位论文，2008.

[57] 汤仕普 . 扬雄赋重"文辞"的创作倾向 [J]. 中华文化论坛，2017(12).

[58] 田小中 .《太玄》易学思想研究 [D]. 山东大学博士学位论文，2009.

[59] 王彩琴 . 扬雄《方言》借音字考 [J]. 河南大学学报（社科版），2006(1).

[60] 王春淑 . 扬雄著述考略 [J]. 四川师范大学学报（社科版），1996(3).

[61] 王栋 . 扬雄赋论中的文体自觉意识 [J]. 西南交通大学学报（社科版），2007(5).

[62] 王慧 . 美国汉学家康达维的辞赋翻译与研究 [D]. 湖北大学博士学位论文，2016.

[63] 王伦信 .《太玄》首符是一组严整的三进制数 [J]. 中国哲学史，1993(1).

[64] 王萍 . 严遵、扬雄的道家思想 [J]. 山东大学学报（哲社版），2001(1).

[65] 王启林 .《太玄》美学思想三题 [J]. 西南民族学院学报（哲社版），1992(1).

[66] 汪启明 . 扬雄《方言》中的"东齐"考辨 [J]. 四川大学学报（哲社版），1993(3).

[67] 王庆 . 扬雄的治学路径 [J]. 北京科技大学学报（社科版），2018(2).

[68] 王以宪 . 试论扬雄在汉大赋上对司马相如的因革与发展 [J]. 江西师范大学学报，1985(1).

[69] 王智群 .《方言》与扬雄词汇学思想研究 [D]. 华东师范大学博士学位论文，2007.

[70] 魏鹏举 . 述“事”作“文”：扬雄《太玄》旨意探微 [J]. 文学评论，2009(3).

[71] 魏然 .《法言》伦理思想研究 [D]. 中南大学硕士学位论文，2009.

[72] 卫仲璠 .《扬子法言》论屈原章析义 [J]. 安徽师大学报（哲社版），1985(2).

[73] 吴明贤 . 扬雄、左思《蜀都赋》比较 [J]. 四川师范大学学报（社科版），2005(1).

[74] 吴永焕 . 从《方言》所记地名看山东方言的分区 [J]. 文史哲，2000(6).

[75] 吴则虞 . 扬雄思想平议 [J]. 哲学研究，1957(6).

[76] 夏德靠 . 论扬雄的著述活动及文体实践 [J]. 中华文化论坛，2017(9).

[77] 谢荣娥 . 论扬雄《方言》的“楚”与“南楚”[J]. 求索，2009(8).

[78] 熊良智 . 扬雄“四赋”时年考 [J]. 四川师范大学学报（社科版），2005(3).

[79] 许结 . 论扬雄与东汉文学思潮 [J]. 中国社会科学，1988(1).

[80] 徐中舒 . 论《蜀王本纪》的成书年代及其作者 [J]. 社会科学研究，1979(1).

[81] 闫利春 . 从玄、气、心看扬雄的性善恶混论 [J]. 周易研究，2012(4).

[82] 杨福泉 . 扬雄至京、待诏、奏赋、除郎的年代问题 [J]. 上海大学学报（社科版），2002(1).

[83] 杨海文 . 扬雄《法言》的文化守成主义 [J]. 学术研究，1997(9).

[84] 杨清之 . 论扬雄的隐逸心迹 [J]. 海南师范大学学报（社科版），2014(9).

[85] 杨徐波 . 唐诗中的扬雄形象 [J]. 长江大学学报（社科版），2012(10).

[86] 叶福翔 . 试论扬雄对中国文化的贡献 [J]. 中华文化论坛，1996(1).

[87] 叶秀山 . 中国哲学精神之绵延 (二)——扬雄《太玄》的哲学意义 [J]. 清华西方哲学研究，2016(1).

[88] 叶幼明 . 扬雄的“玄”是一个唯物主义命题 [J]. 湖南师范大学社会科学学报，1997(4).

[89] 易小平 .《校猎赋》就是《羽猎赋》吗 ?——兼论扬雄初为郎的时间及年龄 [J]. 广西大学学报（哲社版），2007(3).

[90] 殷孟伦 .《方言》与韩愈方言研究的古典传统 [J]. 文史哲，1983(5).

[91] 尹奈 .《太玄经》与三进制 [J]. 图书馆学研究，1985(4).

[92] 俞纪东 .《汉志 · 诗赋略》“扬雄赋”绎释 [J]. 复旦学报（社科版），2002(3).

[93] 翟蕾 . 扬雄《法言》的历史观及其影响 [D]. 陕西师范大学硕士学位论文，2010.

[94] 张兵 . 扬雄〈法言〉中的道家思想 [J]. 济南大学学报（社科版），2001(5).

[95] 张立文 . 扬雄的太玄哲学 [J]. 孔子研究，2013(6).

[96] 张丽霞 . 扬雄《方言》词汇的历史嬗变及其现代意义 [J]. 管子学刊，2007(4).

[97] 张鹏 . 论扬雄的政治思想 [J]. 中国政法大学硕士学位论文，2007.

[98] 张强强 . 智性视阈中的文学观 -- 扬雄文论思想研究 [D]. 陕西师范大学硕士学位论文，2007.

[99] 张庆伟 . 扬雄《法言》思想研究 [D]. 山东大学硕士学位论文，2008.

[100] 张全真 . 从《方言》郭注看晋代方言的地域变迁 [J]. 古汉语研究，1998(4).

[101] 张涛 . 略论扬雄对汉代易学发展的贡献 [J]. 河南大学学报（社科版），2000(1).

[102] 张晓明 . 扬雄箴文简论 [J]. 甘肃社会科学，1997(5).

[103] 张永绵 . 论方言学遗产的而整理与研究 [J]. 浙江师范学院学报，1963(1).

[104] 张震泽 . 扬雄生平、作品评价及其他相关问题 [J]. 辽宁大学学报（哲社版），1992(3).

[105] 赵乖勋 . 再论扬雄《反离骚》[J]. 四川师范大学学报（社科版），2010(6).

[106] 赵生群 . 扬马辞赋讽谏论 [J]. 文史哲，1987(3).

[107] 赵振铎，黄峰 .《方言》里的秦晋陇冀梁益方言 [J]. 四川大学学报（哲社版），1998(3).

[108] 郑万耕 . 扬雄的史学思想 [J]. 史学史研究，1998(2).

[109] 郑文 . 扬雄的“善恶混”论实际是荀况的性恶论 [J]. 西北师大学报（社科版），1997(4).

[110] 郑振铎 . 扬雄《方言》是对《尔雅》的发展 [J]. 社会科学研究，1979(4).

[111] 周桂钿 . 重评扬雄《剧秦美新》[J]. 中国社会科学院研究生院学报，2013(2).

[112] 周全华 . 扬雄附莽辩 [J]. 上饶师专学报（哲社版），1988(6).

[113] 周悦 . 杨雄文学思想新探 [J]. 中国文学研究，1997(3).

[114] 子房 . 略说扬雄的思想自由与学术独立 [J]. 文史杂志，2011(4).

[115] 踪凡，冷卫国 . 扬雄汉赋观刍议 [J]. 陕西师范大学学报（哲社版），2004(5).